■ 2022年度浙江省哲学社会科学规划后期资助课题；编号：22HQZZ25YB

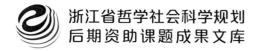

浙江省哲学社会科学规划
后期资助课题成果文库

中国农产品进口贸易壁垒削减的经济效应研究

黄水灵　著

ZHEJIANG UNIVERSITY PRESS
浙江大学出版社
·杭州·

图书在版编目(CIP)数据

中国农产品进口贸易壁垒削减的经济效应研究 / 黄水灵著. —— 杭州：浙江大学出版社，2023.12
ISBN 978-7-308-24046-8

Ⅰ.①中… Ⅱ.①黄… Ⅲ.①农产品－进口贸易－贸易壁垒－影响－经济效益－研究－中国 Ⅳ.①F752.652

中国国家版本馆 CIP 数据核字(2023)第 133431 号

中国农产品进口贸易壁垒削减的经济效应研究
黄水灵　著

责任策划	由　静
责任编辑	郗　娇
责任校对	杨　茜
封面设计	周　灵
出版发行	浙江大学出版社
	（杭州市天目山路 148 号　邮政编码 310007）
	（网址:http://www.zjupress.com）
排　　版	浙江大千时代文化传媒有限公司
印　　刷	广东虎彩云印刷有限公司绍兴分公司
开　　本	710mm×1000mm　1/16
印　　张	16.5
字　　数	271 千
版 印 次	2023 年 12 月第 1 版　2023 年 12 月第 1 次印刷
书　　号	ISBN 978-7-308-24046-8
定　　价	68.00 元

序　言

　　中国的改革开放源自小岗村"大包干"家庭承包经营制度的创新,对外贸易始于丝绸、茶叶和猪鬃等农副土特产。随着对外开放的不断深化,从沿海、沿江、沿边开放到自由贸易试验区的设立,从 1986 年"复关"单方面开放到 2001 年"入世"双向开放,从开启自贸区建设到共建"一带一路",从 1957 年在广州市创办的中国第一展——中国进出口商品交易会(简称广交会)到 2018 年在上海市举办的世界第一个国际进口博览会,都勾勒出中国农业对外开放的时代印记。诸多对外开放措施逐渐出台,多种贸易壁垒削减举措逐步落实,中国成为全球农产品市场最为开放的国家之一,贸易逆差常态化。在世界正处于百年未有之大变局的时间节点,全面评价农产品进口贸易壁垒削减带来的经济效应,不仅有助于解答农业是否是中国加入世界贸易组织(WTO)的牺牲品这一问题,而且有助于在确保粮食安全的前提下,为进一步分行业、有重点、有步骤地削减农产品进口贸易壁垒提供经验证据,也为世界各国开放农产品市场提供中国经验。

　　贸易自由化是国际贸易领域持续研究的热点议题。中国农业积极践行自由贸易理念,不断拓展农业对外开放的广度和深度,为从行业层面研究进口贸易壁垒削减的经济效应提供了一个有代表性的案例。异质性企业贸易理论从微观产品层面准确解释了农产品进口贸易壁垒削减的影响。农业是一个国家的基础产业,可对粮食安全、社会稳定和国计民生产生重要影响。因此,无论是在 WTO 多边谈判还是在自由贸易协定(FTA)双边谈判中,各国对农产品进口贸易壁垒削减都非常谨慎。对中国这个"小农"式经营占主导的国家而言,积极履行"入世"承诺,加快实施 FTA 战略,不断单方面扩大对外开放,均表明中国坚持均衡、包容、共赢的开放态度。为此,掌握中国农产品贸易壁垒削减程度,厘清进口贸易壁垒削减对农产品进口边际、农产品生产率、农业结构调整、农户收入及其差距的影响与作用机制,对中国进一步深化农业供给侧结构性改革,实现乡村振兴具有重要的现实意义。

本书试图结合新新贸易理论研究框架,以中国加入 WTO 后农产品进口贸易壁垒削减为背景,考察农产品进口贸易壁垒削减的经济效应。本书研究思路是:首先,归纳总结贸易壁垒削减的测度方法及其对进出口微观结构的影响与福利效应;然后,采用理论研究与实证检验相结合的方法,考察贸易壁垒削减对农产品进口三元边际的影响,探讨贸易壁垒削减对生产者福利(包括农产品生产率和城乡收入差距)与农业结构调整的影响与作用机制,估算贸易壁垒削减对消费者福利(包括进口种类增长和质量变动的贸易利得)和社会福利(无谓损失)的影响;最后,总结研究结论,并给出政策建议。

本书得到主要结论如下:

第一,加入 WTO 以来,中国逐年降低了农产品关税,削减了进口非关税。从贸易限制指数看,从 2001 年到 2015 年,整体上农产品进口贸易壁垒削减了 69.48%,成为全球农产品市场最开放的国家之一。第二,农产品进口激增,数量边际作用最大,价格边际在波动中缓慢增长,扩展边际贡献最少;贸易壁垒削减通过提高扩展边际、数量边际和价格边际,显著促进了农产品进口增长。第三,双重差分(DID)方法和分位数 DID 方法的实证结果表明,加入 WTO 显著提高了农产品生产率,只考虑关税削减会夸大其对生产率的促进效果;中介效应模型分析结果显示,贸易壁垒削减通过提高生产效率、技术进步率和规模效率而间接提高了农产品生产率。第四,固定效应模型检验结果表明,贸易壁垒削减降低了种植业的比重,提升了养殖业、牧业和林业的比重;系统广义矩阵估计(GMM)方法的实证结果表明,贸易壁垒削减提高了农业结构的高级化和合理化。第五,差分 GMM 方法的检验结果显示,贸易壁垒削减通过促进农村劳动力非农就业的增加,降低了家庭经营性收入,促进了工资性收入,但降低了农村居民总收入,同时,扩大了城乡收入差距和区域间农村居民收入差距。第六,进口种类增长的贸易利得估计结果表明,忽略进口种类增长会高估进口价格,忽略进口数量和质量也会高估进口价格指数。质量变化引致的贸易利得最大,种类增长引致的贸易利得次之,数量变化引致的贸易利得较少;同时,贸易壁垒削减引起的无谓损失占农业 GDP 的比重大幅减少,2007 年以前贸易限制指数是影响无谓损失的主要因素,2007 年以后贸易限制指数方差是影响无谓损失的主要因素。

　　根据以上结论,本书的政策建议主要有:

　　第一,继续推进差异化的农产品贸易壁垒削减政策。在确保农业安全的前提下,要进一步下调高关税的农产品尤其是消费品的关税,从而更好地服务于人民日益增长的美好生活需要。继续削减非关税壁垒,改善营商环境,如进一步加强市场化改革,破除国有贸易进口垄断权利等,落实竞争中性规则,放宽市场准入,让更多企业参与市场竞争,促进公平、提高效率。在实施FTA战略中,加快农业谈判,降低敏感农产品的关税税率,对有竞争力的农产品采取零关税吗,这既能提升现有FTA水平,又利于促成FTA的签订,产生"多米诺骨牌效应"。

　　第二,进一步实施农产品进口市场多元化和进口种类多样化战略。不仅要增加进口种类数量,更要提高新产品种类的进口额,尤其要加大对"一带一路"合作伙伴和已签订FTA国家农产品的进口,同时,也要提高更多优质农产品的进口,为提高消费者福利水平提供持续动力。这既是中国农业供给侧结构性改革的主要内容之一,也是当前中国积极主动扩大进口、全面对外开放战略的必然选择。

　　第三,协调使用农业产业政策与贸易政策。在实施贸易壁垒削减政策时,要发挥农业产业政策的作用,形成互补,多措并举解决"三农"问题、促进乡村振兴。例如,继续发挥财政支农政策功效,加强良种补贴、农机补贴等,加快农业基础设施建设、改善农村交通等。加快土地流转,促进农业规模化经营,搭建多种形式的土地流转平台,着力培育土地托管、土地银行、土地股份合作社等组织和中介,解决土地碎片化和"小农"式经营问题;促进农村劳动力转移,统一城乡劳动力市场,降低农村劳动力转移的制度成本;选择竞争力强的农产品,适时试点"零关税、零壁垒、零补贴"措施,倒逼农产品市场化改革,促进中性竞争。

目　录

导　论

第一节　研究背景和意义

一、研究背景

探寻贸易壁垒削减的经济效应是国际贸易理论与经验研究的永恒主题。从进口角度审视贸易壁垒削减对一国经济的影响是最新被关注的重点之一(张杰等,2015)。在2008年金融危机爆发前,全球贸易壁垒的削减程度令人印象深刻(Caliendo等,2016年),特别是自2001年多哈回合谈判以来,全球关税削减的深度相当可观(Bureau等,2016)[①]。但现实中,各国对不同产品的贸易壁垒削减差异较大,从而对各国各产业带来的影响也不同,尤其在农产品方面更是如此[②]。

在我国,农业是最早开放融合、交流互通的产业之一。早在"古丝绸之路"时期,国外众多产品如番茄、番薯、胡椒和玉米等就不断被引进中国,日益丰富着人们的餐桌。自改革开放以来,中国开启了以关税削减为主的对外开放征程。从1986年的"复关",到2001年的"入世",再到2018年国际进口博览会的成功主办,这一历程勾勒出了中国农业积极实行对外开放的时代印

[①]　Bureau等(2016)的研究表明,全球实际使用的平均关税从2001年到2013年削减了近40%。

[②]　如2013年,印度、墨西哥、马来西亚、俄罗斯和加拿大等国家所有产品的实际使用平均最惠国关税分别为9.7%、11.1%、8.9%、7.9%、3.8%;与此同时,这些国家农产品的实际使用平均最惠国关税分别为38.7%、31.0%、13.6%、14.4%、8.2%。

记。2018年5月发布的《中国与世界贸易组织》白皮书显示,农产品进口平均关税由2001年的23.2%降至2010年的15.2%,约为世界农产品平均关税的25%,远低于发展中国家的56%和发达国家的39%;为减少不必要的贸易限制措施,中国还不断削减农产品非关税壁垒,除现仅保留的粮食、食糖、棉花等7种农产品关税配额外,绝大部分农产品都取消了配额管理。在全面履行入世承诺之时,中国启动了自贸区谈判,开启了自由贸易协定(FTA)建设的新篇章。至2017年底,中国已与24个国家和地区签署了16个自贸协定①。在2010年降税承诺全部履行完毕后,中国仍单方面主动削减农产品进口关税,而且在全方位开放中,为全球经济发展提出了多个中国方案,提出共建"一带一路",分批次共设立了18个自贸试验区和自由贸易港。

诸多对外开放措施的逐渐出台,多种贸易壁垒削减的逐步落实,使中国成为全球农产品市场最为开放的国家之一。随着农产品贸易壁垒不断削减,在容量巨大的市场和节节攀升的购买力下,在引进来与买全球中,农产品进口已成为中国农业供给侧的重要组成部分(倪洪兴,2019)。农产品进口额从2001的118.5亿美元猛增至2017年的1169亿美元,中国成为世界最大的农产品进口国,也是全球粮食、大豆、棕榈油、棉花的最大买家,还是世界第二大棉花进口国、第三大猪肉进口国、第六大乳制品进口国②。在从各国进口优质、有竞争力的农产品,以顺应国内消费升级和满足人民日益增长的美好生活需要的同时,中国也为节约水土资源、保证农田休耕、对冲贸易顺差、缓解环境压力等方面做出了积极贡献(朱晶等,2018),而且作为进口国的角色越发重要,为世界农业贡献了越来越多的中国力量③。贸易壁垒削减使中国农业与世界的联系更加紧密,直接将农业推向全球竞争的最前沿。但中国农业仍是"大国小农"的本质,农村土地仍未脱离"小农经济"的生产方式(叶敬忠等,2018),农业面临资源环境约束、竞争力不强、生产成本高等问题。在此情况下,中国农产品贸易壁垒的大幅削减产生的"创造性破坏",对农业生产率、

---

① 根据世界贸易组织的区域贸易协定(WTO-RTA)数据库的数据整理而得。

② 根据2001—2015年CEPII-BAC数据库和2001—2018年中国统计年鉴等资料整理计算得出。

③ 通过对2015年CEPII-BAC数据资料整理计算发现,2015年中国从欧盟进口农产品增长了39%,是欧盟农产品出口的最大推动力;中国是美国最大农产品出口国,农业是美国对华贸易顺差中的少数行业之一。

产业结构的调整和农户收入会带来怎样的影响？对这些问题的研究是当前中国农业供给侧结构性改革、乡村振兴的重要内容。

中国是世界最大的农产品生产国和消费国，农业在国民经济中有着极为重要的基础地位。国内农产品供给虽然有效解决了世界 20% 人口的吃饭问题，有力回答了"谁来养活中国人"的"布朗之问"，但国内生产供给潜力有限，而且在经济发展、人口增加、收入提高、城镇化推进中农产品消费刚性增长、需求多样化增加。党的十九大报告指出，中国社会主要矛盾已转化为人民日益增长的美好生活需要和不平衡不充分的发展之间的矛盾。因此，主动扩大进口成为中国外贸发展的重大战略举措。2016 年，国家"十三五"规划指出要进一步扩大进口规模。2018 年以来，习近平主席曾在多个场合宣布中国将采取主动扩大进口的措施。2018 年和 2019 年，中国政府工作报告明确提出要积极扩大进口。此外，在上海市成功举办了两届中国国际进口博览会。这充分表达了中国政府扩大进口的信念，高度重视进口对满足人民消费升级需求的积极作用。农产品进口作为中国进口的重要组成部分，也必然顺应扩大进口战略，在引导农产品进口数量增加的同时，更注重进口种类增加和质量提升（陈容和许和连，2018；孙林等，2019）。农产品进口不断丰富着人们的餐桌，极大地提升了居民幸福感。然而，农产品进口所增进的消费者福利到底有多大？在哪些方面主动扩大进口政策还可以进一步发力？对这些问题的回答是宏观贸易政策的重要微观基础。

在这种背景下，本书研究农产品进口贸易壁垒削减的经济效应，试图回答几个问题：第一，加入 WTO 后，中国农产品贸易壁垒削减程度如何，各类农产品贸易壁垒削减程度怎样、有何差异？第二，农产品进口增长的三元边际结构特征怎样，贸易壁垒削减对它们带来了多大影响？第三，贸易壁垒削减对农产品生产率、农业结构调整和农民收入及其差距的影响多大，是通过哪些渠道产生影响的？第四，农产品进口种类增长的贸易利得有多大，价格、种类与质量对贸易福利影响有哪些差异？第五，贸易壁垒削减在多大程度上降低了无谓损失？

二、研究意义

1. 理论意义

农业发展关系到粮食安全和社会稳定,影响到国计民生。因此,无论是在多边 WTO 谈判中还是在双边 FTA 谈判中,农业贸易壁垒削减是难点。各国往往根据实情,对较劣势的农产品采取贸易保护政策,以防进口导致的"创造性破坏"。对此,掌握贸易壁垒削减程度及影响,对进一步推进农业对外开放、降低农产品贸易壁垒具有重要意义。中国加入 WTO 以来,积极践行自由贸易理念,不断降低农产品进口关税,逐步取消农产品非关税措施,不断拓展农业对外开放的广度和深度,为行业层面研究进口贸易壁垒削减的经济效应提供了一个非常有代表性的案例。然而,农业是中国加入 WTO 谈判的焦点与难点,曾被认为是加入 WTO 预期影响最为悲观的两大产业之一(程国强,2012)。现有研究也更多侧重考察贸易壁垒削减对国内经济带来的冲击以及如何应对。有关贸易壁垒削减对中国农业影响的研究,也主要从农业发展、粮食安全、农村就业、农民收入等方面展开(黄季焜等,2002;程国强,2005),忽视了农业贸易壁垒削减的资源配置效应和福利效应。因此,对中国农产品进口贸易壁垒削减的经济效应进行研究,不仅有助于回答农业是否为加入WTO 的牺牲品,也为中国开放条件下的农业供给侧结构性改革的政策制定提供微观理论基础。

贸易自由化是国际贸易领域持续研究的热点议题。以 Melitz(2003)为代表的异质性企业贸易理论及发展,在垄断竞争框架下,在微观层面更加关注贸易壁垒削减对制造业贸易结构、生产率、成本加成、贸易利得的影响及其作用机制。而相对于工业制成品而言,农产品有着更多的同质生产者和消费者。这种较强的同质性特征,使得农产品的生产者和消费者仅仅是价格的接受者。因此,经济学界认为,农产品市场更接近于完全竞争市场。在理论建模时,一般将农产品市场假设为完全竞争市场(钱文荣和郑黎义,2011)。随着微观产品层面数据的逐步获得,无论是在农业供给侧方面,还是在农业需求侧方面,都表现出明显的异质性,将企业异质性贸易理论应用于农业领域同样具有较强的合理性。但令人遗憾的是,在 Melitz(2003)模型框架下进行贸易政策分析的研究相对缺乏(钱学锋等,2016),尤其是从进口的角度,特别是从农产品贸易角度,在异质性企业贸易理论框架下,考察贸易壁垒削减的

经济效应,在理论方面还需要进一步推进与探讨。基于此,本书借鉴 Melitz
(2003)模型,在固定替代弹性(CES)假设和异质企业框架下,将国内农产品
需求拓展为国内产品消费和国外产品消费,刻画农产品进口贸易壁垒削减对
进口结构、资源配置、贸易利得的影响机制,从而为深入考察农产品贸易壁垒
削减的经济效应提供理论依据。

2. 现实意义

自加入 WTO 以来,中国农产品关税不断削减,非关税措施日益减少,同
时还与一些国家签订了 FTA,从 FTA 成员国进口农产品采取特定优惠关税
甚至零关税,这究竟会给中国带来哪些影响? 这还需要在对进口贸易壁垒削
减程度进行准确度量的基础上,全面考察农产品进口贸易壁垒削减的经济效
应。本书研究的现实意义体现在以下几个方面:

第一,为中国进一步削减农产品贸易壁垒提供经验证据,也为世界各国
开放农产品市场提供中国经验。

本书使用 HS6 位数的农产品进口关税和 HS4 位数农产品层面的非关
税,采用贸易限制指数全面衡量农产品进口贸易壁垒的削减程度,并深入研
究中国农产品进口贸易壁垒削减对进口结构、资源配置、贸易利益的影响,有
助于在确保粮食安全的前提下,为进一步分行业、有重点地逐步实施农产品
贸易壁垒削减计划提供经验依据。以此保护和扩展来自全球化和进口增长
的贸易利益,从而使农业发展在面临各种冲击时变得更具韧性。同时,对中
国"小农"式经营占主导的国家而言,积极兑现"入世"承诺,体现出中国实行
均衡、包容、共赢的对外开放胸怀。在单边主义、保护主义、反全球化趋势和
多边贸易体制边缘化以及中美贸易摩擦不断升级之时,扩大进口成为 2018 年
以来中国对外贸易的焦点和热点,中国继续坚定践行自由贸易理念、实施全
方位对外开放战略,研究农产品进口贸易壁垒削减的影响及其福利效应,为
更好地实施包容性增长、共享贸易壁垒削减带来的福利具有重要的现实意
义,从而为世界各国开放农产品市场提供中国经验。

第二,为农产品进口多样化和市场多元化战略提供理论支撑。

近年来,中国政府高度重视农产品进口多样化和市场多元化战略。2014
年,中央 1 号文件明确提出"加强农产品进口指导,优化进口来源地布局"。
2016 年,中央 1 号文件再次强调"优化农产品进口全球布局,推进进口来源地
多元化"。企业异质性贸易理论认为,现有贸易政策应重点关注进口产品多

样化和市场多元化,这样才能充分发挥通过进口改善国内消费者福利、促进生产率进步以及改善贸易条件的政策功能(钱学锋等,2012)。因此,从贸易边际角度,研究在贸易壁垒削减的情况下中国农产品进口数量、进口对象、进口来源地、进口商品种类等问题,具有重要的现实意义。同时,从扩展边际角度,分析贸易壁垒削减导致农产品进口种类增长的贸易利得有多大,哪些农产品进口种类增长会使消费者获得的福利最多,从哪些国家进口带来的福利最大等问题,将对中国进一步推进农产品进口多元化战略,优化农产品进口布局,推动农产品进口优质优价,在全球范围内实现本国更高的农产品供求均衡具有重要意义。

第三,为开放经济条件下的农业供给侧结构性改革和乡村振兴提供理论支撑。

2016年和2017年,中央一号文件都强调推进农业供给侧结构性改革,十九大报告首次提出"提高全要素生产率、实施乡村振兴战略",推动农业发展从"生产主导"向"消费主导"转变,优化产业结构,促进农业提质增效。优化进口贸易结构是改善经济供给侧的重要内容。进口贸易结构的相应变化与特征,为改善经济增长的供给面寻求新的进口动力(裴长洪,2013)。如何有效解决农业发展中日益凸显的短板,如农业生产效率较低、农业产业结构有待优化、城乡差距和农户内部收入差距较大等问题,是当前全面对外开放、深度融入全球化时期深化农业供给侧结构性改革的关键所在。从进口角度审视贸易开放对农业生产率、农业结构调整和农民收入的影响,是中国农业供给侧结构性改革、乡村振兴的重要关注点之一。本书探讨中国农业贸易壁垒削减对农业生产率、农业结构调整和农民收入及其差距的影响与作用机制,为当前深入推进农业供给侧结构性改革、全面落实乡村振兴战略提供理论支撑。

第四,较为准确地估计中国来自农产品进口贸易的福利。

增进消费者福利是一国对外贸易的重要目标。与出口相比,进口有着更深的福利含义(谭用等,2019),尤其是进口种类扩张和质量提升会显著改善消费者福利(童伟伟,2020)。但已有研究主要集中在测量进口种类增长的贸易利得(Feenstra,1994;Broda和Weinstein,2006;陈勇兵等,2011;魏浩和付天,2016;徐小聪和符大海,2018),忽略了产品质量的影响,没有考虑进口质量的变化,从而造成福利测算偏误(Benkovskis和Woerz,2014),夸大进口产品种类增长的贸易利得(Choi等,2009)。基于此,本书以与国计民生息息相关的农产品为视角,在估算农产品进口种类增长的贸易利得的基础上,进一步从种类、数量和质量方面更准确地刻画价格指数的变动,从微观视角识别进口种类、数量和质量对消费者福利增进的差异性,全面揭示进口增长提升消费者福利的真正动因,并从产品结构、产业部门和生产阶段分析进口质量变动引致消费者福利的结构性差异,从而为满足人民日益增长的美好生活需要,探寻消费者福利持续增长渠道,扩大农产品进口政策提供参考。同时,在估计中国农产品进口需求弹性的基础上,分析进口贸易壁垒削减导致无谓损失降低程度。

第二节　研究内容、框架与方法

一、研究范围界定

1. 农产品界定

在农产品贸易研究中,目前尚不存在一致的统计口径。从农产品贸易数据发布主体看,国际组织中 WTO、联合国国际贸易标准分类(STIC)与联合国粮食和农业组织(FAO)的农产品口径使用比较广泛。而在中国,主要是农业农村部和商务部发布的农产品贸易数据。商务部的农产品统计口径是基于WTO《农产品协议》,还包括了部分水产品。农业农村部的农产品统计口径包含了 WTO《农产品协议》的所有农产品和全部水产品。在国内相关文献中,应用最多是农业农村部的统计口径,即 WTO《农产品协议》口径加上水产品。本书也采用这种口径,具体包括 HS 编码中 1—24 章的农产品,以及 HS4 位数的 HS2801、HS2905、HS3301、HS3501—3505、HS3809、HS3823、HS3913、HS4101—4103、HS4301、HS5001—5003、HS5101—5103、HS5201—5203、HS5301—5305 和 HS7101 等农产品,共计 821 个 HS1996 版的 HS6 位数农产品。

在分析贸易壁垒削减对农业产业结构的影响时,将农业分为种植业、林业、牧业和渔业四大产业。为了便于计算,林业包括 HS2 位编码的 HS06、HS13、HS14 和 HS18,畜牧业包括 HS2 位编码的 HS01、HS02、HS04 和 HS05,渔业包括 HS2 位编码的 HS03 和 HS16,其余的为种植业产品。

在估算农产品进口贸易壁垒削减的福利效应时,根据测算进口种类增长的福利普遍做法(Cabral 和 Manteu,2010;陈勇兵等,2011;魏浩和付天,2016),采用 Armington(1969)产品及其种类的界定方法,将农产品定义在HS6 位数的进口农产品,农产品种类定义为从不同国家进口 HS6 位数的农产品。

2. 贸易壁垒削减的界定

农产品进口贸易壁垒削减涉及 WTO 多边贸易体系的贸易壁垒削减、贸易伙伴国间签订双边或多边自由贸易协定的贸易壁垒削减、自由贸易试验区为代表单方面开放的贸易壁垒削减。本书重点研究的是 WTO 多边贸易体系下的中国农产品进口贸易壁垒削减,辅以中国与 24 个国家和地区签署的 16个自由贸易协定。在衡量中国农产品贸易壁垒削减时,以中国从各个国家进口的 HS6 位数实际使用的有效关税(AHS),以 UNCTAD TRAINS 数据库中涉及的卫生和植物卫生措施和技术性贸易壁垒等主要非关税,将非关税与关税等价后,采用贸易限制指数衡量农产品贸易壁垒削减水平。在实证分析时,采用贸易限制指数和是否签订自由贸易协定作为虚拟变量进行分析,并以进口渗透率、加权平均关税作为衡量贸易壁垒削减程度的指标进行稳健性检验。

二、研究内容

本书除了导论、结论与政策建议两章外,还有如下六个重要部分。

第一章为文献述评。该章是本书的前提基础,在对现有文献进行梳理后,首先总结贸易壁垒削减的测度方法,然后讨论贸易壁垒削减对贸易边际、进出口产品质量、贸易持续时间的影响,最后归纳贸易壁垒削减对生产者福利、消费者利得和社会福利的影响。

第二章是理论模型。该章是本书的理论基础,以 Melitz(2003)模型为基准模型,将国内消费的农产品分为国内产品和进口产品,对进口产品征收关税,以此探究贸易壁垒削减对农产品进口贸易边际、生产率、农民收入和福利的影响。

第三章是农产品进口贸易壁垒削减及测度。本章在回顾中国加入 WTO后农产品进口关税和非关税减让的基础上,以农产品关税减少和非关税削减作为贸易壁垒削减指标,将非关税进行关税等价,构建产品层面的贸易限制指数,分析农产品进口贸易壁垒削减程度,比较不同农产品贸易壁垒削减的差异。

第四章是贸易壁垒削减与农产品进口边际。本章在了解中国农产品贸易发展现状的基础上,测度了进口增长的扩展边际、价格边际和数量边际,实证分析了贸易壁垒削减对农产品进口及其三元边际的影响。

第五章是贸易壁垒削减对生产者福利及农业结构的影响。本章在对农产品生产率的测度及其分解的基础上,实证检验进口贸易壁垒削减对农产品生产率的影响与作用机制;在分析农业结构调整特征事实的基础上,实证检验进口贸易壁垒削减对农业结构调整的影响;在分析中国农村居民收入增长、城乡居民收入差距及其区域间农民收入差距的基础上,实证检验进口贸易壁垒削减对农村居民收入及其收入差距的影响与作用机制。

第六章是贸易壁垒削减对消费者福利及社会福利的影响。本章采用Feenstra(1994)及Broda和Weinstein(2006)的计量方法,估算农产品进口种类增长的贸易利得;借鉴Benkovskis和Woerz(2014)的方法,测算产品质量变动下的进口贸易利得;采用Kee等(2008)的方法,估计中国农产品进口需求弹性,分析进口贸易壁垒削减导致无谓损失的降低程度。

三、结构框架和技术路线图

为了深入、详细探讨农产品进口贸易壁垒削减的经济效应,本书的结构框架为:首先,凝练研究背景,分析研究的理论意义和现实意义。其次,搜集和梳理已有国内外文献,根据研究的主题与内容,确定研究方案和分析目标。再次,结合研究方案和分析目标,构建贸易壁垒削减对进口边际、生产率、农民收入和福利影响的理论模型,测算农产品进口贸易壁垒削减程度,并在此基础上分别构建计量模型,实证检验贸易壁垒削减对农产品进口三元边际的影响,探讨贸易壁垒削减对农产品生产率、农业结构调整与农村居民收入的影响与作用机制,估算农产品进口贸易壁垒削减对消费者福利和社会福利的影响。最后,得到本书的研究结论,揭示结论内涵的政策建议。根据以上结构框架,技术路线图见图0-1。

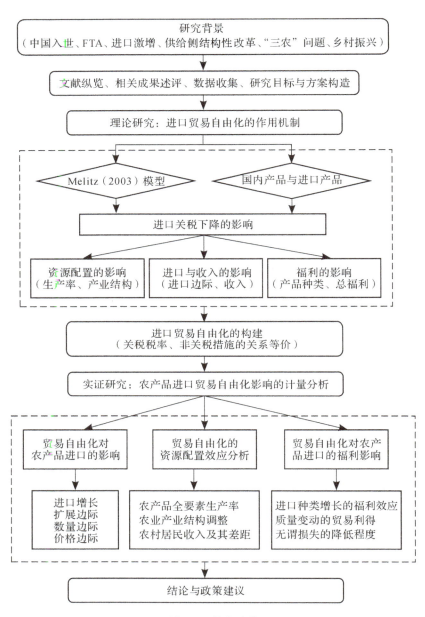

图 0-1　技术路线

四、主要研究方法

本书主要采用理论研究与实证研究结合的方法。在理论机制部分,通过拓展 Melitz(2003)模型,在 CES 效用函数的基础上,消费者消费的产品为国内产品和进口产品,对进口产品征收关税,刻画进口关税的下降对贸易结构、生产率、农户收入和福利水平的影响机制。

为了研究进口贸易壁垒削减的经济效应,本书使用 stata 14.0 软件,对中国海关数据库、CEPII-BAC 数据库、WTO 数据库等数据库,以及历年《中国统计年鉴》、各省市统计年鉴、《全国农产品成本收益资料汇编》和《中国农业统计年鉴》等各类数据进行匹配与合并处理,利用合并后匹配到的数据库进行实证分析检验。在实证检验前,先以中国关税削减和非关税减少作为贸易壁垒削减的指标,将非关税进行关税等价后构建产品层面的贸易限制指数,对此开展研究。

在研究贸易壁垒削减对农产品进口边际的影响时,利用 Hummels 和 Klenow(2005)的方法,从多边和双边分析中国农产品进口增长的种类、价格和数量特征。利用引力模型,实证检验贸易壁垒削减对中国农产品进口的扩展边际、价格边际、数量边际的影响,使用多种方法进行稳健性检验。采取双重差分(DID)方法和双重差分倾向得分匹配(PSM-DID)方法,识别中国自贸区战略对农产品进口及其贸易边际的影响。

在研究进口贸易壁垒削减对农产品生产率的影响时,首先利用随机前沿分析法,采用超越对数的 C-D 生产函数,将农产品生产率进行测算和分解。采用 DID 和分位数 DID 方法,实证检验进口贸易壁垒削减对农产品全要素生产率的影响。为了检验 DID 方法的有效性,对共同趋势假设、年份效应、政策的外生性、排除其他政策的影响和安慰剂检验等方面进行检验。在稳健性检验时,采用两期估计法,删除 2010 年以后的样本,区分各类农产品。采用中介效应模型,识别贸易壁垒削减对生产率发挥的作用机制,探究生产效率、技术进步率和规模效率的贡献。

在研究进口贸易壁垒削减对农业产业结构调整的影响时,采用固定效应模型,检验进口自由化对农业产业结构变动的影响,采用系统广义矩阵估计(GMM)方法,检验贸易壁垒削减对农业产业结构高级化和合理化的影响。考虑到产业结构调整可能具有反向因果关系,被解释变量滞后项与误差项存在相关性,将产业结构高级化和合理化滞后二期或二期以上作为工具变量,采用两阶段最小二乘估计法(2SLS)进行内生性检验。在稳健性检验时,选取不同的贸易壁垒削减指标,采用不同的产业结构高级化和合理化测量方法以及分不同地区类别进行检验。

在分析贸易壁垒削减对农村居民收入的影响时,采用差分 GMM 进行基准回归,将贸易壁垒削减与农村劳动力非农就业的交互项引入模型,检验贸易易壁垒削减通过促进农村劳动力非农就业的增加而对收入及其差距产生影响。在进行稳健性检验时,采用改变贸易壁垒削减指标、更换收入及其差距的测算方法,以及采用不同的估计方法进行拓展分析,利用中介效应模型考察贸易壁垒削减影响的作用机制。

在研究农产品进口贸易壁垒削减对消费者福利及社会福利的影响时,采用 Feenstra(1994)以及 Broda 和 Weinstein(2006)的测算方法,估算中国农产品进口商品种类增长的贸易利得;利用 Benkovskis 和 Woerz(2014)的方法,测算产品质量变化时的贸易利得;借鉴 Kee 等(2008)的研究方法,在估计农产品进口需求弹性的基础上,测算农产品进口贸易壁垒削减引致无谓损失的降低程度。

第三节　主要创新与不足

一、主要创新

一是构建了较为全面地反映农产品贸易壁垒削减的指标。在从 WTO 多边、FTA 双边和单方面自主优惠三方面分析中国农产品关税下降的基础上,运用关税阶梯分析法评估多边、双边和单边在贸易壁垒削减中发挥的作用。为了更合理地、较全面地反映中国农产品进口贸易壁垒削减情况,在指标构建上,不仅采用高度细分的最终农产品层面进口关税数据,还考虑农产品进口中非关税措施,将非关税措施进行关税等价,采用贸易限制指数全面展现加入 WTO 以来中国农产品进口贸易壁垒削减的特征。这样,避免了已有文献仅仅从关税措施或非关税措施方面构建进口贸易壁垒削减指标的研究缺陷。以此为基础,实证检验贸易壁垒削减对进口边际、生产率、产业结构和农户收入等方面的影响与作用机制。

二是从多个角度运用多种方法开展实证研究,详细分析了贸易壁垒削减对农产品进口贸易三元边际与农业生产者福利的影响。利用引力模型实证检验了贸易壁垒削减对中国农产品进口边际的影响,采取 DID 方法和 PSM-DID 方法识别了中国自贸区战略对农产品进口边际的影响。采用随机前沿分析法,对农产品生产率进行测度和分解,以中国加入 WTO 为准自然实验,采用 DID 方法识别了进口贸易壁垒削减对农产品生产率的因果影响,利用分位数 DID 方法区分了贸易壁垒削减对不同农产品生产率影响的异质性,从共同趋势假设、年份效应、政策的外生性、排除其他政策的影响和安慰剂检验等方面对 DID 方法的有效性进行了详细检验,采用两期估计法,删除 2010 年以后的样本,区分各类产品进行稳健性分析,运用中介效应模型,识别了贸易壁垒削减通过影响生产效率、技术进步率和规模效率而对生产率发挥的作用机制。采用固定效应模型,检验了贸易壁垒削减对农业产业结构变动的影响,采用系统 GMM 方法检验了贸易壁垒削减对农业产业结构高级化和合理化的影响。采用差分 GMM 方法,实证检验了贸易壁垒削减对农村居民收入结构的影响,通过引入交互项和利用中介效应模型揭示了贸易壁垒削减→农村非农就业增加→家庭经营性收入的降低、工资性收入增加→农村居民收入减少、城乡收入差距和区域间农民收入差距扩大的作用导向机制。

三是识别了农产品进口种类增长、数量变动和质量变化对消费者福利影响的差异。农产品的价格、数量、种类和质量都是消费者最为关注的重要因素,但现有文献都没有专门聚焦农产品进口数量、种类和质量对消费者福利水平改进的研究成果。诚然,业已展开的贸易利益评估,为推动中国农产品贸易发展转型提供了多维视角,但针对中国进口贸易福利效应测算的研究相对较少,还有赖于进一步丰富和完善(高超和黄玖立,2019),而纳入质量维度的贸易福利评估是未来研究的重要方向(金毓和鲍晓华,2015)。本书不仅估算了中国农产品进口种类增长的总贸易利得,还将农产品进口质量纳入消费者福利分析框架中,充分发掘农产品进口种类、数量和质量增长的福利内涵,识别出农产品进口种类增长、数量变动和质量变化对消费者福利影响的差异,从产品结构、产业部分和生产阶段,分析了进口质量变动引致的消费者福利的结构性差异。

二、不足之处

本书在研究农产品进口贸易壁垒削减的经济效应时,尽管从理论上刻画了贸易壁垒削减对生产率、进口贸易边际和福利的影响,但主要是对已有企业异质性理论模型进行简化和引用,没有对采用的模型从进口方面进一步深入分析和推导其作用机制,也没有考虑需求的异质性、农业补贴等产业政策的影响,因而使得本书的研究理论基础较为单薄。因此,构建更适合中国国情的理论分析框架是今后持续研究的方向之一。

由于非关税较为复杂、种类很多,在构建农产品进口贸易壁垒削减的指标时,相关数据难以获得和匹配,受实证模型分析限制,在进行非关税的关税等价时,仅仅考虑了影响农产品贸易的主要非关税措施,而且仅仅在 HS4 位数的农产品上进行关税等价。因此,在测算 HS6 位数农产品贸易限制指数时,采用的是 HS6 位数的关税和 HS4 位数的非关税的关税等价数据,可能放大了非关税的影响。在利用该数据实证分析贸易壁垒削减对进口贸易边际、农业结构调整、农民收入及其城乡收入差距等方面的影响时,可能会对实证结果的准确性造成一定的但不是较为严重的影响。因此,深入挖掘数据、继续改进实证检验方法也是今后重点研究的方向之一。

现有文献较少详细研究农产品进口贸易壁垒削减的福利效应。本书虽然从消费者角度估算了农产品进口种类增长的贸易利得,分析了质量变动导致的福利效应,但也只是整体上探讨了贸易利益的来源和贸易利得的测度,由于数据的限制,忽略了贸易壁垒削减对国内农产品种类的影响,没有从需求异质性角度深入分析贸易壁垒削减对农户福利的影响,没有考虑农业生产资源误置对贸易利益的影响,也没有进一步探讨贸易福利的分配效应。因此,这些也是今后需要持续关注的问题。

第一章　文献述评

贸易政策特别是贸易自由化政策一直是国际贸易理论和经验研究的热点。随着企业异质性贸易理论的发展,众多文献从微观层面深入探讨了贸易壁垒削减政策影响的动因、贸易模式、影响机制和福利收益(Amiti 和 Konings,2007;钱学锋等,2011;Amiti 和 Khandelwal,2013;Antras 等,2014)。已有两篇文章围绕贸易政策与异质性企业对现有文献进行了全面、系统、出色的梳理:一是 Goldberg 和 Pavcnik(2016)在深入探讨贸易政策的测度、内生性、异质性、因果识别的基础上,总结了贸易政策对贸易额、贸易边际、生产率、成本加成和利润、劳动力市场、经济增长与贫困、政策扭曲与分配不均等方面的影响;二是钱学锋和王备(2018),在阐述异质性企业与贸易政策研究的基准模型及其发展的基础上,从内部动机与外部冲击方面讨论了贸易政策的内生机制,结合影响贸易政策福利的相关因素归纳了内生和外生贸易政策的福利效果。然而,有关贸易壁垒削减与异质性企业的研究,主要集中在制造业行业。对于农业,由于微观数据难以获得,应用相对有限。本章仅围绕研究主题对现有文献进行梳理和分析,简要讨论贸易壁垒削减的测度方法,总结贸易壁垒削减对进出口微观结构的影响,归纳贸易壁垒削减的福利效应,为本书写作提供思路、研究基础与经验借鉴。

第一节　贸易壁垒削减的测度

贸易壁垒削减是一国逐步消除贸易壁垒,减少政府对贸易的直接干预,使保护的贸易体制向自由的贸易体制逐步转变的过程(俞会新和薛敬孝,2002)。贸易壁垒削减表现为进口关税的下降、非关税措施的削减、贸易开放度的提升、进口渗透率的增加等。由于非关税措施种类繁多①、数据难以获取,量化贸易壁垒削减是贸易政策评估的重点和难点。众多专家、学者根据研究需要、不同目的,使用不同变量从理论和实证角度对此进行了深入、卓有成效的研究,为各国政府制定贸易壁垒削减政策提供理论支持和经验证据。现有文献主要从关税、非关税和进口渗透率三个方面对贸易壁垒削减水平进行测度。

一、进口关税

关税是最常见、最主要的贸易政策,是调节各国经贸往来的重要工具,是各国贸易政策重要的调节器和指示器。由于历年数据容易获取,关税长期在国际贸易实证中扮演着重要角色。进口关税的下降能够反映一国贸易壁垒削减的变化趋势(余淼杰和智琨,2016),成为衡量贸易壁垒削减的常用方法。用关税衡量贸易壁垒削减程度的代表性方法主要有三种:

一是对细分的关税税率进行合理加总。这是目前最为普遍的做法,如算术平均关税、贸易加权平均关税。关税税率越低,则贸易壁垒削减程度越高。已广泛用于各种产业、行业层面最终产品、中间产品的进口关税或企业层面的产出关税(Amiti 和 Konings,2007;Topalova 和 Khandewal,2011;余淼杰和李晋,2015;兰宜生和徐小锋,2019)。盛斌和毛其淋(2015)在分析贸易壁垒削减对中国工业企业成长及规模分布的影响与机制时,使用 1998—2007 年中国高度细分的关税数据,测算了最终品关税,结合投入—产出表计算出中间投入品关税,用来考察贸易壁垒削减的竞争效应、成本节约效应和多样化优质要素的获得效应。余淼杰和智琨(2016)在研究进口自由化对企业利润率的影响渠道时,采用 HS6 位编码的从价关税数据,用计算出的国民经济行业(CIC)最终品关税来衡量进口贸易壁垒削减程度。Lu 和 Yu(2015)构造了企业层面的中间品关税与最终品关税,用以分析了贸易壁垒削减对企业生产率的影响。

---

① 根据 UNCTAD TRAINS 2012 年最新分类标准,罗兴武等(2014)指出非关税措施有如下 16 种:技术性贸易壁垒(TBT)、卫生和植物卫生措施(SPS)、数量控制措施、价格控制措施、贸易救济措施、装船前检验和其他手续、金融措施、贸易相关投资措施、垄断措施、分销限制、后销售服务限制、政府采购限制、进口补贴、知识产权、原产地规则、出口相关措施。

二是关税有效保护率。关税有效保护率是指关税引起产品国内增加值的增量与自由贸易下产品增值的百分比(Balassa,1965;Corden,1966)。关税有效保护率既考虑了关税对最终品价格的影响,也考虑了关税对中间品价格的影响,其大小是评价一国产业保护程度的重要指标。有效保护率越低,则该国关税对国内产业的保护程度也越低,有效保护率下降越多,则贸易壁垒削减程度就越高。由于有效保护率同时考虑了加工环节和最终环节的增加值,能较好地连接生产和消费。在当今产品生产过程日益被分散到不同国家,中间品贸易发展非常迅速之时,关税有效保护率也得到了广泛应用(程惠芳和梁越,2014)。周申(2003)利用关税有效保护率检验了贸易壁垒削减、汇率与中国宏观经济内部平衡之间的关系。Topalova 和 Khandelwal(2011)在分析贸易壁垒削减对企业生产率的影响时,采用有效保护率衡量中间投入品的贸易壁垒削减。李清如等(2014)采用有效保护率衡量行业贸易壁垒削减程度,实证分析了贸易壁垒削减对行业内工资不平等的影响。段玉婉等(2018)利用世界投入产出模型,用全球价值链构建了关税有效保护率的计算方法,测算了 1996—2011 年 64 个国家 33 个行业关税有效保护率。

三是最优关税税率。贸易壁垒削减也与最优关税税率相关,最优关税税率的高低反映了一国贸易开放程度的高低,最优关税税率下降越多,贸易壁垒削减越多(李春顶等,2019)。目前最优关税的量化,要么采用理论模型推导出的结果计算最优关税税率(Grossman 和 Helpman,1995),要么采用数值模拟方法计算最优关税税率(张顺民和余军,2009)。Broda 等(2008)在新贸易理论基础上,采用最优关税理论估算了最优关税税率。Ossa(2014)将政治、经济因素嵌入新贸易理论模型,模拟了最优关税税率。龙麒圣和李克强(2012)在非对称两阶段嵌套博弈模型中分析最优关税。李春顶等(2019)利用可计算的一般均衡数值模型,模拟了各国有贸易报复和无贸易报复的最优关税,以此探讨全球贸易壁垒削减的内生动力。

二、贸易限制指数

非关税的量化方法较多,有限制性标准(Shepherd,2007;Babool 和 Reed,2007)、频数比率(Fontagné 等,2005)、进口覆盖率(Frahan 和 Vancauteren,2006)、虚拟变量法(Cao 和 Johnson,2006)、关税等价法(Yue 和 Beghin,2008)和贸易限制指数(Anderson 和 Neary,1992)等。鲍晓华(2010)、王小梅

等(2013)和谢玲红等(2016)对此进行了详细的归纳总结。由于贸易限制指数(TRI)解决了不同非关税措施加总的难题,能将非关税措施转换为关税等值,成为应用最为广泛的量化方法(Baldwin,2004)。Anderson 和 Neary(1992、1994、1995、1996、1998、1999)在完全竞争的小型开放经济条件下,运用可计算的一般均衡模型构建了贸易限制指数,将所有非关税措施转化为具有相同福利水平下的关税当量值,该关税值就是非关税措施转化而来的 TRI。在此基础上,Anderson 和 Neary(2003)从相同进口量角度提出了重商主义贸易限制指数(MTRI),对报告期的国内价格施加一定关税值,使即期和报告期产品进口量保持不变,这个关税值就是非关税措施转化来的 MTRI。Feenstra(1995)在 Anderson 和 Neary 基础上,运用局部均衡模型构建了一个新贸易限制指数,更方便地将关税和非关税转化为统一的贸易限制指数。Kee 等(2008、2009)对 MTRI 进行拓展,提出了整体贸易限制指数(OTRI),对报告期进口数量施加一定关税值,使即期和报告期的产品进口量不变,该关税值就是 OTRI。由于产品进口量数据比价格数据更容易获得,OTRI 比MTRI 具有更强的应用性。Antimkni 等(2008)把商品的世界价格作为关税的函数,将 MTRI 从小国开放经济扩展到大国开放经济。Chen 和 Ma(2012)从商品的世界价格由向下倾斜的进口需求曲线和向上倾斜的出口供给曲线获得的角度,提出了一般化贸易限制指数(GTRI)。

多种贸易限制指数的提出,广泛应用于贸易政策评估中,日益成为实证研究的基础(盛斌,2002)。众多文献利用贸易限制指数测算贸易壁垒削减程度,以此分析对贸易的影响及福利效应(Lloyd 和 MacLareii,2002;Irwin,2007;Lloyd 和 MacLaren,2008;Anderson 和 Croser,2009;Beaulieu 和 Chemiwchan 2014)。Bach 等(1996)运用 TRI 分析中国加入 WTO 后对中国及其贸易伙伴国的福利影响。Bureau 和 Salvatici(2005)用 TRI 和 MTRI 比较乌拉圭回合前后欧盟和美国贸易壁垒削减程度。Kee 等(2009)用 OTRI 测算并比较了 78 个国家在 20 世纪早期贸易壁垒削减水平。Lloyd 等(2010)用局部均衡的 TRI 分析 1960 年以来农产品贸易壁垒削减的贸易影响和福利效应。从这些研究结果看,TRI 既包括了关税又包含了非关税,用 TRI 衡量贸易壁垒削减程度更为准确,对贸易的影响更大,具有更强的福利效应。吴国松等(2013)利用 Anderson 和 Valenzuela(2008)构建的 TRI 方法,估算了中国农业保护支持政策的保护效应。刘庆林和汪明珠(2014)利用 Anderson 和

Neary(2003)的 TRI 理论,测算了中国 2001—2011 年农产品市场准入政策的保护水平。刘庆林等(2015)进一步在 Anderson 和 Neary(2003)的基础上,将 TRI 的小国模型拓展为大国模型,用于分析中国农产品关税的降低和非关税的削减对社会福利的影响。

三、进口渗透率

在贸易壁垒削减的量化中,鉴于关税措施难以全面衡量一国贸易壁垒削减水平,而非关税数据难以获取。余淼杰(2010)认为进口渗透率是关税和非关税共同作用的结果,由于数据容易获得,也是较好地反映贸易壁垒削减情况的指标。计算公式为行业进口额与行业产出额之比(Harrison,1994)。进口渗透率是在贸易依存度基础上演变而来的。贸易依存度最早由 Brown(1940)提出,用贸易总额与国内生产总值的比值来衡量一国经济开放度。依存度越高,贸易壁垒削减程度就越大。为了能够准确地反映出各行业的开放程度,较为全面地体现出关税和非关税对行业的影响,众多文献采用进口渗透率衡量贸易壁垒削减程度(Harrison,1994;朱春红,2005;肖文和周明海,2010;毛日昇,2013;钱学锋等,2016)。周申(2006)用进口渗透率作为行业贸易壁垒削减指标,实证分析贸易壁垒削减对中国工业劳动需求弹性的影响。钱学锋等(2016)在考察进口竞争对中国制造业企业成本加成的影响时,认为进口渗透率能较好地衡量贸易壁垒削减导致的进口竞争程度,可采用进口渗透率进行稳健性检验。

第二节 贸易壁垒削减对微观结构的影响

贸易壁垒削减能促进进出口贸易增长,是传统国际贸易理论的共识。但传统的国际贸易理论仅从宏观上分析了贸易壁垒削减对一国贸易总量增长的贡献,无法从微观层面上探究贸易总体增长的作用机制。随着微观层面企业异质性贸易理论的出现与发展,国际贸易领域逐步深入研究了贸易增长的微观作用机制。现有文献主要从贸易二元边际、产品质量和贸易持续时间三方面进行了多样化的实证研究,从微观结构探讨贸易壁垒削减对进口增长的影响。由于所用数据和分析方法不同,实证结果尚未得出统一结论。

一、贸易壁垒削减对贸易边际的影响

贸易边际是分析贸易增长结构、区分贸易增长方式的有效工具。Melitz (2003)开创性地在企业异质性理论中将一国出口总量增长分解为集约边际 (intensive margin)和扩展边际(extensive margin),为解释贸易增长的结构开辟了新方法。

1. 国内外研究概况

随着国际贸易理论和实证研究的深入发展,国外涌现出众多进出口增长贸易边际的文献,成为理解贸易模式差异的重要因素(Bernard 等,2009)。已有研究基于不同视角,从国家层面(Felbermayr 等,2006;Helpman 等,2008;Besedes 和 Prusa,2010)、产品层面(Hummels 和 Klenow,2005;Chaney,2008;Aldan 等,2016)或企业层面(Andersson,2007;Bernard 等,2009;Albornoz 等,2012)界定贸易边际,用于探讨进出口贸易结构、增长动力及影响因素。在众多实证文献中在讨论扩展边际与集约边际在贸易增长的重要性方面,尚未得出一致结论。有些文献认为扩展边际是驱动贸易增长的主动力(Berthou 和 Fontagne,2008;Bernard 等,2009;Dutt 等,2011),一些文献发现集约边际在贸易增长中扮演着更为重要角色(Felbermayr 和 Kohler,2006;Eaton 等,2007;Helpman 等,2008)。但一致认同的结论是:集约边际极易遭受外部冲击,会导致贸易波动(Blattman 等,2007;曾福生,2015);扩展边际能有效分散风险、减弱贸易波动,能维持贸易增长的稳定性与持续性(Hummels 和 Klenow,2005;Feenstra 和 Kee,2007;钱学锋和熊平,2010;张明志等,2013)。同时,扩展边际还具有"多元组合效应",符合不把鸡蛋放在同一个篮子里的避险常识(Haddad 等,2010;钱学锋和余弋,2014),而且有着更强的福利含义(Yoshida,2011)。

在国内,几乎同步开展了贸易边际的研究,最早研究二元边际及其影响因素的学者是钱学锋。钱学锋(2008)从企业层面将中国出口总量增长分解为集约边际和扩展边际,研究认为中国 2003—2006 年出口扩张主要源自集约边际,贸易成本变动尤其是出口固定成本下降,更能促进扩展边际提升出口增长。钱学锋和熊平(2010)进一步分析表明,多边和双边上中国出口增长主要来自集约边际。同时还发现,经济规模、外部冲击、多边阻力、固定成本、生产率水平、区域经济一体化等对二元边际有着不同的影响机制。此后,国内

对贸易边际研究的文献大量涌现。陈勇兵和陈宇媚(2011)从二元边际概念界定、结构测度、贸易福利作用机制和影响因素对国内外已有文献进行了全面总结。也有一些学者利用 Hummels 和 Klenow(2005)的三元边际分析法，测算中国进出口产品增长的贡献及其影响因素(施炳展，2010；魏浩和郭也，2016；魏昀妍和樊秀峰，2017)。

2.农产品贸易边际研究

随着贸易边际研究的兴起与逐渐成熟，国内外有些学者对农产品贸易边际的结构、作用机制和影响因素进行了分析(Liapis 和 Fournier，2008；Bojnec 和 Fertö，2012；谭晶荣等，2013；张宇青等，2014；袁德胜等，2014)。Cipollina 和 Salvatici(2011)研究认为欧盟的特惠贸易政策促进了农产品和食品的扩展边际。谭晶荣等(2013)对中越双边农产品出口增长的二元边际进行了测算，结果表明，扩展边际对中越农产品出口增长的拉动作用更为明显。耿献辉等(2014)测算了中国农产品出口二元边际的贡献率，发现集约边际的贡献率在2005 年后达到并维持在较高水平上。曹亮等(2014)借鉴 Hummels 和 Klenow(2005)方法，分析了中国从东盟进口增长的三元边际，结果发现，价格边际贡献最大，扩展边际还有所下降。谭晶荣等(2016)利用 2008—2013 年中国 31 个省区市农产品 HS4 位编码的出口数据，分析各省区市农产品出口扩展边际，研究发现扩展边际存在地区差异，东部地区扩展边际较高，接近发达国家平均水平，西部地区较低，中西部地区扩展边际波动显著高于东部地区。赵金鑫等(2017)认为，中国饲料产品进口增长主要依赖数量边际，扩展边际较高且保持稳定，价格边际逐渐下降。陈林等(2018)分析了中国农产品出口"一带一路"合作伙伴二元边际的影响因素。从现有研究结果看，中国农产品进出口贸易增长的贡献中，有些学者认为集约边际的贡献较高(鲍晓华等，2014；钱涛等，2016)，也有学者认为扩展边际更为重要(谭晶荣等，2013；杨逢珉等，2015)，尚未得出统一结论。

3.贸易壁垒削减对贸易边际的影响

自贸易增长分解为二元边际后，许多文献用引力模型分析贸易边际的影响因素及其作用机制，将贸易壁垒削减作为诸多影响因素之一，把是否为WTO 成员或是否签订自由贸易协定作为变量指标，用来分析贸易边际的影响因素(Kehoe 和 Ruhl，2013；魏昀妍和樊秀峰，2017)。也有文献直接用关税或某种非关税分析对贸易边际的影响(Feenstra 和 Kee，2008；Persson，2013；

徐芬和刘宏曼,2018;丁存振和肖海峰,2019)。许多研究发现,贸易壁垒削减对进口扩展边际和集约边际有着不同的影响。汪颖博等(2014)在分析中国—东盟自贸区协定关税和非关税对进口边际的影响时,认为协定关税下降会促进进口集约边际,非关税会促进进口扩展边际。Baiery等(2014)认为,一体化协议程度越深,对扩展边际和集约边际的影响会越大,而且对集约边际的影响早于扩展边际的影响。Kehoe等(2015)认为,贸易壁垒削减不仅带来了已有贸易产品的发展,也促进了较少贸易产品的更快发展。有些研究认为,贸易壁垒削减主要通过扩展边际对进口产生影响(Kehoe和Ruhl,2003;Felbermayr和Kohler,2007;Frensch,2010)。Ge等(2011)通过实证得到,中国进口关税下降,促进了投入品和资本品的进口,扩宽了来源国扩展边际。Debaere和Mostashari(2012)在Eaton和Kortum(2002)模型的基础上,发现关税下降促进了美国新商品的进口,提高了美国进口产品范围。但也有研究发现,关税削减与贸易扩展边际没有关系,进口增长主要来自集约边际(马涛和刘仕国,2010)。还有一些研究分析了农产品贸易壁垒削减对贸易边际的影响。鲍晓华和严晓杰(2014)分析了SPS措施对中国农产品出口二元边际的影响,结果表明,农产品出口总量增长来自集约边际扩张,SPS措施从集约边际对农产品出口总量产生了显著的抑制作用。徐芬和刘宏曼(2018)考察了已签署的多个自由贸易协定对中国农产品进口三元边际的影响,分析发现,中国—东盟自贸区显著促进了三元边际,中国—秘鲁自贸区显著促进了价格边际和数量边际,中国—新西兰自贸区显著促进了广度边际和数量边际。朱再清等(2019)研究认为,进口国仅对中国实施非关税措施显著降低了中国农产品出口的扩展边际,进口国对所有国家实施非关税措施显著促进了中国农产品出口数量边际的提升。丁存振和肖海峰(2019)测度了中美双边农产品出口三元边际,考察了关税对出口三元边际的影响,分析发现,扩展边际是中国对美国农产品出口增长的主要贡献,提高关税会导致出口种类和数量下降、价格上升,关税变动对中国出口美国三元边际的影响要高于美国出口中国。

二、贸易壁垒削减对产品质量的影响

产品质量(quality)是进出口贸易发挥作用的重要渠道,进出口产品质量是继贸易边际之后从微观上探讨进出口增长动力的延伸。

1. 国内外进出口质量研究概况

进出口质量是国际贸易领域研究的重要问题。现有文献主要从产品质量的测度、影响因素与作用机制、宏微观效应等方面展开研究。有关产品质量测度方法，早期采用单位价值来衡量产品质量，价值越高，则进出口产品质量越好（Schott，2004；Hallak，2006；Auer 等，2009）。但质量仅仅是影响单位价值变动的主要因素之一，还受汇率、成本和需求等因素的影响。因而单位价值并不是度量产品质量的最佳方法（Hansen 和 Nielsen，2008；Kugler 和 Verhoogen，2012；Piveteau 和 Smagghue，2013）。近些年来，随着微观数据的获得，测度产品质量的方法有了重大突破。一是价格指数法，将产品价格分解为纯净价格指数、质量指数和供应指数，产品质量用贸易净额与纯净价格指数方程的残差表示（徐美娜 等，2014）。二是需求导向法，以 Khandelwal（2010）构建的嵌套 Logit 方法和 Khandelwal 等（2013）建立的 CES 效用函数为基础，用进出口产品价格与数量反推产品质量。三是供给导向法，以 Kuglerv 等（2012）、Feenstra 等（2014）构建的生产函数模型为基础，用进出口产品生产相关数据估算产品质量。

在测度产品质量的基础上，众多文献讨论了影响质量变化的因素及其作用机制（Bas 和 Strauss-Kahn，2015；Fan 等，2015），认为企业创新、市场开放、汇率、知识产权保护、人均收入等促进了产品质量升级（Moraga 等，2005；Hallak，2006；Glass 和 Saggi，2007；Amiti 和 Khandelwal，2013；Feenstra 和 Romalis，2014）。也有些文献研究了产品质量对经济增长（Funke 和 Ruhwedel，2001；Hummels 和 Klenow，2005）、收入分配（Zhu，2005；Verhoogen，2008）和企业行为与绩效（Crozet 等，2007；Verhoogen，2008；Baldwin 和 Harrigan，2011；Hallak，2013）等方面产生的宏、微观效应。

针对中国进出口快速增长的源泉，学者们沿用国外产品质量的测度方法，重点关注制造业产品，从不同角度对中国不同时期、不同行业或企业的产品质量开展了多方面研究（施炳展 等，2013；李坤望 等，2014；陈晓华等，2015；余淼杰和李乐融，2016；倪红福，2017；余淼杰和张睿，2017a）。有些文献认为进出口质量呈上升趋势（施炳展，2013；施炳展和邵文波，2014；李小平 等2015），也有些文献认为进出口质量并没有得到提升，相反出现下滑趋势（李坤望 等，2014），还有些文献认为进出口质量表现出 U 形变化态势（张杰等，2014；许和连和王海成，2016）。已有研究探讨了贸易壁垒削减、融资约束、中间品进口、贸易持续时间等因素与产品质量间的相互关系（王永进和施炳展，2014；张杰，2015；余淼杰和张睿，2017b；刘海洋等，2017），发现产品质量升级能缓解贸易摩擦、提升企业生产率与出口绩效（樊海潮和郭光远，2015；余淼杰和李乐融，2016；盛斌和陈帅，2017）。施炳展和曾祥菲（2015）利用 Khandelwal 等（2010）测度产品质量的方法，测算了中国企业进口质量，发现进口质量呈上升趋势。余淼杰和张睿（2017b）在 Feenstra 和 Romalis（2014）企业内生化质量模型的基础上，系统地考察了供给面和需求面的因素，认为中国 2000～2006 年制造业出口质量整体上升了 15％。李宏兵等（2019）认为，一般贸易进口产品质量会显著提升同类出口产品质量和出口国内增加值率。高新月和鲍晓华（2020）采用双重差分法，实证研究了国外对华反倾销对出口质量的影响，结果显示，反倾销确实提高了企业出口质量，在反倾销前出口产品质量越低、企业生产率水平越低、产品替代弹性越高，反倾销对出口产品质量的提升作用越大。

2.农产品进出口质量研究

近年来，也逐渐出现了一些研究农产品进出口质量的相关文献（Curzi 和 Pacca，2015；Eum，2016；蔡振军，2014；王纪元和肖海峰，2018）。Olper 等（2014）运用嵌套 Logit 方法测度了欧盟进口食品的质量，认为欧盟食品标准显著提升了食品的质量。Jan 等（2016）采用 DSM 方法测度了欧盟进口农产品质量，认为质量提升与国家制度、投入品的技术替代程度有着显著的正向影响。董银果和黄俊闻（2016）采用嵌套 Logit 方法，测度了中国出口日本农产品的质量，研究结果显示，2005—2012 年农产品出口质量表现出上升—下降—上升的正 N 形变动，并发现中国的蔬菜，水果、咖啡、茶叶、香料、杂食、干果四大类农产品质量与印度基本持平，但与荷兰、法国等国家仍有较大差距。陈容和许和连（2018）测算了中国 2000—2013 年农产品出口质量，结果显示，不同贸易方式、不同所有制、不同编码的农产品以及不同出口目的国等因素，都会促进中国农产品出口质量不断上升，并发现 2007—2012 年间农产品出口质量呈现出明显的 U 形变化。刘妍和赵帮宏（2019）的研究表明，农产品出口质量显著地促进了农业产业升级，物质资本最能发挥有效传导。刘雪梅和董银果（2019）认为，虽然中国出口美国农产品增长的贡献主要来自数量边际，但 2008 年开始出口增长的贡献由数量边际转向质量边际，同时性价比即质量除以价格是中国农产品出口增长持续稳定增长的真实动力。孙林等（2019）

采用 KSW(2013)方法测算中国进口食品质量发现,2000—2006 年进口食品质量略有下降,在 2006 年后,除 2008 年外,进口食品质量一直呈现上升趋势;从"一带一路"合作伙伴进口的食品质量要高于平均水平,但低于从美国和澳大利亚进口的食品质量。

3. 贸易壁垒削减对产品质量的影响

贸易壁垒削减对产品质量的影响与机制也是该领域探讨的重要话题。由于贸易壁垒削减会降低进出口商品成本,在促进贸易"量"快速提升的同时,许多文献检验了贸易壁垒削减是否会带来"质"的飞跃(Roberts 等,2012;Fan 等,2014;殷德生等,2011;张杰等,2014;余淼杰和李乐融,2016)。

一是研究贸易壁垒削减对最终产品质量升级的影响。大多数文献研究认为,对于进口最终产品,贸易壁垒削减使国内企业在本国市场上面临着更加激烈的市场竞争,迫使国内企业进行质量升级。Khandelwal 等(2013)认为最终产品进口关税降低提高了前沿产品的质量。Amiti 和 Khandelwal(2013)发现美国最终产品关税的下降,提高了高质量产品的质量,降低了低质量产品的质量。Antoniades(2015)构建了内生性质量异质性企业模型,研究结果表明,竞争程度加剧会提高行业质量的异质性程度,从发达国家进口的企业比从发展中国家进口的企业有更高的质量。苏理梅等(2016)利用倍差法,分析了中国贸易壁垒削减对出口产品质量的影响,结果表明,贸易壁垒削减通过广延边调整出口质量,整体上降低了中国出口产品的质量。

二是分析贸易壁垒削减对中间产品质量的影响。大部分文献认为,贸易壁垒削减降低了进口中间品的国内价格,在同等价格下,厂商更愿意选择质量更高的中间品,从而提高了产品质量(Altomonte 和 Békés,2008;Krugler 和 Verhoogen,2009)。Pinaki 和 David(2002)的研究结果显示,贸易壁垒削减会降低中间品的进口成本,使出口产品质量下降。Goldberg 等(2009)认为贸易壁垒削减为企业提供的中间品种类更多、质量更高,促进了产品质量升级。同时企业从发达国家进口中间品,通过吸收和模仿也能促进企业生产率的提高。Fan 等(2015)认为中国削减中间品的进口关税,导致了同质化产品出口质量和单价的下降,提高了差异化产品出口质量和单价。Bas 和 Strauss-Kahn(2015)采用倍差法分析了进口关税下降对出口质量的影响,结果显示,进口关税削减促进了出口企业进口中间品质量的提升,从而提高了中国出口产品的质量和价格。余淼杰和李乐融(2016)采用 Khandelwal(2010)的方法,分析了贸易壁垒削减对进口中间品质量的影响,结果显示,贸易壁垒削减使中国企业进口了更多高质量的中间品。

三是主要探讨非关税措施对农产品质量的影响。董银果和黄俊闻(2018)探讨了日本卫生与植物检疫(SPS)措施对出口农产品质量升级的影响,认为日本的 SPS 措施促进了各国农产品出口质量的提升,特别是技术落后的农产品会实现更大的质量升级,加速了非 OECD 国家技术落后企业的创新,导致 OECD 国家高标准企业创新的下降。江东坡和姚清仿(2019)运用前沿距离模型和嵌套 Logit 模型,分析了欧盟农药最大残留限量(MRLs)标准对进口水果质量提升的影响,结果显示,MRLs 标准总体上明显抑制了进口生鲜水果质量的提升速度,相对于中高收入水平国家,更不利于低收入国家水果质量的提升,同时会促进高质量产品的质量提升速度,延缓低质量产品的质量提升速度。董银果和刘雪梅(2019)在研究 SPS 措施倒逼农产品质量升级时发现,存在产品内升级和产品间重构两种路径。刘舜佳和张雅(2019)在利用双重差分法分析肯定列表制度对农产品出口质量的影响时发现,日本肯定列表制度整体上促进了农产品出口质量的提升,中等收入国家比高收入国家农产品出口质量的提升速度快,但没有提升高技术水平国家的农产品出口质量。

三、贸易壁垒削减对持续时间的影响

贸易持续时间是现有产品或企业进入特定国外市场到退出该市场所持续的时间长度,是贸易增长中集约边际的重要组成部分(陈勇兵等,2012),是反映微观层面贸易动态的新角度。贸易持续时间不仅揭示了一国贸易总量背后隐藏的产品或企业进出口生存动态特征,而且体现了一国产品或企业在国际市场上的生存能力,是一国产品和企业综合国际竞争力及应对外部冲击能力的集中表现(Shao 和 Xu,2012)。较长的贸易持续时间是实现进出口贸易持续稳定增长的重要因素(Besede 和 Prusa,2008;Fugazza 和 Molina,2011;陈勇兵等,2012)。

1.国内外研究概况

经典的国际贸易理论在研究国家层面的进出口贸易时,假设贸易关系一旦建立,就会长期持续。但在微观层面,产品和企业的贸易关系持续时间都比较短。Besedes 和 Prusa(2006)首次利用生存分析法,研究了 1972—2001 年美国进口贸易持续时间,发现进口持续时间的中位数和平均数较短,分别

仅为 1 年和 2.7 年，进口持续时间第一年后的生存率只有 67%。随后许多学者采用生存分析法，利用各国不同细分的产品数据，也得出了相似的结果。Hess 和 Persson(2010)实证分析了欧盟 15 国 1962—2006 年的进口持续时间，结果显示，进口持续时间的中值只有一年，大约 60% 的贸易联系仅维持一年。为了探寻持续时间较短的原因，众多文献探讨了影响贸易持续时间的决定因素(Fugazza 和 Brenton 等 2009；Fugazza 和 Molina，2009；Obash，2010；Besedes 和 Prusa，2013)。Besedes 和 Prusa(2006)认为，初始贸易规模越大、产品差异化越高，进口持续时间越长。Nitsch(2009) 研究结果表明，进口来源国特征(如 GDP 总量)、产品特征(如单位价值)和市场结构(如市场份额)对德国进口持续时间会产生显著影响。Hess 和 Persson(2010)发现贸易持续时间存在门槛效应，改换进口商、停止进口会缩短欧盟进口持续时间。

为了探寻中国进出口贸易高速增长之谜，产品的进出口持续时间及其影响因素也成为中国学界关注的重点(Shao 和 Xu，2012；魏自儒和李子奈，2013；陈勇兵等，2014；杜运苏和王丽丽，2015)。邵军(2011)运用生存分析方法，对出口持续时间进行了实证分析，结果表明，中国出口持续时间的平均值和中位值分别仅为 2.84 年和 2 年。同时发现，初始贸易值、汇率稳定等因素都会显著影响贸易持续时间。陈勇兵和李燕(2012)从贸易持续时间的特征事实、理论解释、计量模型的选取及影响因素分析等四个方面对相关文献进行了梳理。陈勇兵等(2013)的研究结果同样显示，中国企业出口持续时间平均值不到 2 年，中位值仅 3 年，而且还存在明显的负时间依存性，企业层面的特征、传统引力模型变量对出口持续时间影响显著。蒋灵多和陈勇兵(2015)研究结果表明，中国多产品企业的出口持续时间较短，企业核心产品比边缘产品的出口持续时间显著增加。赵瑞丽等(2016)认为，最低工资上涨提高了企业出口持续时间和生存概率，企业通过增加固定资产投资提高生产率，是最低工资影响企业出口持续时间的重要渠道。

2.农产品进出口持续时间

近年来，有些学者利用生存分析法，从产品角度研究了农产品进出口持续时间及其影响因素，发现持续时间普遍不长，这反映了农产品竞争力较弱的事实。何树全和张秀霞(2011)分析发现，中国对美国 HS10 分位农产品出口生存时间平均值为 3.9 年，生存时间中位值为 2 年，生存时间众数为 1 年。陈勇兵等(2012)采用离散时间生存分析法和 Cloglog 随机效应模型进行研究,结果表明,1998—2006 年中国农产品出口的生存时间中位值只有 2 年,58.55% 的持续时间段在 2 年内消失,风险函数有着明显的负时间依存性,引力模型变量、产品层面的特征变量对农产品出口持续时间有着稳健的显著影响。冯伟等(2013)研究显示,中国农产品出口存活平均值仅为 2.23 年,五年存活率约为 1/4,十年存活率约有 1/5,本国总出口额、进口国消费能力及地理区位、农产品初始贸易额和单位价值、产品可替代性、贸易双方前期联系和达成的双边贸易额、汇率变化及国际规则约束等,都会影响中国农产品贸易持续时间。朱映迪(2015)认为,美国输华农产品持续时间较长,平均值为 9.75 年,中位值为 12 年,危险率呈现负时间依存性。潘家栋(2018)认为,人民币汇率变动对中美农产品出口持续时间有显著影响,人民币贬值会提升中美农产品出口的持续期。

3. 贸易壁垒削减对持续时间的影响

Besedes 和 Prusa(2006)将关税作为影响贸易持续时间的变量,首次分析了进口持续时间的影响因素,认为美国提高关税会增加出口企业的成本,从而降低贸易持续时间。同时高关税使美国在市场上的竞争更少,提高了贸易持续时间。目前,众多文献在考察贸易持续时间的影响因素时,将关税或是否建立自由贸易区作为控制变量进行实证分析,少量文献直接研究了贸易壁垒削减对持续时间的影响。Besede 和 Nair-Reichert(2009)认为,贸易壁垒削减对印度企业出口持续时间有显著的正向影响。Obashi(2009)认为,自 2002 年以后,东南亚自由贸易区内贸易壁垒削减的提速,对贸易持续时间产生了显著的正效应。同时,Hess 和 Persson(2010)、Esteve-Pérez(2011)对欧盟的分析显示,出口市场或进口来源地同样是欧盟成员,企业持续时间就更长。于娇等(2015)采用生存分析法和离散时间 Cloglog 模型,分析了关税对进口贸易持续时间的影响,结果表明,进口关税对中国进口贸易持续时间有显著的影响,低关税使外资企业的进口持续时间更长。仅有少量研究分析了农产品贸易壁垒削减对持续时间的影响,如李星晨和刘宏曼(2019)利用离散时间的生存分析法进行研究,结果表明,中国农产品出口到 FTA 成员国的风险更低,在 FTA 建立前开始的贸易持续时间延长,在 FTA 建立后开始的贸易持续时间会缩短。随着 FTA 建立时间和条款范围的增加,农产品出口生存概率会提高。

第三节　贸易壁垒削减的福利效应

贸易壁垒削减是提升福利水平的重要途径,对贸易壁垒削减福利效应的研究一直是国际贸易学科关注的核心问题。国内已有一些文献对新新贸易理论的发展及其福利效应进行了综述(樊瑛,2008;余智,2013;崔凡和邓兴华,2014;高超和黄玖立,2019)。然而,在垄断竞争理论框架下,从进口方面考察贸易壁垒削减的福利效应是近些年来研究的重点之一(Broda和Weinstein,2006;Arkolakis等,2009)。陈勇兵等(2014)从消费者和生产者方面归纳总结了垄断竞争框架下的进口贸易利得。陈勇兵等(2016)进一步在异质企业框架下,从进口投入品、资源再配置和成本加成方面细致地归纳总结了贸易自由化的福利效应。本节主要从生产者福利、消费者福利和社会福利三方面归纳总结贸易壁垒削减的福利效应,尤其是对2016年以来的文献和农产品贸易壁垒削减的福利效应进行总结和综述。

一、贸易壁垒削减对生产者福利的影响

现有文献主要从生产率、成本加成和劳动者收入三方面深入分析贸易壁垒削减对生产者福利的影响。

1. 生产率提高带来的贸易利得

贸易壁垒削减对生产率的影响一直是学者们关注的重点(Amiti和Konings,2007;Acharya和Keller,2008;Topalova和Khandelwal,2011;Bloom等,2016)。大量的理论和实证结果表明,发达国家和发展中国家削减最终产品的贸易壁垒会提高行业生产率(Trefler,2004;Femandes,2007;余淼杰,2010)。一些文献在研究中间品贸易壁垒削减对生产率的影响时发现,贸易壁垒削减能降低中间投入品(资本品)的成本,使得进口厂商选择更多种类和更高质量的中间投入品,极大地促进了生产率的提高(Goldberg等,2010;Halpern等,2011;张杰等,2015)。有些文献同时分析了最终产品和中间产品的贸易壁垒削减对生产率的影响(Amiti和Koniings,2007;Yu,2015;余淼杰和李晋,2015)。

众多文献研究了贸易壁垒削减促进生产率提高的作用机制。一是通过

企业进入和退出提高生产率。贸易壁垒削减降低了企业的进口成本,进而影响本土企业的存活、进入与退出等动态行为(Melitz 和 Burstein,2013),并通过一系列创造性破坏,导致产业组织结构演变和资源跨企业重新配置,提高了生产率,优化了资源配置,提高了社会福利水平(张维迎等,2003;Lileeva,2008;Goldberg 等,2009;Augier 等,2009)。二是通过进口自我选择效应提高生产率。企业的进口与出口类似,必须承担固定成本,只有较高生产率的企业才能进口中间品或最终品。因此,进口贸易对企业有一定的进入门槛,表现出进口是自我选择的结果,生产率越高的企业越倾向于进口,贸易壁垒削减会促进企业进口自我选择效应,从而提高生产率(Bernard 等,2007;Kasahara 和 Lapham,2008;Muuls 和 Pisu,2009;Löof 和 Anderson,2010)。三是通过进口中学习效应提高生产率。进口中学习效应是通过贸易壁垒削减增加企业进口,同时向外国企业学习,吸收新的知识和技能,促进产业技术水平和生产率的不断提升。进口企业面临竞争更激烈的国际市场,为了生存,进口企业必须比非贸易企业改进得更快、更好,生产率更高。一般认为,发达国家、小型经济体或发展中国家更多地存在进口中学习效应(Broda 等,2006;Amiti 和 Konings,2007;Altomonte 和 Békés,2008;Löof 和 Anderson,2010)。四是通过进口竞争效应影响生产率。进口贸易壁垒削减改变了国内市场竞争环境,改变了本土企业的治理机制和生产规模。在进口竞争条件下,有些企业会提高技术水平,放弃“无效率”的生产,产生竞争激励效应,提高企业或行业生产率(Amiti 和 Konings,2007;Melitz 和 Ottaviano,2008;Chen 等,2009);也有些企业被迫缩小市场份额,不能发挥企业的规模经济效应,从而阻碍了生产率的提高(Krugman,1987;钱学锋等,2011;简泽等,2014)。陈维涛等(2017)采用双重差分法实证研究发现,贸易壁垒削减导致的竞争效应显著促进了中国工业行业生产率的提高,尤其是生产率较高行业。

农业是一国的基础产业,农业发展关系到粮食安全与稳定,可影响国计民生。现有文献主要从农业生产(Huang 和 Rozelle,2004;FAO,2006;卢秋艳,2008;朱晶等,2012;田维明等,2013)、农业产业结构调整(孙会敏和张越杰,2016;林光华等,2017;潘晔等,2019)和粮食安全(Brown,1994;Wu 等,2013;Yu,2016;樊明太等,2006;倪洪兴,2010;黄季焜等,2018)三方面考察了贸易壁垒削减对农业的影响,少量文献研究了贸易壁垒削减对农业生产率的影响(姚升和王光宇,2014;Brown,2014;郝晓燕等,2017;贾伟等,2018)。然而，众多文献尤其是中文文献主要围绕农业生产率的测算与分解、动态演进及影响因素与作用机制进行分析。农业生产率的测算方法主要有索罗余值法、指数法、数据包络分析法和随机生产前沿函数法（Fan 和 Zhang，2002；Coelli 和 Rao，2005；Hou 等，2012；周端明，2009；余康等，2011；匡远凤，2012），众多文献从农村劳动力流动与转移、基础设施建设、农业补贴、信息化、人力资本、城镇化、农业技术进步、要素禀赋等方面解释生产率增长的原因与机制（Jin 等，2002；Ma 等，2013；张砚杰和王晓兵，2012；高帆，2015；徐建国和张勋，2016；张宽等，2017；邓晓兰和鄢伟波，2018；朱秋博等，2019）。现有文献主要通过农产品进口或出口间接反映贸易壁垒削减对农业生产率的影响。刘舜佳和生延超（2015）认为，农产品进口不仅会带来物化型显性技术，提高进口国的农业生产率，还会带来非物化型隐性技术，对进口国及毗邻地区的农业生产率产生显著的溢出效应。张玉娥（2016）认为，上游农产品进口种类增加，提高了农业企业生产率。吴腊梅和李艳军（2017）认为，农业加工企业出口到发达国家农产品份额的增加，会提升企业生产率，并且对东部和国有企业的促进效应更为显著。马轶群（2018）认为，农产品贸易通过技术溢出效应和技术竞争效应会缩小中国与先进农产品国家间的技术差距，从而提高生产率。钟成林等（2019）利用超效率 DEA 模型，探讨了农产品出口对生产效率的影响，结果显示，农产品出口对生产效率的影响呈非线性，当农产品出口份额指数超过临界点时，出口对生产效率的抑制作用会加剧；农业生产规模扩张不仅会抬高触发农业劳动力部门竞争的临界点，而且会逆转跨越门限点后农业劳动力部门竞争对农业生产效率影响的符号，促进农业生产效率的增长。

2. 成本加成下降带来的贸易利得

进口贸易壁垒削减会迅速增加进口贸易，使国内企业面临激烈的市场竞争，从而影响企业的绩效，使得企业的成本加成得到广泛关注。[①] 大量的经验研究发现，贸易壁垒削减会降低企业的成本加成（Tybout，2003；Badinger，2007；chen 等，2009；Salvo，2010；Loecker 等，2012）。Badinger（2007）发现，欧盟市场的一体化导致制造业成本加成下降 31%。也有一些研究发现，贸易壁

---

① 成本加成是产品价格对边际成本的偏离，主要用于衡量企业的市场实力和贸易利得（钱学锋和范冬梅，2015），由于数据问题，目前还没有文献分析农产品的成本加成。

垒削减促使企业获得更廉价的要素投入,减少企业生产成本,进而提高企业成本加成(Konings 和 Vandenbussche,2005;Deloecher 等,2012;Edmond 等,2012)。De Loecker 等(2012)认为印度进口关税的下降,大幅降低了企业进口原料成本,导致产品成本加成上升了 11%。Noria(2013)通过对 1994—2003 年的数据进行研究,发现北美自由贸易协定加剧了墨西哥制造业企业的竞争,促进了已开放十年行业的成本加成下降,但对开放五年行业的成本加成没有影响。

近年来,针对中国企业的成本加成研究日渐增多(盛丹和王永进,2012;徐蕾和尹翔硕,2013;Lu 等,2012;钱学锋等,2016),主要从出口退税(钱学锋等,2015)、劳动力成本上升(诸竹君等,2015)、跨国公司进入(毛其淋和许家云,2016)、加工贸易(余淼杰和袁东,2016)、汇率变动(盛丹和刘竹青,2017)、融资约束(李玄亮和谢建国,2018)等方面揭示了影响中国企业的成本加成作用机制。钱学锋和范冬梅(2015)对成本加成相关的研究成果进行了出色的梳理,从理论上系统梳理了企业成本加成从外生不变到内生可变的过程,从经验研究中归纳总结了成本加成的测度方法和影响因素,详细分析了可变成本加成与贸易利得之间的关系。尹恒和张子尧(2019)构建了需求异质性的企业加成率结构估计方法,并与 De Loecker 和 Warzynski(2012)的企业加成率方法进行了比较,他们认为,这两种方法差别较大,在企业加成率水平、企业加成率动态变化以及企业加成率离散度等多个维度具有显著差异。有些文献研究了贸易壁垒削减带来的进口竞争对成本加成的影响,如钱学锋等(2016)采用 Edmond 等(2012)的方法进行研究,发现进口竞争会显著降低企业的成本加成,竞争越激烈,成本加成越低。宗慧隽和范爱军(2018)的研究发现,最终品贸易自由化会降低企业加成率,而中间品贸易自由化会提高企业加成率,在质量差异化越大的行业中,贸易自由化对企业加成率的影响程度更大。祝梓金等(2019)借鉴 De Loecker 等(2016)的方法,测度了中国企业产品出口加成率,实证分析了产品层面关税降低导致的进口竞争对企业产品出口加成率的影响,结果显示,产品关税下降导致的进口竞争显著提升了企业产品出口加成率,并且显著提高企业异质性出口产品的加成率,但对企业同质性产品出口加成率的影响不明显,作用机制是通过提高异质性产品质量、降低同质性产品边际成本影响出口加成率。

除成本加成外,衡量企业绩效的指标还有利润率、销售额增长率等。有些文献利用这些指标测度了生产者福利。Goldar 和 Aggarwal(2005)研究了贸易壁垒削减对印度企业盈利能力的影响,发现关税下降和非关税壁垒削减显著降低了企业的盈利能力。Amendolagine 等(2008)分析了意大利制造业企业出口与盈利能力间的关系,结果显示,企业出口活动会提升利润率。Wagner(2012)分析了德国制造业企业进出口贸易活动对利润率的影响,结果表明,贸易活动并没有显著影响企业利润率。盛斌和毛其淋(2015)在研究贸易壁垒削减对中国工业企业成长的影响时,用销售额增长率来衡量企业成长,结果显示,最终产品关税下降并没有显著影响企业成长,但中间投入品关税的削减显著促进了企业成长,贸易壁垒削减更显著地促进了本土企业与非出口企业的成长。余淼杰和智琨(2016)分析了贸易壁垒削减对本国纯内销企业利润率的影响,研究发现,进口自由化在短期内降低了纯内销企业的利润率,在长期内提高了纯内销企业的利润率,在其他条件相同时,企业生产率越高,利润率也越高。

3. 贸易壁垒削减对劳动者收入的影响

贸易壁垒削减对劳动者收入的影响一直是学术界研究的热点。众多学者从不同角度研究了贸易壁垒削减对劳动者收入的影响。

早期的文献探讨了贸易壁垒削减对整体收入的影响。比较优势理论和要素禀赋理论都证明,自由贸易能提高参与贸易国家的整体收入水平,这一结论得到了经验证明(Slaughter,2001;Vamvakidis,2002)。Iwrin 和 Tervio(2002)认为,贸易壁垒削减越多的国家,人均收入水平也越高,贸易壁垒削减促进了一国收入增长。Feyrer(2009)认为,贸易壁垒削减在促进一国贸易量增长的同时,也提高了该国的收入水平。程国强(2004)采用投入产出方法,发现农产品出口促进了农民增收。马述忠(2006)认为,农产品贸易促进了农民增收、拓宽了农民就业渠道、调整了农业结构。余新平和俞佳佳(2010)也证实了,中国农产品对外贸易与农民收入增长之间存在长期稳定的均衡关系。

有些文献研究了贸易壁垒削减对贫困的影响。Taylor 等(2002)分析了拉丁美洲国家壁垒削减对收入分配的影响,结果显示,贸易壁垒削减有助于降低大多数国家的贫困,但也会提高一些国家的贫困率。Winters(2003)认为,发展中国家贸易壁垒削减通过生产率、价格和财政收入影响穷人。Dollar 和 Kraay(2004)认为,20 世纪 80 年代以来的 20 年,贸易促进了全球发展中国家人均收入的增加,导致了这些国家绝对贫困人口急剧下降。Chen 等(2003)

采用 GTAP 模型模拟贸易壁垒削减对中国贫困的影响,研究表明,加入 WTO 使市相对贫困的居民获益,但降低农村居民的收入,最贫困的农民生活水平大幅下降。徐志刚等(2005)采用 CAPSIM 模型进行模拟,结果显示,贸易壁垒削减虽然能缓解一些地区的贫困,但也恶化了其他地区收入增长,总体上对中国贫困农户带来了不利影响。雷卓娅和应瑞瑶(2014)从贫困发生率、深度、强度三方面,实证分析了贸易壁垒削减对中国整体以及不同地区农村贫困的影响,结果显示,贸易壁垒削减显著降低了全国农村贫困发生率,但提升了贫困的深度和强度,而且显著降低了内陆地区农村贫困发生率,对沿海地区农村贫困发生率无影响。

也有文献探讨了贸易壁垒削减对异质性劳动者收入的影响。由于劳动者受教育程度等方面个人特征的异质性,贸易壁垒削减对不同劳动者收入的影响是不一样的(Yeaple,2005;Oostendorrp,2009;Helpman 等,2010;Aguayo 等,2013)。Ederington 等(2009)研究发现,在哥伦比亚关税下降最大的行业中,女性蓝领工人增长比男性蓝领工人多。Mion 等(2013)分析了比利时 1996—2007 年在贸易壁垒削减条件下进口对制造业企业就业和技能的影响,结果显示,从中国进口会降低比利时企业就业的增长率,增加低技术制造业企业的技能需求,提升技能工人的占比。Dix-Carneiro 和 Kovak(2015)发现,进口贸易壁垒削减降低了巴西技能溢价水平。刘斌和李磊(2012)认为,贸易壁垒削减虽然整体上加大了中国男女工资差距,但缩小了高技能劳动者男女的工资差距,扩大了低技能劳动者男女的工资差距。余淼杰和梁中华(2014)采用倍差法实证分析的结果显示,中国贸易壁垒削减会显著降低劳动收入份额,关税下降幅度越大,劳动收入份额减少就越多,贸易壁垒削减是通过降低资本品成本、中间投入品价格和技术引进的成本而引起劳动收入份额的下降。孙楚仁(2019)将个体技能异质性嵌入 Dixit-Stiglitz 模型,分析了贸易自由化的福利影响,结果显示,当企业家临界技能水平上升时,贸易自由化使更多高技能劳动力进入市场,从而提升企业生产率、劳动力市场整体技能水平和企业家的平均技能,进而增加总产出、改善个体福利。戴觅等(2019)通过构建地区层面的关税削减指标,从区域劳动力市场角度考察了贸易自由化的收入分配效应,结果显示,关税每下降 1%,受关税削减冲击较大的城市工资增长率下降约 1%,而贸易部门的工资增长率下降 2.4%,低技能工人和高技能工人的工资增长率分别下降 1.2% 和 0.4%。

还有文献分析了贸易壁垒削减对中国城乡间、农户间收入差距的影响。虽然影响中国城乡间、农户间收入差距的因素多元且复杂（程名望,2015），但贸易壁垒削减是扩大收入差距的重要因素之一（Verhoogen,2008；Cain 等,2009；朱晶和洪伟,2007；汪艳涛和王记志,2010；孙永强和巫和懋,2012；阚大学和罗良文,2013）。Kanbur 和 Zhang(2005)发现,中国对外贸易促进了城乡收入差距的扩大。戴枫(2005)认为,中国贸易壁垒削减程度和收入差距的扩大之间存在长期稳定的关系。魏浩和刘吟(2011)实证分析发现,与所有发展中国家相比,进出口贸易对亚洲发展中国家收入差距的影响程度更大、更显著。袁冬梅等(2011)的研究认为,贸易壁垒削减和制成品贸易比重的上升能缩小城乡收入差距。魏浩和耿园(2015)的研究表明,进出口贸易扩大了全国层面的城乡收入差距,由于不同地区对外贸易发展程度不同,导致对城乡收入差距的影响不一样。

二、贸易壁垒削减对消费者福利的影响

已有文献分别从进口产品种类增长、整体消费者和异质性消费者三方面,考察了贸易壁垒削减对消费者福利的影响。

1. 进口产品种类增长的贸易利得

在贸易壁垒削减的福利效应方面,古典贸易和新古典贸易理论认为来自专业化分工与交换,新贸易理论则认为来自进口种类的增加（Krugman,1979,1980）。在垄断竞争框架下,贸易壁垒削减扩大了消费者进口种类增加选择集合,不仅满足消费者多样化需求,还会降低一国进口总价格指数,改善消费者福利（Broda 和 Weinstein,2006；钱学锋,2010；陈勇兵等,2014），这是垄断竞争框架下一国获取贸易福利的三大来源之一（Feenstra,2010）。[①] 在早期研究中,由于缺少可操作的计量模型、难以获得进口产品细分数据（Ardelean 和 Lugovskyy,2010），尚未考虑新产品种类对价格的影响,对贸易利得的测算只是潜在的福利效应（Broda 和 Weinstein,2006）。最具突破性贡献的是,Feenstra(1994)在 CES 框架下纳入了新增加和已消失的进口产品种类总和的价格指数,并给出了常替代消费函数弹性系数的计算方法。Broda

---

① 另外两个来源是由企业进入、退出市场导致的效率提高和由进口竞争导致的成本加成下降。

和 Weinstein 2006)进一步将其扩展至多产品,为测算进口商品种类变动的贸易利得提供了一种完整的可行方法,结果显示,1972—2001 年,产品种类变化价格指数比传统进口价格指数低 1.2%。他们的研究为之后一系列细致的分析奠定了坚实基础。众多学者利用 Broda 和 Weinstein(2006)的方法,从不同层面对不同国家进口种类增长的贸易利得进行了经验估算(Gaulier 和 Méjean,2006;Arkolakis 等,2008),如 Goldberg 等(2009)对印度、Blongigen 和 Soderbery(2010)对美国、Cabral 和 Manteu(2010)对葡萄牙、Minondo 和 Requena(2010)对西班牙、Mohler 和 Seitz(2012)对拉脱维亚等的研究都得到一致的结论 即贸易壁垒削减下新的进口商品种类增长促进了消费者福利水平的提升。

然而,有些文献认为,Broda 和 Weinstein(2006)仅考虑了进口种类变化,这会高估贸易壁垒削减的福利效应(陈勇兵等 2014;钱学锋和范冬梅,2015)。Weinstein(2010)认为,Broda 和 Weinstein(2006)忽略了促竞争效应,高估了进口种类增加的贸易利得,故他利用超越对数函数进行研究,发现 1992—2005 年美国商品总价格下降了 5.4%,产品种类增加导致总价格仅下降了 3.7%。有些文献认为,价格、种类和质量都是影响消费选择和福利效应的重要因素(Sheu,2014;陈勇兵等,2014),忽视进口质量的变化会造成福利测算偏误(Benkovskis 和 Woerz,2014)。Sheu(2014)使用打印机的性能特征衡量打印机质量,如打印的速度、印刷色彩等,估算了 1996—2006 年印度打印机行业的贸易福利变化,结果显示,同时考虑价格、种类、质量的变化,进口价格指数至少会下降 76%。但 Sheu(2014)衡量质量的方法难以广泛应用于其他行业,Benkovskis 和 Woerz(2014)在 Broda 和 Weinstein(2006)研究的基础上,构建了一种估算产品质量的方法,考察了 1995—2012 年德国、法国、意大利和英国进口福利变化情况发现,这 4 个国家因进口种类增加获得的贸易利益分别为 GDP 的 0.5%、0.2%、0 与 −0.5%,因进口产品质量提高获得的福利分别为 10.6%、1.4%、5.9% 与 5.7%。

目前 针对中国贸易壁垒削减下进口种类增长导致的贸易福利也是利用上述方法测算的。一是估算产品种类增加对贸易条件的改善。钱学锋等(2010)利用 1995—2004 年进出口数据,借鉴 Broda 和 Weinstein(2006)的方法,测算了中国与 40 个贸易伙伴进出口价格指数,研究表明,忽略进口种类的变化,进口价格指数向上偏误 0.73%,出口价格指数向下偏误 0.93%,贸易条件改善 1.36%。徐志远和朱晶(2017)对中国 2000—2015 年农产品种类变动的贸易条件指数进行测算发现,种类变动使贸易条件改善了 2.47%,进口种类变动的贡献率为 69.3%,出口种类变动的贡献率为 30.7%。二是测算进口种类增长的贸易利得。陈勇兵等(2011)研究发现,忽略进口种类的变化,进口价格指数向上偏误 4.36%,消费者因进口种类增长获得了 GDP 0.84%的福利,无线电、电视和通信设备装置的制造部门对进口价格偏误指数的贡献最大。陈松和刘海云(2013)研究认为,进口种类变化使价格指数向上偏误 1.90%,消费者获得的贸易福利为 GDP 的 0.42%,欧盟、美国、日本、韩国对中国福利增长的贡献最大。有些学者利用中国更加细分的 HS8 位数进口数据,测算了进口产品种类增长的贸易利得(Chen 和 Ma,2012;王明荣等,2015;魏浩和付天,2016),结果表明,中国进口产品种类的增长,增加了消费者福利水平。三是拓展进口种类增长的贸易利得。陈勇兵等（2014）使用 Benkovskis 和 Woerz(2014)的方法,探究了中国进口产品质量变化引起的贸易利得,结果显示,1995—2011 年,中国消费者因进口种类增加获得的福利为 GDP 的 0.62%,因进口数量减少遭受的福利损失为 GDP 的 0.36%,因进口质量提升获得的福利为 GDP 的 3.68%。张永亮和邹宗森(2018)研究认为,1995—2014 年中国进口产品种类增长,使精确价格指数降低约 6%,平均逐年下降 0.2%,同时,在使用嵌套 Logic 模型考察产品质量对消费者福利的影响时发现,进口产品质量升级使消费者获得的福利为 GDP 的 1.24%。徐小聪和符大海(2018)在可变需求框架下构建了进口种类增长的福利效应模型,估算了中国和其他 9 个进口国的进口种类福利效应,结果表明,当需求不变时,进口种类增长带来的福利相当于各国 GDP 的 0.07%～3.36%,当需求可变时,福利效应为各国 GDP 的－4.02%～6.21%;对于中国进口种类福利,可变需求相比不变需求会使消费者的贸易利得增加 GDP 的 0.94%。

2.贸易壁垒削减对消费者整体福利的影响

Eaton 和 Kortum(2002)、Melitz(2003)在提出企业异质性贸易理论时,采用同位偏好和消费同质假设,将消费者作为整体进行福利分析。随后许多贸易模型也基本上沿着这一思路进行分析。Goldberg 和 Pavcnik(2007)从居民收入角度分析了贸易对消费者整体的福利效应。Arkolakis 等(2012)认为,贸易壁垒削减的福利效应可以用贸易弹性和国内消费支出份额进行测算,研究发现,在 CES 效用函数和引力模型框架下,完全竞争和垄断竞争的贸易理

论模型都有相同的贸易福利。随后,众多文献对此进行了拓展分析。Head
等(2014)认为,异质性企业的分布服从对数正态分布,并结合贸易成本与总
需求进行了拓展分析。Felbermayr 等(2015)将贸易成本区分为关税与冰山
成本,认为关税不仅会增加政府收入,还能影响市场进入,从而对整体消费者
福利带来直接影响。Costinot 和 Rodríguez-Clare(2014)在总需求和异质性企
业条件下,研究了不同的市场结构、多种生产要素与中间品贸易对福利的影
响。Caron 等(2018)将一国消费者作为整体,探讨了技能溢价和收入需求弹
性之间的关系。Rosyadi 和 Widodo(2018)、Erken 等(2018)、刘元春(2018)、
黄鹏等(2018)利用全球贸易分析(GTAP)等模型模拟了中美贸易摩擦中加征
关税对两国整体消费者带来的福利损失。有关贸易壁垒削减对中国农户整
体福利影响的研究认为,由于农业的要素流动性相对于工业较低,农户整体
福利是受损的(Anderson 等,2004;Chen 等,2004;Zhong 等,2006;黄季焜等,
2005;朱晶等,2007;王军英等,2012,周曙东等,2019)。

3. 贸易壁垒削减对异质性消费者福利的影响

由于不同收入家庭消费产品组合有明显的差异(Muellbauer,1974;
Deaton 和 Muellbauer,1980),国际贸易会引起相对商品价格变化,影响不同
消费者消费的产品组合。异质性消费者对福利的影响尤为重要(Hausman 和
Newey,2016;钱学锋和李莹,2017)。现有文献主要从消费支出不同角度,探
讨贸易壁垒削减对异质性消费者的福利效应。Faber(2012)认为,墨西哥在加
入 NAFTA 后,能从美国进口更便宜的消费品,从而提高了高收入家庭的福
利。Fajgelbaum 和 Khandelwal(2015)发现,贸易壁垒削减减少了低收入群体
的消费支出,明显地提升了低收入群体的福利。钱学锋和李莹(2017)从消费
者异质性视角,全面总结了非同位偏好理论模型的成果,系统梳理了个体贸
易福利的经验方法。施炳展和张夏(2017)发现,贸易壁垒削减会增加所有家
庭的福利,而且更能提升低收入家庭的福利。有些文献研究了贸易壁垒削减
对农户家庭消费支出的影响(王军英和朱晶,2011)。赵涤非等(2014)认为,
贸易壁垒削减引起了农村食品价格的上涨,显著增加了农户粮食消费支出,
降低了农户的福利,尤其是贫困地区农户。朱晶等(2016)的实证研究显示,
关税削减会显著降低农户收入和消费支出,整体上提升了农户的净福利水
平,更有利于提升东部发达地区、高收入水平农户的福利。肖浩然和吴福象
(2019)在多国多产业贸易模型中,引入非同位偏好异质性消费,根据收入水

平将消费者分为富人和穷人,将消费品分为制造业产品和服务、非贸易品以及农产品,研究发现,富人更偏好制造业产品和服务。当贸易成本下降时,代表性消费者模型高估了穷人的贸易利益,而低估了富人的贸易利益。

三、贸易壁垒削减对社会福利的影响

贸易壁垒削减不仅影响了供给者和消费者的福利水平,还会影响到一国整体的社会福利水平。[①] 社会福利体现的是一国福利总体变动水平,贸易壁垒削减通过各种渠道提升的收益构成了整体的社会福利(李建萍和辛大楞,2019)。有关贸易壁垒削减对一国社会福利影响的文献,主要从三方面进行研究。

一是运用一般均衡模型(CGE)等方法进行情景模拟研究。Freeman 等(2000)的研究显示,由于农业贸易壁垒削减,全球获得 530 亿美元的福利,而发展中国家仅获得 140 亿美元的福利。Anderson 等(2001)研究了 OECD 国家农业自由化的影响,结果显示,OECD 国家农业自由化会增加全球福利2600 亿美元。Redmond(2003)运用一般均衡模型,研究了乌拉圭回合达成的农业贸易壁垒削减带来的福利效果,研究表明,贸易壁垒削减越多,全球大多数国家福利增幅也越大。Winchester(2006)利用一般均衡模型,分析了贸易壁垒削减对新西兰的影响,研究显示,双边自由贸易协定在短期内促进了新西兰福利水平的提高,多边贸易壁垒削减带来的利益更大。Lee 等(2009)利用动态可计算一般均衡模型,实证研究了东盟 10＋6 自贸区带来的影响,结果显示,贸易壁垒削减提高了中国和东盟的福利水平,降低了印度的福利水平,对欧盟和美国的福利水平影响较小。向洪金和赖明勇(2010)认为,出口退税增加了生产者剩余,降低了消费者剩余和政府税收,导致社会总福利下降。赵亮(2017)发现,自贸区提高了生产者剩余和消费者剩余,促进了社会整体福利水平的提高。向洪金(2019)利用可计算局部均衡模型,分析了中国葡萄酒税收政策改革的经济效应,研究表明,税收政策改革,使消费者福利水平年均增加近 20.3 亿美元,生产者福利水平年均增加 6.9 亿美元,社会净福利水平年均增加 4.7 亿美元。也有一些文章模拟了中美贸易摩擦带来的总福利损

---

① 贸易壁垒削减也会影响公共健康、自然环境等社会福利问题,由于公共健康与环境污染与主题研究无关,本书未对这些与主题无关的社会福利问题进行综述。

失(Ciuriak 和 Xiao,2018;Carvalho 等,2019)。倪红福等(2018)通过模拟中美加征关税的福利效应,发现中美加征关税使美国的价格提高幅度大于中国,造成美国的福利损失大于中国。郭晴和陈伟光(2019)通过模拟中美贸易摩擦的经济效应,发现中美互征关税会导致两国 GDP 和社会福利下滑,随着贸易摩擦加剧,负面效应日渐增加,同时提升其他国家和地区的 GDP 和总福利。

二是构建、拓展相关理论或实证进行分析。Feenstra 和 Weinstein(2010)的研究显示,美国全球化使进口份额增加、成本加成减少,导致总体福利水平增加。Feenstra 和 Weinstein(2017)、Feenstra(2018)进一步将贸易利益来源的进口产品种类、生产率和成本加成纳入同一框架,进行整体贸易利益分析。毛海涛等(2018)在企业异质性框架下,构建了包含 Behrens 类型需求结构的垄断竞争一般均衡模型,在研究贸易自由化对市场扭曲程度的影响时发现,贸易自由化导致市场均衡福利上升幅度与社会最优福利相同。郭美新等(2018)在 Eaton 和 Kortum(2002)模型的基础上,构建了一般均衡模型,发现美国对中国发动的贸易战,对全球贸易造成了灾难性影响,恶化了贸易福利,美国的损失也巨大。樊海潮和张丽娜(2018)分析了进口中间品和最终品关税变化对一国福利水平的影响,结果显示,进口最终品关税的下降恶化了该国的福利,但进口中间品关税的降低改善了该国的福利。中美两国的贸易摩擦恶化了两国福利水平,而且中国福利的恶化程度更为严重。李建萍和辛大楞(2019)拓展了 Melitz 和 Redding(2015)的模型,并用中国企业数据进行检验,结果显示,虽然出口企业比非出口企业的生产率水平低,但贸易开放会显著促进一国行业平均生产率的提高和总贸易利益的增加。

三是运用需求弹性估算无谓损失。Kee 等(2008)利用半弹性超越对数 GDP 函数分析法,研究了 117 个国家的进口需求弹性,并借鉴 Feenstra(1995)的贸易限制指数,估算了 88 个国家由进口关税导致的无谓损失。国内有些学者采用相似的方法,测算了由中国贸易壁垒削减导致的无谓损失。陶红军(2013)估算了全球农产品进口前 20 位国家 318 种农产品的进口价格弹性,用贸易限制指数分析了由进口关税导致的净福利损失,结果显示,GDP、国家大小、国内农产品对进口农产品的替代能力都会影响农产品进口价格弹性。在农产品方面,发达国家的贸易限制指数低于发展中国家,而中国的贸易限制指数高达 30.8%,仅次于韩国和墨西哥。农产品进口关税导致印度、韩国、美

国的福利损失较大,中国的福利损失为 19.63 亿美元。陈勇兵等(2014)利用
Kee 等(2008)的方法,测算了 1995—2010 年共计 4874 种产品的进口需求弹
性,发现由进口关税导致的无谓损失占 GDP 的比重稳步下降,2010 年由关税
导致的无谓损失为 69.98 亿美元,仅占 GDP 的 0.12%。顾振华和沈瑶
(2016)也采用 Kee 等(2008)的方法,测算了 2003—2012 年 3510 种产品的进
口需求弹性,估算了由关税导致的无谓损失,结果表明,无谓损失在 2007 年前
不断下降,2008 年受金融危机的影响,无谓损失上升较快,到 2012 年无谓损
失高达 4000 亿美元。Amiti 等(2019)认为,中美贸易摩擦导致美国的无谓损
失高达 69 亿~123 亿美元之间。王晓星和倪红福(2019)在估算中国双边进
口需求弹性和贸易限制指数后,评估了中美经贸摩擦的福利损失,结果表明,
在中国 3966 种进口产品中,富有弹性的进口产品占 51.87%,缺乏弹性的进
口产品占 48.13%,需求弹性的平均值为-1.79;利用关税测算的贸易限制指
数在 2000—2016 年间先降后升,但低于利用多边关税测算值;美国对中国加
征关税使美国和中国的无谓损失分别增加 79.49 亿美元、25.70 亿美元。

第四节 文献总结与拓展

一、文献总结

综上所述,对贸易壁垒削减影响研究的文献可谓汗牛充栋、成果斐然。
尤其是 Melitz(2003)经典论著的发表,开创性地在垄断竞争模型框架下嵌入
企业异质性因素,开启了微观层面研究的大幕,为贸易壁垒削减研究提供了
新的理论框架。此后,以 Melitz(2003)等模型为基础,不断放宽相关假设或引
入新的异质性,拓展出了众多的企业异质性贸易理论,如 M-O 模型(Melitz 和
Ottaviano,2008)、ACR 模型(Arkolakis 等,2012)、多产品企业贸易模型
(Mayer 等,2014)、产品质量异质性贸易模型(Antoniades,2015)。现有异质
性企业理论模型及其拓展,为研究贸易壁垒削减提供了多元化视角,也为世
界各国持续推进贸易壁垒削减提供了深厚的理论依据。但在 Melitz(2003)模
型框架下进行贸易政策分析的文献相对缺乏(Demidova 和 Rodriguez-Clare,
2009;钱学锋等,2016),特别是从农产品贸易角度,尤其是从进口的角度,在

异质性企业贸易理论框架下,考察贸易壁垒削减的经济效应,在理论与实证方面还需要进一步推进与探讨。

首先,在垄断竞争框架下,异质性企业理论模型及其拓展主要从出口的角度考察了贸易壁垒削减对本国收益的影响。由于进口国关税的削减对出口国而言,仅仅影响的是出口企业的进入成本。因此,在分析贸易壁垒削减的影响时,用冰山贸易成本和可变贸易成本的降低反映贸易壁垒的削减。然而,从进口国的角度看,关税不仅会影响企业的进入成本,具有财政收入的功能,还会影响消费者的需求。可见,关税与固定成本和可变成本对进口国有着不同的福利影响,但鲜有文献从进口视角进行分析(Felbermayr 等,2015)。因此,还需要从进口方面进一步深入探讨利益的来源、分配与总福利情况。

其次,对于中国贸易壁垒削减造就贸易增长"奇迹"的研究,众多学者从制造业的角度研究了贸易壁垒削减的影响、作用机理与福利,如对生产率、贸易边际、产品质量、成本加成、种类增长的贸易利得、资源误置等方面,进行了一系列富有成效的研究(钱学锋,2008;陈勇兵等,2014;施炳展和曾祥菲,2015;余淼杰和李乐融,2015;钱学锋等,2016)。然而,中国贸易发展有着严重的出口偏向型政策和出口导向型的贸易发展模式,将进口内生于"为出口而进口"的从属地位(钱学锋等,2016),对进口的研究在数量和深度上都远不及对出口的研究。另外,针对中国的研究,主要用关税的降低来衡量贸易壁垒削减程度,往往忽视了非关税措施的影响,这些方面亟须理论和经验揭示。

再次,对于中国农产品贸易壁垒削减的探究,由于微观数据的获得性问题,[①]难以从企业层面刻画贸易壁垒削减影响的微观作用机制与福利。因此,无论是在理论还是在经验上,对农产品贸易的研究远远落后于对制造业贸易的研究。毛学峰等(2019)在研究农产品进口政策偏好时认为,政府政策的偏好依次为消费者、生产者、贸易商和政府,现阶段农产品进口政策更需要重视消费者的利益。现有文献对农产品贸易壁垒削减影响的研究,一方面,从微观层面,探讨贸易壁垒削减对农业生产率、贸易边际、产品质量和贸易持续时间的影响;另一方面,从进口的角度,分析如何识别、解释农产品进口激增现象,如何评价和衡量进口激增带来的负面影响,以及在贸易壁垒削减下发展中国家如何应对等一系列问题。有关农产品贸易壁垒削减的福利效应,主要

---

① 在现有的开放数据库中,只能获得农产品加工企业的微观数据。

运用已开发出的模型进行模拟,如贸易政策分析和模拟预测模型(CAPSIM)、可计算一般均衡模型(GTAP)等。但这些模拟属于事前模拟,是基于当前的关税预测将来贸易壁垒削减的福利,准确性有待考量。

最后,只有少量文献分析了农产品关税或非关税导致的无谓损失、农产品总类增长的贸易条件效应和农产品进口总类增长的消费者贸易利得,但忽视了进口产品质量对消费者福利的影响。因此,应从需求侧的角度,对农产品贸易壁垒削减的经济效应进行深入研究。

二、拓展方向

毫无疑问,已有文献构成了本书广泛又深厚的研究基础,企业异质性理论及其发展与经验研究为本书考察农产品贸易壁垒削减的微观影响提供了新思路。虽然,从微观农产品层面研究贸易壁垒削减的经济效应不能做到像制造业层面那么深入和全面,诸多方面还有待更深入细致地研究。本书将从农产品进口方面进行一些尝试。

一是较全面地衡量农产品贸易壁垒的削减情况,并以此为基础,对贸易壁垒削减的经济效应进行实证分析。进口关税有较大的缺陷(Kee等,2008),不仅会低估贸易保护水平,还会因忽略关税在不同产品间的分配而低估关税的福利成本(Irwin,2007)。实际上,WTO的《农业协议》要求成员国将非关税措施关税化。已有研究也认为,量化非关税措施,并将其与关税相结合进行分析,是今后重要的研究方向之一(陶红军,2013)。基于此,本书在衡量农产品进口贸易壁垒削减时,不仅使用HS6位数的农产品进口关税,还在HS4位数农产品层面,将非关税进行关税等价,采用贸易限制指数全面衡量农产品进口贸易壁垒削减,探讨贸易壁垒削减的经济效应。

二是从供给侧的角度,实证分析农产品进口贸易壁垒削减的福利效应,主要分析对生产率、产业结构调整和收入分配的影响。在理论模型分析的基础上,以中国加入WTO作为准自然实验,采用DID和分位数DID方法,实证检验进口贸易壁垒削减对农产品生产率的影响与作用机制;利用省级动态面板数据,采用SYS-GMM方法,检验贸易壁垒削减对农业结构调整的影响,从动态上考察贸易壁垒削减的福利影响;采用差分GMM方法,实证检验贸易壁垒削减对农民收入分配的影响,并探究贸易壁垒削减通过促进农村劳动力非农就业增加影响收入分配的作用机制。

　　三是不仅从需求侧的角度探讨农产品贸易壁垒削减的福利效应,而且从社会总福利的角度考察贸易壁垒削减对无谓损失的影响。本书从需求侧角度,考察进口种类增加的贸易利得,探讨产品质量的变动对消费者福利水平的影响,识别价格、数量、种类与质量对消费者福利水平影响的差异性。同时,进一步测算农产品进口需求弹性,从社会福利的角度,估算农产品进口贸易壁垒削减导致无谓损失降低的程度。

　　本书主要考察农产品贸易壁垒削减对中国的促进作用①,从农业对外开放的角度,为中国的农业供给侧结构性改革、乡村振兴战略提供理论支持和政策支撑。

---

　　① 　由于农业是国民经济的基础,具有天然的弱质性、多功能性和较强的外部性,现有文献更多的是分析和评价农产品进口激增带来的农业生产、粮食安全等方面的负面影响。这也是许多国家为了防止进口竞争产生的"创造性破坏"而不愿意过早、更大限度地对外开放农产品市场的重要原因。

第二章　企业异质性贸易模型

自由贸易是国际贸易理论研究与实践探索的永恒主题。随着国际贸易实践的不断发展，国际贸易理论依次经历了古典贸易理论、新古典贸易理论、新贸易理论和企业异质性贸易理论四个发展阶段，并从不同角度致力于解决实践中三个重要问题：贸易基础、贸易模式和贸易利益。而企业异质性贸易理论是国际贸易理论研究的前沿（Baldwin，2005）。Melitz（2003）的企业异质性贸易模型是在 Hopenhayn（1992）的产业动态模型和 Krugman（1980）的模型的基础上，嵌入帕累托分布的生产率异质性企业，分析自由贸易对企业生产率和制造业产业内再分配的影响。由于 Melitz（2003）模型具有简洁性和易拓展性，并与新贸易理论一脉相承，该模型成为企业异质性贸易理论研究的基准模型（Helpman，2006）。随后众多的贸易模型都是在该模型的基础上进行拓展的。本书研究的主题是农产品进口贸易壁垒削减的经济效应，为了给后文的经验研究奠定理论基础，本章基于 Melitz（2003）的企业异质性贸易模型，采用 Demidova 和 Rodriguez-Clare（2009）的分析框架，借鉴 Felbermayr 等（2013）的分析思路，从理论上刻画农产品进口贸易壁垒削减对生产率和福利的影响。

第一节　模型设定

一、企业异质性理论在农产品贸易中的适用性

长期以来，农产品相对于工业制成品而言，有着更多的同质生产者和消费者。这种较强的同质性特征，使农产品的生产者和消费者仅仅是价格的接

受者。因此,经济学界认为,农产品市场更接近于完全竞争市场。在理论建模时,一般都将农产品市场假设为完全竞争市场(Rozelle 等,1999;Wang,2004;钱文荣和郑黎义,2011)。自 Melitz(2003)提出企业异质性贸易理论以来,有些学者认为,农产品市场中的生产者也具有异质性,农产品如小麦、大米、葡萄酒等。在育种、产地特征、卫生检疫标准和食品安全等方面具有较强的异质性,尤其是加工农产品在要素结构、质量、品牌等方面有更强的异质性,而且越来越被消费者认同和接受。Bernard 等(2006)认为,食品加工企业与工业加工企业同样在生产率、企业规模等方面具有异质性。Gopinath 和Sheldon(2007)认为,对食品加工企业和产业的分析可以直接采用与基于制造业企业的出口行为相同的方法。Bernhard 和 Brümmer(2012)认为,农户或者农场在农业生产时会选择不同的生产和管理技术,因此具有异质性特征。由于农村劳动力在性别、年龄和教育水平等方面有着巨大差异,甄小鹏和凌晨(2017)认为,对农业生产中劳动力进行异质性分析更为合理。董银果和李圳(2017)也认为,在农产品市场中,企业的生产率和产品质量存在异质性。

在需求侧方面,有很多的文献直接将 Armington 贸易模型(1969)应用于农业分析(Kim 和 Lin,1990;Sissoko 和 Duffy,1993;Sombilla 和 Rosegrant,1994;Galanopoulos 等,1996;孟东梅和姜绍政,2013)。Haniotis(1990)利用此模型研究了欧洲共同体的建立对美国棉花和大豆出口的影响,发现欧洲共同体对美国棉花的出口带来了显著的负影响。Sparks 和 Ward(1992)采用此模型模拟了美加自由贸易协定对美国和加拿大蔬菜贸易的影响,发现自由贸易协定的签订增加了两国间的贸易。Solomon 和 Kinnucan(1993)运用该模型分析了政府出口补贴对美国棉花的出口促进作用。赵丽佳(2008)也采用该模型估算了中国油料进口福利,结果表明,从短期看,替代弹性小,大豆和油菜籽进口价格上涨,减少了进口福利;从长期看,替代弹性大,会降低中国整体福利水平。

基于以上分析可知,在农业供给侧方面,已有研究表明农产品生产中的农业企业、农场和农户都具有明显的异质性;在需求侧方面,农产品的消费效用函数也具有明显的 CES 函数性质。可见,将企业异质性贸易理论应用于农业领域同样具有较强的合理性。

二、消费偏好与需求

假定世界经济由两个经济规模对称的国家组成：本国和外国，消费者具有不变替代弹性的效用函数（即 CES 偏好），消费者将其所有收入（R）用来购买国内农产品种类（v）和国外农产品种类（ω），消费者的国内和国外农产品种类数分别为 $q_{\text{h}}(v)$ 和 $q_{\text{f}}(\omega)$，消费者的效用函数为

$$U = \left[\int_{v \in \Omega} q(v)^{\rho} \mathrm{d}v + \int_{\omega \in \Omega_m} q_m(\omega)^{\rho} \mathrm{d}\omega \right]^{\frac{1}{\rho}}, 0 < \rho < 1, \qquad (2.1)$$

其中，v 和 ω 分别表示国内农产品和国外农产品的种类，Ω_{h} 和 Ω_{f} 分别表示消费者可获得的国内产品和国外产品的种类集合，ρ 表示消费者对产品多样性的偏好系数（$0 < \rho < 1$），值越小，则多样性偏好程度越大。任意两种产品间的替代弹性为 $\sigma = \dfrac{1}{(1-\rho)} > 1$。消费者购买国内产品和国外产品的价格分别为 $p_{\text{h}}(v)$ 和 $p_{\text{f}}(\omega)$。根据 CES 效用函数，参考 Dixit 和 Stiglitz（1977）的方法，将消费者的消费行为看作在总价格指数（P）下消费的产品组合，即

$$P^{1-\sigma} = \int_{\omega \in \Omega_{\text{f}}} p_{\text{f}}(\omega)^{1-\sigma} \mathrm{d}\omega + \int_{v \in \Omega_{\text{h}}} p_{\text{h}}(v)^{1-\sigma} \mathrm{d}v \, 。$$

在收入（R）预算约束下，对效用最大化求解，推导出效用最大时国内产品和国外产品的最优消费需求函数，分别为

$$q_{\text{h}}(v) = R_{\text{h}} P^{\sigma-1} \left[p_{\text{h}}(v) \right]^{-\sigma}, q_{\text{f}}(\omega) = R_{\text{f}} P^{\sigma-1} \left[p_{\text{f}}(\omega) \right]^{-\sigma}, \qquad (2.2)$$

其中，R_{h} 和 R_{f} 分别表示本国和外国花费在所有产品种类上的总支出。

三、企业生产行为

根据 Melitz（2003）模型，假定一个国家具有一系列连续性的、具有垄断竞争的异质性生产企业，且每个生产企业只生产一种异质化的农产品，则市场中的农产品总种类数等价于生产企业数。生产中只投入劳动唯一的生产要素，两国的工资相等，假设工资为 w，且一国劳动的总供给为 L。在进入国内市场之前，每个企业都是相同的，并不知道自己以后的生产率，而且企业在国内市场生产农产品，需要支付一定的沉没进入成本，即 $wf > 0$。当企业支付沉没进入成本后，就能在国内市场上以不同的生产率水平（φ）进行生产，假定生产率的分布服从帕累托分布。每个企业有相同的规模参数（scale parameter)和形象参数(shape parameter),规模参数设为 b,形象参数设为 β,企业的概率密度函数为 $g(\varphi)$,累积分布函数为 $G(\varphi)=1-\left(\dfrac{b}{\varphi}\right)^{\beta}$,其中,$\varphi \geqslant b$,$\beta > \sigma$,$\beta$ 越小,表明企业间异质性越大,β 越小,表明企业间异质性越小。

由于企业在本国市场以 φ 的生产率生产 q 单位数量的农产品 v,则总成本 $c=wf+\dfrac{q}{\varphi}$,企业的边际成本为 $\dfrac{w}{\varphi}$。在垄断竞争市场中,企业依据利润最大化进行定价,根据式(2.2),国内市场的销售价格为 $\dfrac{w}{\rho\varphi}$。这样,企业在本国市场的农产品生产、收益和利润的表达式分别为

$$q_{\mathrm{h}}(\varphi)=R_{\mathrm{h}}P^{\sigma-1}\left(\frac{w}{\rho\varphi}\right)^{-\sigma},$$

$$r_{\mathrm{h}}(\varphi)=R_{\mathrm{h}}P^{\sigma-1}\left(\frac{w}{\rho\varphi}\right)^{1-\sigma},$$

$$\pi_{\mathrm{h}}(\varphi)=\frac{r_{\mathrm{h}}(\varphi)}{\sigma}-wf, \tag{2.3}$$

可知,企业的生产率越高,则企业的产量、收益和利润也就越高。

第二节　开放条件下的均衡

一、本国企业出口选择

在开放经济条件下,假设国外对本国农产品 (v) 的需求为 $Ap_{\mathrm{exp}}(v)^{-\sigma}$,$A$ 是内生的,$p_{\mathrm{exp}}(v)$ 是本国出口企业索要的出口价格。如果企业要进入出口市场,则需要支付一笔出口固定成本 wf_{exp},出口价格 $p_{\mathrm{exp}}(\varphi)=\dfrac{w}{\rho\varphi}$,与式(2.3)类似,企业的出口数量、出口销售收入和出口获得的利润分别为

$$q_{\mathrm{exp}}(\varphi)=A\left(\frac{w}{\rho\varphi}\right)^{-\sigma},r_{\mathrm{exp}}(\varphi)=A\left(\frac{w}{\rho\varphi}\right)^{1-\sigma},\pi_{\mathrm{exp}}(\varphi)=\frac{r_{\mathrm{exp}}(\varphi)}{\sigma}-wf_{\mathrm{exp}},$$

$$\tag{2.4}$$

可知,企业出口的收入 (r_{exp}) 和利润 (π_{exp}) 与生产率 (φ) 正相关。企业进入出

口市场不仅需要支付沉没成本,还需要支付一定的出口固定成本。在此,定义两个临界生产率:进入国内市场的临界生产率(x)和进入出口市场的临界生产率(y)。假设生产率高于 x 的企业才能进入国内市场,生产率高于 y 的企业才能出口。根据企业进入国内市场和出口市场时的零利润条件(ZCP),可得生产率在国内市场的临界点($\pi_h(x)=0$)和出口市场的临界点($\pi_h(y)=0$)时的表达式:

$$R_h P^{\sigma-1}\left(\frac{\rho x}{w}\right)^{\sigma-1}=\sigma w f, \tag{2.5}$$

$$A w^{1-\sigma}(\rho y)^{\sigma-1}=\sigma w f_{\exp}, \tag{2.6}$$

式(2.5)为国内均衡条件,式(2.6)是出口均衡条件。由于企业出口还需要支付出口固定成本,所以 $y>x$,这表明只有部分企业才能成为出口企业。与临界生产率进行比较发现,当企业的生产率 $\varphi\in[b,x)$ 时,企业将停止生产并退出市场;当企业的生产率 $\varphi\in[x,y)$ 时,企业仅仅在国内市场上销售;当企业的生产率 $\varphi\in[y,\infty)$ 时,企业既能在国内市场也能在国外市场销售。如果 M_e 是进入市场的企业数量,M 是市场上存活的企业数量,$1-G(x)$ 是企业成功进入市场的概率,则有 $[1-G(x)]M_e=M$,且出口企业的数量 $M_{\exp}=m_{\exp}M$,$m_{\exp}=\dfrac{1-G(y)}{1-G(x)}$ 是经济中出口企业占所有存活企业的比例。

二、国外企业的进口选择

国外的生产结构与本国相似:国外企业出口到本国市场的生产率分布 $G(\varphi)=1-\left(\dfrac{b}{\varphi}\right)^{\beta}$,国外出口企业在生产率为 φ 时的价格 $p_f=\dfrac{\gamma}{\rho\varphi}$,其中 γ 表示国外的各种生产成本(包括国外工资、冰山运输成本等)。此外,国外出口企业必须支付出口固定成本 $F_{\exp}$。假设 γ 和 $F_{\exp}$ 都不会受到本国任何变化的影响,而且国外可供的农产品种类 M_m 也不会受到国内市场变化的影响。用 z 表示生产率水平,其是国外企业介于出口与不出口之间的临界点,外国出口企业最大数量是 $M_f=[1-G(z)]M_m$。为了简化分析,将 M_m 标准化为1。国外出口企业临界点的生产率 z 由临界点企业零利润条件(ZCP)决定:

$$r_f(z)=RP^{\sigma-1}\left(\frac{\gamma}{\rho z}\right)^{1-\sigma}=\sigma F_{\exp}, \tag{2.7}$$

式(2.7)为外国企业出口到本国市场的均衡条件。所以国内价格指数可改

写为

$$P^{1-\sigma} = \theta M_f \left(\frac{\rho z}{\gamma} \right)^{\sigma-1} + \theta M \left(\frac{\rho x}{w} \right)^{\sigma-1}, \tag{2.8}$$

其中，$\theta = \dfrac{\beta}{\beta - (\sigma - 1)}$。

三、开放条件下的均衡分析

根据 Melitz(2003)，行业平均生产率水平 $\tilde{\varphi}(x)$ 由该行业中异质性企业的生产率加权平均得到，即 $\tilde{\varphi}(x) = \left[\displaystyle\int_x^{\infty} \varphi^{\sigma-1} \mu(\varphi) \, \mathrm{d}\varphi \right]^{1/(\sigma-1)}$，其中 $\mu(\varphi)$ 是生产率分布的密度函数，$\mu(\varphi) = \dfrac{g(\varphi)}{1 - G(x)} = \beta \dfrac{x^{\beta}}{\varphi^{\beta+1}}$，行业预期的利润为

$$\bar{\pi} = \pi_h(\tilde{\varphi}(x)) + m_{exp} \pi_{exp}(\tilde{\varphi}(y))$$
$$= wf(\theta - 1) + wm_{exp} f_{exp}(\theta - 1)。$$

自由进入市场(FE)条件 $\tilde{\pi}(1 - G(x)) = wf_e$，可重新写为

$$(\theta - 1) x^{-\beta} [f + m_{exp} f_{exp}] = \frac{f_e}{b^{\beta}}。 \tag{2.9}$$

总的出口收益为 $\displaystyle\int_y (r_{exp}(\varphi)) M \mu(\varphi) \, \mathrm{d}\varphi = wf_{exp} M_{exp} \sigma\theta$，而且国外进口贸易值为 $\displaystyle\int_z r_f(\varphi) M_f \mu(\varphi) \, \mathrm{d}\varphi = F_{exp} M_f \sigma\theta$，则贸易平衡(TB)条件为

$$M_f F_{exp} = wM_{exp} f_{exp}。 \tag{2.10}$$

在本国市场上，国内企业获得的总收益为 $M\sigma[\bar{\pi} + w(f + m_{exp} f_{exp})]$，总成本为 wL。当国内市场上总收益等于总成本时，国内市场上企业数量最大(M)为

$$M = \frac{L}{\sigma\theta(f + m_{exp} f_{exp})} = \frac{(\theta - 1) b^{\beta} L}{\sigma\theta f_e} x^{-\beta}, \tag{2.11}$$

其中，第一个等式是根据式(2.9)得出的。

假设本国对国外进口产品征收的进口关税为 t($t = 1 +$关税税率，$t > 1$)，而且关税是外生的、可变化的，企业不能影响关税税率的变化，但企业的经营决策和消费者的消费行为会受到关税税率变化的影响。由式(2.2)可知，本国对国外产品种类 ω 的进口需求为 $q_f(\omega) = R_h P^{\sigma-1} [p_f(\omega)]^{-\sigma}$。假设关税收

入是一次性重新分配的消费者,本国消费总支出(R_h)等于劳动报酬获得的收入和关税收入,假设 L 为 1,则 $R_h = w + T$,其中关税收入 T 为

$$T = M_f \int_z \frac{(t-1)}{t} [tp(\varphi)] q_f(\varphi) \mu(\varphi) \, \mathrm{d}\varphi$$

$$= (t-1) [R_h P^{\sigma-1} t^{-\sigma}] \theta M_f \left(\frac{\varrho z}{\gamma}\right)^{\sigma-1},$$

其中,$P^{1-\sigma} = \theta \left[M_f \left(\frac{\varrho z}{\gamma t}\right)^{\sigma-1} + M \left(\frac{\varrho x}{w}\right)^{\sigma-1} \right]$,$R_h = \dfrac{w}{1 - \dfrac{t-1}{t} P^{\sigma-1} \theta M_f (\frac{\varrho z}{\gamma t})^{\sigma-1}}$。

根据式(2.7),外国出口企业临界点的生产率 z 的条件重新转变为

$$R_h P^{\sigma-1} \frac{1}{t} \left(\frac{\varrho z}{\gamma t}\right)^{\sigma-1} = \sigma F_{\exp} \Leftrightarrow \frac{w \frac{1}{t} \left(\frac{\varrho z}{\gamma t}\right)^{\sigma-1}}{P^{1-\sigma} - \frac{t-1}{t} \theta M_f \left(\frac{\varrho z}{\gamma t}\right)^{\sigma-1}} = \sigma F_{\exp},$$

$$\Rightarrow \frac{w}{\sigma \theta F_{\exp}} = M_f + M t^\sigma \left(\frac{\gamma x}{wz}\right)^{\sigma-1},$$

或者根据贸易平衡条件,z 的条件为

$$\frac{w}{\sigma \theta F_{\exp}} = M_{\exp} \frac{w f_{\exp}}{F_{\exp}} + M t^\sigma \left(\frac{\gamma x}{wz}\right)^{\sigma-1} 。 \tag{2.12}$$

因此,本国经济体中企业数量 M 的表达式为

$$M = \frac{1}{\sigma \theta (f + m_{\exp} f_{\exp})} = \frac{(\theta-1) b^\beta}{\sigma \theta f_e} x^{-\beta}, \tag{2.13}$$

其中,第二个等式是根据式(2.9)得出的。

式(2.6)、式(2.9)～式(2.13)涉及 6 个变量:t、x、y、w、M 和 z。Q_h 和 Q_f 分别为本国消费者消费的国内农产品和进口农产品的总量,表达式分别为

$$Q_h \equiv M \int_x q(\varphi) \mu(\varphi) \, \mathrm{d}\varphi = f(\sigma-1) \frac{\beta}{\beta-\sigma} M x, \tag{2.14}$$

$$Q_f \equiv M_f \int_z q_f(\varphi) \mu(\varphi) \, \mathrm{d}\varphi = \frac{F_{\exp}}{\gamma} (\sigma-1) \frac{\beta}{\beta-\sigma} M_f z 。 \tag{2.15}$$

国内总消费是国内消费和进口消费的总和,即 $Q_{\text{consumed}} = Q_h + Q_f$。相似地,$Q_e$ 是企业的出口总额,即

$$Q_e \equiv M \int_y q_{\exp}(\varphi) \mu(\varphi) \, \mathrm{d}\varphi = f_{\exp} (\sigma-1) \frac{\beta}{\beta-\sigma} M_{\exp} y 。 \tag{2.16}$$

国内企业的生产量 $Q_{\text{produced}} = Q_h + Q_e$,是国内市场和国外市场的总生产数量。

第三节　进口贸易壁垒削减与贸易利益

一、进口贸易壁垒削减对生产率的影响

根据前面的假设,本国企业的生产率只有大于临界生产率才能进入国内市场。本节用国内进口关税下降对临界生产率的影响,来说明进口贸易壁垒削减对本国生产率的影响。从式(2.9)可知,$\dfrac{f + m_{\exp} f_{\exp}}{x^{\beta}} = \dfrac{f_e}{b^{\beta}(\theta - 1)}$,由于 $\theta > 1$,在其他条件不变的情况下,x 增加,则 $m_{\exp}$ 增加,从而 $M_{\exp}$ 增大,即进入出口市场的企业会更多,这表明进入出口市场临界点的企业生产率会下降,即 y 下降。可见,x 和 y 两者间呈现反方向变动。

根据式(2.6),可得到 $\dfrac{w^{\sigma}}{y^{\sigma-1}} = \dfrac{A\rho^{\sigma-1}}{\sigma f_{\exp}}$,可见 w 和 y 两者间呈现同方向变动,即 y 增加,w 也会增加。

将式(2.11)和式(2.12)相加,可得

$$\frac{w}{F_{\exp}} = \frac{1}{(f + m_{\exp} f_{\exp})} \left[m_{\exp} \frac{w f_{\exp}}{F_{\exp}} + t^{\sigma} \left(\frac{\gamma x}{wz} \right)^{\sigma-1} \right]$$

$$\Rightarrow \frac{w}{F_{\exp}} = \frac{w}{F_{\exp}} + \frac{1}{(f + m_{\exp} f_{\exp})} \left[t^{\sigma} \left(\frac{\gamma x}{wz} \right)^{\sigma-1} - \frac{w f}{F_{\exp}} \right] t^{\sigma} \left(\frac{\gamma x}{wz} \right)^{\sigma-1}$$

$$= \frac{w f}{F_{\exp}}$$

$$\Rightarrow w^{\sigma} = t^{\sigma} \frac{F_{\exp}}{f} \left(\frac{\gamma x}{z} \right)^{\sigma-1} \text{。}$$

从 TB 条件看,$z^{-1} = \left(\dfrac{f_{\exp}}{F_{\exp}} w M_{\exp} \right)^{\frac{1}{\beta}} \propto w^{\frac{1}{\beta}} y^{-1}$,所以

$$w \propto \left[t^{\sigma} \left(\frac{x}{y} \right)^{\sigma-1} \right]^{\frac{1}{\sigma - \frac{\sigma-1}{\beta}}}, \tag{2.17}$$

可知,如果 w 增加,则 y 增加,x 下降,从而 $\dfrac{x}{y}$ 下降,t 必增加。可见,w 与 t 同方向变动。这表明,随着农产品进口贸易壁垒的削减,即关税税率 t 下降,会

引起进入国内市场的临界生产率 x 上升,进入出口市场的临界生产率 y 下降,农产品生产的工资率 w 下降。这符合关税将消费者支出从国内农产品转向进口农产品的直觉而产生的结果。因为进口关税下降,使得进口产品价格下降,消费者更愿意购买进口商品,从而在本国市场上,迫使生产率低于 x 的农产品企业退出市场,资源向生产率高的企业集中,从而提高本国农业产业的生产率水平。

假设单个企业只生产一种农产品,本国市场上国内企业提供的农产品种类数量等于生产企业的数量。可见关税税率 t 下降,迫使低生产率的农产品企业退出市场,导致农业产业结构的调整,促进农业产业结构的转型升级,同时导致工资率 w 的下降,促进劳动力的流动,使劳动力从低工资率的农业部门流向高工资率的制造业部门。本国农业生产者的收入包括劳动报酬获得的收入和关税收入,即 $R_h = wL + T$。由于关税税率 t 下降,工资率 w 下降,故劳动总量 L 不变,从农业部门劳动报酬获得的收入下降。虽然关税税率 t 下降会导致关税收入的下降,但促进进口的增加,会导致关税收入的上升。可见,关税收入的变动具有不确定性。

根据以上分析,得到

结论1:进口贸易壁垒削减会促进本国农产品行业生产率的提高。

结论2:进口贸易壁垒削减会促进本国农业产业结构的调整,导致农业产业结构的转型升级。

结论3:进口贸易壁垒削减会促进劳动力的流动,使劳动力从农业部门流向制造业部门,降低本国农业生产者的劳动报酬。

二、贸易壁垒削减对进口边际的影响

根据 Hummels 和 Klenow(2005)提出的计数方法对农产品进口贸易量(Q_f)进行贸易边际分解,即分解为扩展边际(extensive margin,EM)和集约边际(intensive margin,IM)。扩展边际的定义为一定时期内从国外进口的农产品种类数,集约边际的定义为产品的平均进口价值。由于每个企业生产的是一种不同种类的农产品,因此本国进口的农产品种类数等于国外出口企业数,即 $EM = M_f$。因此,$IM = \dfrac{Q_f}{M_f}$,$Q_f = EM \times IM$。

根据 TB 条件,从式(2.10)得到国外出口企业数的表达式,即

$$M_f F_{exp} = M_{exp} f_{exp} \Rightarrow M_f = \frac{w f_{exp}}{F_{exp}} M_{exp}, \tag{2.18}$$

可知,在其他条件不变时,国外出口企业数与本国出口企业数之间呈正相关。由于 x 和 y 两者间呈反方向变动,关税税率下降,促进 x 上升和 y 下降。可见,贸易壁垒削减使本国出口企业临界生产率下降,导致进入出口市场的本国企业数量增加,国外企业进入本国市场的企业也会增加。因此,贸易壁垒削减会导致农产品进口种类增加,即关税下降,扩展边际增加。

由式(2.15)可得本国农产品进口集约边际的表达式:

$$Q_f \equiv M_f \int_z q_f(\varphi) \mu(\varphi) \, d\varphi = \frac{F_{exp}}{\gamma} (\sigma - 1) \frac{\beta}{\beta - \sigma} M_f z \Rightarrow$$

$$IM = \frac{Q_f}{M_f} = \frac{\beta F_{exp} (\sigma - 1)}{\gamma (\beta - \sigma)} z。 \tag{2.19}$$

由于替代弹性为 $\sigma = \frac{1}{(1-\rho)} > 1, \beta > \sigma$,从式(2.19)可知,集约边际与国外出口企业的生产率正相关。关税税率下降,导致国外出口企业数量增加,说明国外出口企业的生产率下降,从而使集约边际下降,即关税税率下降,集约边际下降。

根据以上分析,得到

结论 4:进口贸易壁垒削减会促进本国农产品进口扩展边际的增加。

结论 5:进口贸易壁垒削减会降低本国农产品进口集约边际。

三、总福利分析

在 Melitz(2003)的模型中,$L = PQ, Q = LU, U$ 为代表性消费者获得的间接效用。由于代表性消费者福利水平 $W = \frac{1}{P}$,因此 $W = U$。可见,代表性消费者福利也就是消费者获得的间接效用水平。国内消费者效用函数表达式(2.1)可改写为

$$U^\rho = \int_z^\infty [q_m(\varphi)]^\rho M_m \mu(\varphi) \, d\varphi + \int_x^\infty [q(\varphi)]^\rho M \mu(\varphi) \, d\varphi。 \tag{2.20}$$

根据进口企业的进入条件式(2.11),可得

$$\int_z^\infty [q_m(\varphi)]^\rho M_m \mu(\varphi) \, d\varphi$$

$$= M_m \left[\frac{F_{\text{exp}}}{\gamma} (\sigma - 1) \right]^\rho z^{\beta - \rho (\sigma - 1)} \beta \int_z^\infty \varphi^{\rho \sigma - \beta - 1} \, \mathrm{d}\varphi$$

$$= M_m \theta \left[\frac{F_{\text{exp}}}{\gamma} (\sigma - 1) z \right]^\rho \text{。}$$

同理,根据本国企业的进入条件式(2.9),可得

$$\int_x^\infty [q(\varphi)]^\rho M \mu(\varphi) \, \mathrm{d}\varphi = M [f(\sigma - 1)]^\rho x^{\beta - \rho(\sigma - 1)} \beta \int_x^\infty \varphi^{\rho \sigma - \beta - 1} \, \mathrm{d}\varphi$$

$$= M_m \theta [f(\sigma - 1) x]^\rho,$$

从而式(2.18)可改写为

$$U^\rho = \int_z^\infty [q_m(\varphi)]^\rho M \mu(\varphi) \, \mathrm{d}\varphi + \int_x^\infty q(\varphi)^\rho M \mu(\varphi) \, \mathrm{d}\varphi$$

$$= \theta (\sigma - 1)^\rho \left[M_m \left(\frac{F_{\text{exp}}}{\gamma} z \right)^\rho + M (fx)^\rho \right] \text{。}$$

设 $U^\rho = d(x) \times h(x)$,则

$$d(x) = \theta (\sigma - 1)^\rho M (fx)^\rho = \theta (\sigma - 1)^\rho f^\rho \left[\frac{(\theta - 1) b^\beta}{\sigma \theta f_e} \right] (x)^{\rho - \beta},$$

$$(2.21)$$

$$h(x) = \frac{M_m}{M} \left(\frac{F_{\text{exp}} z}{f \gamma x} \right)^\rho + 1 \text{。} \tag{2.22}$$

由于 $\rho < 1 < \beta$,从式(2.21)可知,$d(x)$ 随 x 的增加而下降,同时可得 $\varepsilon_d = \rho - \beta < 0$。根据贸易平衡条件,$h(x)$ 可改写为

$$h(x) = \omega m_x \frac{f_{\text{exp}}}{F_{\text{exp}}} \left(\frac{F_{\text{exp}} z}{f \gamma x} \right)^\rho + 1 = k(x) + 1 \text{。}$$

根据出口进入条件 $A w^{1-\sigma} (\rho y)^{\sigma - 1} = \sigma w f_{\text{exp}}$,$k(x)$ 可改写为

$$k(x) = \omega m_x \frac{f_{\text{exp}}}{F_{\text{exp}}} \left(\frac{F_{\text{exp}} z}{f \gamma x} \right)^\rho \text{。}$$

由于 $z^{-1} \propto w^{\frac{1}{\beta}} y^{-1}$ 和 $w \propto y^\rho$,所以

$$k(x) = \omega m_x \frac{f_{\text{exp}}}{F_{\text{exp}}} \left(\frac{F_{\text{exp}} z}{f \gamma x} \right)^\rho \propto \left(\frac{x}{y} \right)^{\beta - \rho} (y^{1 - \frac{\rho}{\beta}})^\rho = x^{\beta - \rho} y^{(\beta - \rho)(\frac{\rho}{\beta} - 1)},$$

$$(2.23)$$

$$\varepsilon_{h(x)} = \frac{h'(x)}{h(x)} x = \frac{k'(x)}{1 + k(x)} x = \frac{k'(x)}{k(x)} x \frac{k(x)}{1 + k(x)} = \varepsilon_{k(x)} \frac{k(x)}{1 + k(x)},$$

$$(2.24)$$

又 $\varepsilon_{k(x)} = (\beta - \rho) + (\beta - \rho)\left(\dfrac{\rho}{\beta} - 1\right)\varepsilon_{y(x)}$，可得

$$\varepsilon_{h(x)} = (\beta - \rho)\left[1 + \left(1 - \dfrac{\rho}{\beta}\right)\dfrac{f}{f_{exp}}\left(\dfrac{y}{x}\right)^{\beta}\right]\dfrac{k(x)}{\gamma + k(x)} > 0 \text{。}$$

可见，$\varepsilon_d < 0, \varepsilon_h > 0$，要比较它们弹性的绝对值，即 $|\varepsilon_d| = \beta - \rho$ 和 $|\varepsilon_h| = (\beta - \rho)\left[1 + \left(1 - \dfrac{\rho}{\beta}\right)\dfrac{f}{f_{exp}}\left(\dfrac{y}{x}\right)^{\beta}\right]\dfrac{k(x)}{1 + k(x)}$ 的大小，也就是要比较 1 与 $\dfrac{\beta}{\beta - \rho}\dfrac{f_{exp}}{f}\left(\dfrac{x}{y}\right)^{\beta}\dfrac{1}{k(x)}$ 的大小，将表达式代入 $k(x)$，根据 $w^{\sigma} = t^{\sigma}\dfrac{F_{exp}}{f}\left(\dfrac{\gamma x}{z}\right)^{\sigma - 1}$，有

$$\dfrac{\beta}{\beta - \rho}\dfrac{\dfrac{f_{exp}}{f}\left(\dfrac{x}{y}\right)^{\beta}}{\omega m_x \dfrac{f_{exp}}{F_{exp}}\left(\dfrac{F_{exp}\,z}{f\gamma x}\right)^{\rho}} = \dfrac{\beta}{\beta - \rho}\left(\dfrac{F_{exp}}{f}\right)^{\frac{1}{\sigma}}\left(\dfrac{\gamma x}{z}\right)^{\rho}\dfrac{1}{\omega} = \dfrac{\beta}{\beta - \rho}\dfrac{1}{t} \text{。}$$

$$(2.25)$$

在 $U^{\rho} = d(x)h(x)$ 中，当 $t < \dfrac{\beta}{\beta - \rho}$ 时，随着 x 的上升，$d(x) \equiv \theta(\sigma - 1)^{\rho}M(fx)^{\rho}$ 下降的速度比 $h(x) \equiv \dfrac{M_m}{M}\left(\dfrac{F_{exp}\,z}{f\gamma x}\right)^{\rho} + 1$ 上升的速度更快，即 $U(x)$ 随着 x 的上升而下降。如果 $t > \dfrac{\beta}{\beta - \rho}$，则 $U(x)$ 随着 x 的上升而上升。由于 $\dfrac{\mathrm{d}x}{\mathrm{d}t} < 0$，则有

$$\dfrac{\mathrm{d}U}{\mathrm{d}t} = \begin{cases} \dfrac{\mathrm{d}U}{\mathrm{d}x}\dfrac{\mathrm{d}x}{\mathrm{d}t} > 0, & t < \dfrac{\beta}{\beta - \rho}, \\[2ex] \dfrac{\mathrm{d}U}{\mathrm{d}x}\dfrac{\mathrm{d}x}{\mathrm{d}t} < 0, & t > \dfrac{\beta}{\beta - \rho} \text{。} \end{cases}$$

可见，在 $t = \dfrac{\beta}{\beta - \rho}$ 时，消费者福利效用最大化，故可得

结论 6：在进口贸易壁垒削减条件下，存在总福利最大化问题。

四、福利分解

对贸易福利进行分解，能进一步理解进口贸易壁垒削减如何提升贸易福利水平。根据 Demidova 和 Rodriguez-Clare（2009）的分析方法，人均效用可分解为

$$\frac{U}{L} = \frac{Q_{\text{produced}}}{L} \frac{Q_{\text{consumed}}}{Q_{\text{produced}}} (M_t)^{\frac{1}{\sigma-1}}$$

$$\times \left(\left(\frac{M_m}{M_t}\right)^{1-\rho} \left\{ \frac{Q_m}{Q_{\text{consumed}}} \frac{M_m \left[\int_z q_m^{\rho}(\varphi) \mu(\varphi) \, \mathrm{d}\varphi \right]^{1/\rho}}{Q_m} \right\}^{\rho} \right.$$

$$\left. + \left(\frac{M}{M_t}\right)^{1-\rho} \left\{ \frac{Q_d}{Q_{\text{consumed}}} \frac{M \left[\int_x q^{\rho}(\varphi) \mu(\varphi) \, \mathrm{d}\varphi \right]^{1/\rho}}{Q_d} \right\}^{\rho} \right)^{1/\rho},$$

其中,$M_t = M + M_m$ 是国内市场上总的消费产品种类。所以,人均效用可分解为四部分:(1)人均产出部分,即 $\frac{Q_{\text{produced}}}{L}$;(2)经调整的贸易条件部分,即 $\frac{Q_{\text{consumed}}}{Q_{\text{produced}}}$;(3)本国消费者消费的产品种类,包括进口产品种类和国内市场产品种类,即 $(M_t)^{\frac{1}{\sigma-1}}$;(4)曲率,即产品差异化程度,包括国内、国外的产品差异化程度。可见,贸易壁垒削减对经济福利的影响的 4 个渠道为

$$\frac{U}{L} = 人均产出 \times 贸易条件 \times 产品种类 \times 曲率。 \tag{2.26}$$

从式(2.14)可知,$\frac{Q_{\text{produced}}}{L} = \frac{f(\sigma-1)\beta}{L(\beta-\sigma)} Mx$,根据本国企业数量 M 的表达式,可得

$$\frac{Q_{\text{produced}}}{L} = \frac{f(\sigma-1)(\theta-1)b^{\beta}\beta}{L(\beta-\sigma)\sigma\theta f_e} x^{1-\beta}, \tag{2.27}$$

其中,由于 $\sigma > 1$ 和 $\theta > 1$,$\beta > \sigma - 1 > 0$,可见,人均产出与 x 成反比关系。如果贸易壁垒削减水平增加,则 x 增加,从而人均产出下降,故可得

结论 7:进口贸易壁垒削减会使本国农产品人均产出下降。

贸易条件 $\frac{Q_{\text{consumed}}}{Q_{\text{produced}}}$ 表示国内消费与国内生产的比值,可转化为

$$\text{TOT} = \frac{Q_{\text{consumed}}}{Q_{\text{produced}}} = \frac{Q_d + Q_m}{Q_d + Q_{\text{exp}}} = \frac{P_{\text{exp}}}{P_m} \left[\left(\frac{Q_{\text{exp}}}{Q_d + Q_{\text{exp}}} \right) \Big/ \left(\frac{Q_m}{Q_d + Q_m} \right) \right],$$

$$\tag{2.28}$$

其中,TOT 为贸易条件指数,$P_{\text{exp}} = \frac{R_{\text{exp}}}{Q_{\text{exp}}}$,$P_m = \frac{R_m}{Q_m}$。贸易条件指数是经济中衡量贸易福利水平的重要指标。出口价格与进口价格的比值是出口占生产

的比例乘以进口在消费中所占的份额,可以作为衡量出口相对于进口的重要措施。如果没有贸易,则 TOT＝1;如果有了贸易,贸易壁垒削减导致进口价格下降,但出口价格不变,因此改善贸易条件,故可得

结论 8:进口贸易壁垒削减会改善本国农产品贸易条件。

效用函数的第三个组成部分是产品种类指数,是国内市场上总的消费产品种类,包括消费的国内产品种类和国外产品种类。由于贸易壁垒削减会促进进口种类增加、出口种类增加,以及国内生产种类减少,故可得

结论 9:进口贸易壁垒削减会促进农产品进口种类的增加。

最后一个组成部分是曲率,即产品差异化程度,包括国内与国外的产品差异化程度。由于这两个国家有相同的生产率分布,而且有

$$\frac{M\left[\int_x q^\rho(\varphi)\mu(\varphi)\,\mathrm{d}\varphi\right]^{1/\rho}}{Q_d} = \frac{M_m\left[\int_z q_m^\rho(\varphi)\mu(\varphi)\,\mathrm{d}\varphi\right]^{1/\rho}}{Q_m}$$

$$= \frac{\beta-\sigma}{\beta}\left[\frac{\beta}{\beta-(\sigma-1)}\right]^{\frac{1}{\rho}} < 1,$$

所以可将其用于衡量每个国家内部公司之间的异质性。如果生产率的离散度下降,则生产率上升,也就是 β 上升,曲率收敛于 $[1,\infty]$。对于任何 σ,随着企业差异的减小,曲率趋近于 1,如果所有公司都相同,曲率等于 1。如果 σ 上升,那么曲率也上升,接近于 1。这说明随着替代弹性的提高,两者之间品种和价格的差异就不重要了。因此,曲率可以改写为

$$\left\{\frac{\beta-\sigma}{\beta}\left[\frac{\beta}{\beta-(\sigma-1)}\right]^{\frac{1}{\rho}}\right\} \times$$

$$\left[\left(\frac{M_m}{M_t}\right)^{1-\rho}\left(\frac{Q_m}{Q_{\text{consumed}}}\right)^\rho + \left(\frac{M}{M_t}\right)^{1-\rho}\left(\frac{Q_d}{Q_{\text{consumed}}}\right)^\rho\right]^{1/\rho},$$

其中第二个组成部分反映了国家间的异质性。由于每个产品种类(国内或国外)都是对称地进入效用函数,在国家内部和国家之间没有任何价格的异质性,每种家庭消费商品的数量相同,所以该项等于 1。

总之,通过以上理论模型分析,得到了以下需要实证检验的理论结论。

(1)进口贸易壁垒削减,会促进本国农产品进口扩展边际的增加,降低本国农产品进口集约边际。

(2)进口贸易壁垒削减,会促进本国农产品生产率的增加;会促进本国农业产业结构的调整,导致农业产业结构的转型升级;会促进劳动力的流动,使

劳动力从农业部门流向制造业部门,降低本国农业生产者的劳动报酬。

　　(3)进口贸易壁垒削减,客观上存在总福利最大化问题;会促进农产品进口种类的增加,促进消费者福利水平的提高。

第三章　中国农产品进口贸易
壁垒削减与测度

自"乌拉圭回合"首次将农产品纳入多边贸易谈判以来,农产品贸易壁垒削减备受关注。如何科学衡量入世后中国农产品贸易壁垒削减程度,既是中国农业参与全球竞争、提升竞争力和进一步对外开放的前提,也是研究农产品贸易壁垒削减对进口模式、资源配置效率和福利影响的基础。因此,本章对中国加入 WTO 后农产品关税的减让和非关税的削减进行全局概览,并在此基础上,测算非关税的关税等价,利用贸易限制指数,分析整体和各类农产品贸易壁垒削减情况,比较不同农产品贸易壁垒削减差异。

第一节　中国农产品关税的减让

关税减让是贸易壁垒削减最直接、最有效的手段。自 1978 年以来,中国开启了以关税减让为主的对外开放历史进程,使中国农业逐步深度融入全球经济。中国农产品关税减让体现在履行加入 WTO 承诺的关税减让、建立自由贸易协定的关税下降和单方面自主削减关税三个方面。

一、WTO 下中国农产品关税减让

2001 年以前,中国农产品以自主降低关税的方式融入世界。1984 年获得了关税及贸易总协定观察员身份。1985 年对关税税则进行了全面修订,大幅降低了餐料、物料、食品等农产品进口关税,香蕉等热带水果的关税税率由 25% 降至 12%。1986 年开启了"复关"征程。从 1992 年开始,加大了关税削减力度,农产品平均关税从 1991 年的 47.23% 降至 1995 年的 39.36%,继而

降至 2000 年的 26.21%。自 2001 年加入 WTO 后,中国严格遵循《中华人民共和国加入世界贸易组织议定书》(下简称《WTO 协定书》)的规定,全面履行加入 WTO 时所承诺的关税和非关税削减义务,严格遵守和执行 WTO 规则,构建符合 WTO 规则的法律体系和经贸政策,全面放开外贸经营权,由审批制改为备案登记制。根据 WTO《农业协议》,积极履行农业贸易领域的开放承诺,农产品最惠国约束关税和实施的最惠国关税不断降低。根据《中国与世界贸易组织白皮书》(商务部,2018),截至 2010 年,中国降税承诺全部履行完毕,农产品平均税率由 2001 年的 23.20% 降至 2010 年的 15.10%[①],约为世界农产品平均关税的 1/4,远低于发展中国家平均关税的 56% 和发达国家平均关税的 39%。从表 3-1 可知,自 2001 年乌拉圭回合谈判以来,中国农产品关税,无论是简单平均税率还是加权平均税率,都在逐年下降,分别从 2001 年的 23.90% 和 24.97% 降至 2015 年的 13.48% 和 9.80%,下降幅度分别为 43.6% 和 60.8%。2004 年以前,加权平均税率略高于简单平均税率;2004 年以后,加权平均税率低于简单平均税率。加权平均税率体现了高关税低权重甚至零权重,其高低反映了农产品的禀赋差异和比较优势的大小。从最高税率看,2005 年以前下降幅度较大,自 2005 年后保持在 65%。同时,反映关税结构变动的离散系数呈现不断下降趋势,从 2001 年的 0.85 降至 2015 年的 0.61,产品间税率差别在缩小。可见,加入 WTO 后,中国大幅度降低农产品进口关税,超额完成了农产品关税减让承诺。

表 3-1　中国加入 WTO 农产品进口关税削减情况

年份	承诺税率/%	简单平均税率/%	加权平均税率/%	最低税率/%	最高税率/%	离散系数
2001	/	23.90	24.97	0	121.6	0.85
2002	18.5	18.61	18.95	0	71	0.68
2003	17.4	17.02	17.34	0	68	0.67
2004	15.8	15.83	15.38	0	68	0.71
2005	15.5	15.44	12.47	0	65	0.59

---

① 　根据贸易分析和信息系统(TRAINS)数据库的关税数据计算,2010 年中国农产品实施的最惠国简单平均关税为 14.90%,比白皮书中数据略低。

续 表

年份	承诺税率/%	简单平均税率/%	加权平均税率/%	最低税率/%	最高税率/%	离散系数
2006	15.5	15.07	11.61	0	65	0.70
2007	15.5	15.09	11.28	0	65	0.71
2008	15.1	14.88	10.88	0	65	0.72
2009	15.1	14.91	10.66	0	65	0.71
2010	15.1	14.90	10.07	0	65	0.71
2011	/	14.89	10.77	0	65	0.71
2012	/	14.36	10.35	0	65	0.67
2013	/	14.03	9.78	0	65	0.64
2014	/	13.48	9.42	0	65	0.61
2015	/	13.48	9.80	0	65	0.61

数据来源:《WTO 议定书》和根据 TRAINS 数据库的关税数据计算。

1.关税税率的频数分布

根据《中华人民共和国进出口税则》,中国绝大部分农产品进口关税以从价关税为主①。由于各类农产品的竞争力不同,对农产品关税税率的设置也有所差异,各种农产品关税税率分布也会不均。如果一国零关税和小于5%关税税率的产品所占比重越大,则该国平均税率就越低,农业贸易壁垒削减程度也越高。从各个区间农产品关税税率的频数分布(见表3-2)结果看,加入 WTO 后,中国的零关税农产品一直都比较少,到 2015 年占比仅为 3%。关税税率在区间(0.5%]的农产品有所提高,占比从 2001 年的 8% 升至 2015 年的 13%。关税税率主要集中在区间(5%,25%],占比从 2001 年的 57% 提高至 2015 年的 79%;其中,(5%,10%]和(10%,15%]两个区间的占比分别从 2001 年的 10% 和 17% 提高至 2015 年的 28% 和 29%;而(15%,25%]区间占比则从 2001 年的 30% 降至 2015 年的 22%。较高关税的税目减少较大,自 2002 年开始取消了高于 100% 的关税税率;(50%,100%]区间占比从

① 自 2001 年以来,中国的从量关税税目固定为 02071200、02071411、02071419、02071421、02071422、02071429、05040021、22030000 等 8 个。

2001 年的 5％降至 2015 年的 1％。关税占比下降最大的区间是（25％，50％］，从 2001 年的 25％降至 2005 年的 7％，继而降至 2010 年以来的 6％。可见，加入 WTO 后中国大幅度降低了高关税区间的农产品比重，进一步优化了农产品关税结构。

表 3-2　加入 WTO 后中国农产品关税税率的频数及其占比

税率① T/%	2001 年		2005 年		2010 年		2015 年	
	个数	占比/%	个数	占比/%	个数	占比/%	个数	占比/%
0	18	0.02	20	3	18	2	28	3
(0,5％］	65	8	78	10	81	10	120	13
(5％,10％］	80	10	203	26	215	28	270	28
(10％,15％］	130	17	241	30	223	29	273	29
(15％,25％］	230	30	196	25	177	23	206	22
(25％,50％］	194	25	52	7	47	6	53	6
(50％,100％］	42	5	6	1	16	2	5	1
100％以上	13	2	0	0	0	0	0	0

数据来源：根据 TRAINS 数据库的关税数据计算。

2.关税高峰的设置

自"乌拉圭回合"将农产品列入市场准入谈判范围后，许多 WTO 成员方对重点农产品仍保留着较高的进口关税，被称为关税高峰。关税高峰导致外国产品进口很少甚至成为不可能，是贸易壁垒削减"未能打破的坚果"。通过分析关税高峰，可发现各国农产品重点保护范围、高峰税目个数及其占比，可体现贸易壁垒削减程度。目前，关税高峰的界定尚未有统一标准，本书采用 WTO、FAO 和国际通行标准作为中国加入 WTO 后农产品关税高峰的分析依据（钟钰，2007），结果见表 3-3。从表 3-3 可知，加入 WTO 后，三种关税高峰的简单平均税率、税目个数及其占比都呈现出不断降低趋势。2001—2005 年，关税高峰下降速度最快，此后则小幅下降或基本保持不变。从 WTO 标准、FAO 标准和国际通行标准看，简单平均税率分别从 2001 年的 31.44％、

---

① T 为 HS6 位数的农产品最惠国（MNF）关税。

34.69%和99.98%降至2015年的21.83%、25.12%和56.00%,税目个数分别从2001年520个、426个和33个降至2015年的345个、223个和7个,税目占比从2001年的67%、55%和4%降至2015年的36%、23%和1%。

表 3-3　中国农产品关税高峰

年份	WTO 标准			FAO 标准			国际通行标准		
	简单平均税率/%	税目		简单平均税率/%	税目		简单平均税率/%	税目	
		个数	占比/%		个数	占比/%		个数	占比/%
2001	31.14	520	67	34.69	426	55	99.98	33	4
2002	25.93	449	57	29.18	330	42	65.90	23	3
2005	21.35	336	42	25.07	220	28	58.73	6	1
2008	23.34	315	40	27.86	211	27	60.80	20	3
2009	23.79	315	41	27.68	213	27	60.80	20	3
2010	23.85	312	40	27.67	213	27	60.80	20	3
2011	23.83	312	40	27.69	212	27	60.80	20	3
2014	21.84	345	36	25.12	224	23	56.00	7	1
2015	21.83	345	36	25.12	223	23	56.00	7	1

数据来源:根据 TRAINS 数据库的关税数据计算。

同时,关税高峰的农产品结构也在不断调整,具体见表 3-4。2015 年,关税高峰产品主要集中在中国比较劣势的农产品中,如肉及食用杂碎(HS02),水果及坚果(HS08),谷物加工品(HS11),糖及食糖(HS17),谷物等农产品(HS19)和蔬菜、水果、坚果加工品(HS20)等。与 2001 年相比,主要削减了农产品中消费品的关税高峰,如鱼类(HS03),奶制品、蛋类、蜂蜜(HS04),咖啡、茶、香料(HS09),含油种子(HS12),动植物油脂(HS15),鱼等加工品(HS16),杂项食品(HS21),饮料、酒等(HS22)和精油(HS33)等。随着中国农产品关税高峰的不断下降,一些发达国家农产品关税高峰比中国的关税高峰要高(农业农村部农产品贸易办公室,2005;Mario Jales 等,2005)。

表 3-4　中国关税高峰的主要农产品分布

年份	主要农产品
2001	HS02(48)、HS03(29)、HS04(26)、HS08(49)、HS09(12)、HS11(29)、HS12(11)、HS15(34)、HS16(26)、HS17(12)、HS19(16)、HS20(44)、HS21(15)、HS22(20)、HS33(14)①
2005	HS02(37)、HS08(30)、HS11(18)、HS15(11)、HS17(10)、HS19(10)、HS20(29)、HS22(11)、HS33(12)
2010	HS02(36)、HS08(28)、HS11(18)、HS17(10)、HS19(10)、HS20(31)、HS22(10)
2015	HS02(44)、HS08(30)、HS11(18)、HS17(11)、HS19(10)、HS20(31)

数据来源：根据 TRAINS 数据库的关税数据计算。

3. 农产品关税升级

许多国家如美国、澳大利亚和新西兰等对农产品进口关税的设置，采取的是阶梯式税率，对原料、初级产品到中间品再到制成品的关税税率逐渐递增，也就是关税升级。其目的是限制高附加值产品的进口，控制农产品市场开放节奏。自 2001 年启动 WTO"多哈回合"谈判以来，农产品关税升级受到谈判各方关注，但对于削减关税升级的分歧较大，截至 2008 年 12 月，关税升级谈判没有达成最终协议。为了弄清中国农产品是否存在关税升级情况，将农产品分为原材料、中间品和最终品，各类农产品的平均关税税率的结果见图 3-1。从图 3-1 可知，加入 WTO 后，随着中国农产品关税的快速下降，中国农产品进口关税升级并不明显。2005—2015 年，中间品的平均关税税率高出原材料的 2% 左右，而最终品的平均关税税率仅高出中间品的 3% 左右。

二、FTA 下关税削减情况

贸易壁垒削减也体现在区域或双边贸易协定的签订上。自 2002 年以来，中国在全面履行加入 WTO 承诺的同时，也与多个国家开展了双边 FTA 谈判，开启了自贸区建设新篇章。尤其是 2008 年全球金融危机以来，逆全球化潮流涌动，贸易保护主义和单边主义抬头，中国提出了加快实施自由贸易区的国家战略。至 2017 年底，中国已与 24 个国家和地区签署了 16 个自由贸易协定，正在推进谈判的自由贸易区 14 个。这些国家中，不仅有东盟及周边国

① 括号内的数字都是以 WTO 衡量的关税高峰的 HS6 位编码产品的个数。

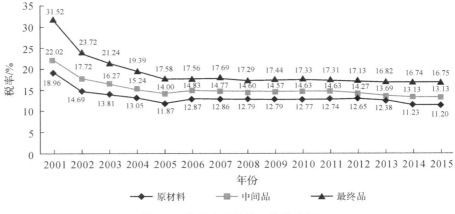

图 3-1　中国农产品进口关税升级

家,也有"一带一路"合作伙伴巴基斯坦和格鲁吉亚,还有拉丁美洲国家秘鲁和智利。中国自贸区网络不仅包括发展中国家,也有瑞士、澳大利亚、新西兰和韩国等发达国家。相比 WTO,FTA 成员国间的贸易壁垒削减力度更大,关税下降的程度更高,零关税农产品数量更多,而且以开放促改革也是中国 FTA 战略的重要动机之一。与发达国家签署 FTA 实现了更高的开放水平,还涉及 WTO 尚未涵盖的新议题。选取 2015 年底前已实施的 10 个 FTA,对农产品最终降为零关税的履行情况进行分析,详见表 3-5。

表 3-5　2015 年底前中国签订的 FTA 中农产品关税降为零关税的履行情况

成员国	实施时间	立即降为零关税		2~5 年降为零关税		6~9 年降为零关税		10 年及以上降为零关税		2015 年的应用关税
		个数	占比/%	个数	占比/%	个数	占比/%	个数	占比/%	
东盟	2004 年 1 月	306	37.2	422	51.4	37	4.4	59	7.1	1.51
智利	2006 年 10 月	114	14.0	367	44.7	0	0	290	35.4	0.43
巴基斯坦	2007 年 7 月	36	4.3	477	58.0	0	0	0	0	8.86
新西兰	2008 年 10 月	79	9.8	554	67.9	131	16.1	12	1.4	1.38
秘鲁	2010 年 3 月	207	25.3	129	15.6	9	1.1	395	48.0	4.81
哥斯达黎加	2011 年 8 月	238	28.9	395	48.0	0	0	131	15.8	1.70
冰岛	2014 年 7 月	724	88.1	9	1.1	0	0	2	0.2	0.91

续　表

成员国	实施时间	立即降为零关税		2～5年降为零关税		6～9年降为零关税		10年及以上降为零关税		2015年的应用关税
		个数	占比/%	个数	占比/%	个数	占比/%	个数	占比/%	
瑞士	2014年7月	83	10.2	193	23.4	0	0	431	52.6	12.68
韩国	2015年12月	96	11.8	50	6.2	0	0	583	70.9	13.44
澳大利亚	2015年12月	93	11.3	603	74.1	30	3.6	26	3.1	14.27

数据来源：根据中国自由贸易区服务网和 TRAINS 数据库计算。

从表 3-5 可知，在 10 个 FTA 中，中国农产品零关税承诺差异较大。FTA 生效后立即实施零关税的农产品占比除冰岛为 88.1% 外其余均低于 38.0%，2～5 年内降为零关税的农产品占比除冰岛、韩国、秘鲁、低于 16.0% 外其余均较高，6～9 年降为零关税的农产品占比较小，在 10 年及以上时间降为零关税的农产品占比中，韩国、瑞士、秘鲁排在前 3 位。这表明中国实施的 FTA 对大部分农产品采取了时间较短的过渡保护期，以应对中国农产品竞争力不强免遭进口冲击的影响。到 2015 年，应用关税比较低的 FTA 有中国－冰岛、中国－智利、中国－新西兰、中国－东盟和中国－哥斯达黎加，其次为中国－秘鲁、中国－巴基斯坦和中国－澳大利亚，关税最高且零关税降幅较低的 FTA 是中国－瑞士、中国－韩国。

三、农产品自主关税的下降

当然，中国农业对外开放并没有止步于加入 WTO 承诺和 FTA 关税下降。从加入 WTO 前的自主降低关税，到 2010 年后多次以暂定税率方式自主降低进口关税。尤其自 2005 年 1 月 1 日起，中国给予 25 个最不发达国家的 190 种商品免关税，到 2013 年初，对 37 个最不发达国家实施税率为 5% 的特惠税，并对其中 30 个国家 95% 的商品实施零关税待遇[①]。中国积极单方面自主进行农产品关税减让，导致中国农产品实施的最惠国关税与实际征收的关

---

① 37 个国家为阿富汗、安哥拉、孟加拉国、贝宁、布隆迪、中非共和国、乍得、科摩罗、刚果（民）、吉布提、东帝汶、赤道几内亚、厄立特里亚、埃塞俄比亚、几内亚、几内亚比绍、莱索托、利比里亚、马达加斯加、马拉维、马里、毛里塔利亚、莫桑比克、尼泊尔、尼日尔、卢旺达、萨摩亚、塞拉利昂、塞内加尔、索马里、苏丹、坦桑尼亚、多哥、乌干达、瓦努阿图、也门和赞比亚。

税有较大的背离,展现了全球开放的大国担当。本书选取 WTO 农产品最惠国(MFN)关税和实际应用(AHS)关税的简单平均税率进行分析。AHS 关税和 MFN 关税之间的差异反映 FTA 互惠性偏好和单方面关税优惠。图 3-2 显示,2001—2015 年 AHS 和 MFN 关税都呈现不断下降趋势,但 2008 年的金融危机导致 MFN 关税在随后两年内略有增加。自 2005 年以来,对最不发达国家采取特惠关税、对签订 FTA 的国家执行零关税,尤其是在 2010 年入世承诺完毕后,采取单边自主优惠关税,使 AHS 关税和 MFN 关税之间的距离越来越大。同时,为了提高对内开放水平,中国选取要素集聚、资源优质、发展基础扎实、发展前景广阔的区域开展自贸试验区建设。2013 年 9 月,中国(上海)自由贸易试验区挂牌成立,为全面深化改革和扩大开放探索新途径、积累新经验。2015 年 4 月,相继建立了中国(广东)自由贸易试验区、中国(福建)自由贸易试验区、中国(天津)自由贸易试验区,2017 年 3 月,辽宁、浙江、四川、陕西、重庆、湖北、河南自由贸易试验区相继挂牌,2018 年 4 月,设立了中国(海南)自由贸易试验区,2019 年 8 月,创建了山东、江苏、广西、河北、云南和黑龙江自由贸易试验区。目前已设立的 18 个自由贸易试验区形成了覆盖"东西南北中"的区域布局,是中国对外开放的重要平台。

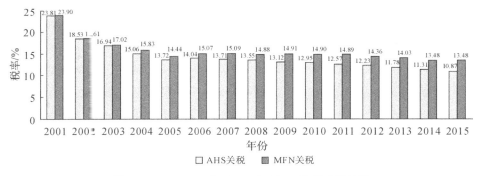

图 3-2 2001-2015 年 AHS 和 MFN 关税下降情况

四、农产品贸易壁垒削减模式

一个国家在推进贸易壁垒削减进程中,往往会依据自身发展阶段和竞争实力,灵活地选择不同的贸易壁垒削减模式。为了厘清"乌拉圭回合"后中国农业部门贸易壁垒削减模式,探讨"多哈回合"启动以来农产品关税变化,本节采用 Bureau 等(2016,2017)构建的关税阶梯分析法,利用 MFN 关税、WTO 承诺的约束(BND)关税和 AHS 关税数据,以 2001 年为基础,评估中国自 2004 年以来多边、区域和单边所发挥的作用。

对 MFN 关税税率,从 t_0 到 t_1 的变化进行如下分解:

$$AMFN_{t_1} - AMFN_{t_0} = [AMFN_{t_1} - \min(AMFN_{t_0}, Bound_{t_1})]$$
$$+ [\min(AMFN_{t_0}, Bound_{t_1}) - AMFN_{t_0}],$$

$$(3.1)$$

其中,AMFN 是 MFN 关税税率,Bound 是 BND 关税税率。如果 Bound 低于最初的 $AMFN_{t_0}$,则必须将 MFN 关税降至该水平,以便遵守承诺,这种改变是自发行动的结果,被称为单方面贸易自由化(own initiative)。为了分离 FTA 的贡献,实际使用的有效关税(Applied)的变化可分解为

$$Applied_{t_1} - Applied_{t_0} = (Applied_{t_1} - MFN_{t_1})$$
$$+ (AMFN_{t_1} - AMFN_{t_0})$$
$$- (Applied_{t_0} - AMFN_{t_0}),$$

$$(3.2)$$

其中,$Applied_{t_1} - MFN_{t_1}$ 可衡量签订 FTA 的互惠关税变化,$Applied_{t_0} - AMFN_{t_0}$ 可衡量非互惠协议的变化,如对发展中国家的普遍优惠制。

根据关税阶梯分析法,2004—2015 年中国农产品平均关税税率的变化见表 3-6。结果显示,自 2004 年以来,中国农产品 BND 关税、MFN 关税和 AHS 关税都在不断降低,而且它们之间的差距逐年增大,体现了单边优惠关税的下降、FTA 零关税措施对平均关税的作用在不断增强;加入 WTO 以来,中国严格遵守 WTO 承诺,大幅度削减农产品关税。可见,中国农产品贸易自由化主要是以 WTO 为主的多边贸易壁垒削减,这体现了 WTO 对成员国关税的强约束。随着加入 WTO 承诺的实现,其作用逐渐减弱,贡献度从 2005 年的 90.72% 降至 2015 年的 73.21%。FTA 双边贸易壁垒削减和单方面贸易壁垒削减对中国农产品贸易自由化有着重要的推动作用,而且作用逐年增加。

表 3-6　2004—2015 年中国农产品平均关税税率的变化

单位:%

年份	BND 关税	MFN 关税	AHS 关税	多边贸易壁垒削减	双边贸易壁垒削减	单边贸易壁垒削减	总变化
2004	15.96	15.83	15.06	−33.34	−3.24	−0.55	−36.75
2005	15.06	14.44	13.72	−37.13	−3.00	−2.61	−42.36
2006	15.06	15.07	14.04	−37.13	−4.32	0.04	−41.03
2007	15.02	15.09	13.71	−37.31	−5.79	0.29	−42.43
2008	15.02	14.88	13.55	−37.31	−5.58	−0.57	−43.08
2009	15.02	14.91	13.12	−37.31	−7.53	−0.44	−44.90
2010	15.02	14.90	12.95	−37.31	−8.20	−0.50	−45.63
2011	15.02	14.89	12.57	−37.31	−9.73	−0.55	−47.20
2012	15.02	14.36	12.23	−37.31	−8.95	−2.76	−48.64
2013	15.02	14.03	11.78	−37.31	−9.45	−4.14	−50.52
2014	14.43	13.48	11.31	−39.79	−9.15	−3.96	−52.51
2015	14.43	13.48	10.87	−39.79	−10.95	−3.98	−54.35

第二节　中国农产品非关税的削减

　　市场准入历来是农业谈判的关键性议题。自《农业协定》签订以来,WTO要求其成员从关税减让和非关税措施关税化上提高农产品市场准入程度。加入 WTO 后,在加快市场化改革的同时,按照承诺,中国逐年削减了影响农产品进口数量的非关税,以等量关税替代,不断提高农产品市场开放度。考虑到安全、健康和环境保护,除仅对少数农产品采取禁止进口外①,全面取消进口配额的数量管理,采用关税配额管理制度,逐步减少关税配额种类;取消农产品进口许可证管理,采用自动进口许可管理制度;对大宗农产品特别是受关税配额管理的农产品实行国有贸易管理。非关税措施显著削减,在更大范围内、更深程度上改善了中国农产品进口准入,减少了不必要的进口限制,促进了进口贸易的透明、畅通。

一、关税配额管理

关税配额是市场准入谈判的重要议题。1994 年签订的《农业协定》要求 WTO 成员方逐步取消农产品数量限制,将非关税措施关税化并逐渐削减非关税,即转化为关税配额管理;并要求各国每年公布农产品进口配额量及其分配方式,配额内进口征收低关税,配额外进口征收高关税。自 1996 年以来,中国对大宗农产品实行关税配额管理制度。到 2001 年,采取关税配额管理的农产品有 16 种②。加入 WTO 后,根据承诺,逐步减少了关税配额种类,确定了其后 5 年的关税配额,关税配额管理由国家发改委和商务部全权负责。2002 年,取消大麦、大豆、花生油、玉米油和葵花籽油的关税配额,2006 年,取消油菜籽、豆油、棕榈油和菜籽油的关税配额。自 2006 年开始,仅对小麦、玉米、大米、原糖、棉花、羊毛和毛条 7 种关系国计民生的大宗农产品采取关税配额管理,配额内关税税率为 1%～15%,配额外关税税率为 10%～65%,详见表 3-7。

---

① 从 2002 年 1 月 1 日起,中国禁止进口的农产品有虎骨(HS 050690)、犀牛角(HS 050710)、鸦片汁液及浸膏(HS 130211),从 2002 年 8 月 1 日起,中国禁止进口的农产品有人发(HS 050100)、猪鬃和猪毛的废料(HS 050210)、獾毛及其他制刷用的兽毛废料(HS 050290)、废马毛(HS 050300)、甘蔗糖蜜(HS 170310)和其他糖蜜(HS 170390)。

② 2001 年实行关税配额的农产品有小麦(HS1001、HS1101、HS1103)、大麦(HS1003、HS1102－1104)、玉米(HS1005、HS1102－1104)、稻谷及大米(HS1006、HS1102－1103)、大豆(HS1201)、油菜籽(HS1205)、豆油(HS1507)、花生油(HS1508)、棕榈油(HS1511)、葵花籽油(HS1512)、菜籽油(HS1514)、玉米油(HS1515)、羊毛(HS5101、HS5103)、毛条(HS5105)、棉花(HS5201、HS5203)、原糖(HS1701)。

表 3-7 2006 年以来中国农产品配额内外的关税税率

产品种类	HS6 位编码的产品	配额内关税税率/%	配额外关税税率/%	
			最惠国关税	普通关税
小麦	100111、100119、100191、100199	1	65	180
	110100	6	65	130
	110311	9	65	130
	110320	10	65	180
玉米	100510	1	20	180
	100590	1	65	180
	110220	9	40	130
	110313	9	65	130
	110423	10	65	180
大米	100610、100620、100630、100640	1	65	180
	110290	9	40	130
	110319	9	10	70
原糖	170112、170111、170114、170191、170199	15	50	125
羊毛	510111、510119、510121、510129、510130、510310	1	38	50
毛条	510521、510529	3	38	50
棉花	520100、520300	1	40	125

关税配额是 WTO 要求非关税措施关税化的结果,确保了最低的市场准入承诺。中国关税配额管理的农产品种类较少,主要是大宗农产品和涉及粮食安全的农产品。表 3-8 为 2002—2015 年中国农产品进口关税配额的执行情况。2002 年以来,中国农产品关税配额量持续增加,2005 年以后,关税配额量保持不变。入世后,配额管理的农产品进口量不断上升,配额完成率也逐年增加。在 2008 年以前,除棉花外,其他农产品的进口都没有超过规定配额。虽然小麦、玉米、大米的关税配额完成率最低,但 2013 年,小麦、玉米、大米的进口总量首次突破 1800 万吨,相当于中国粮食总量的 1/7。由于粮食的配额外关税税率为 65%,而大麦、高粱、玉米酒糟等粮食替代品关税很低,近

年来出现了粮食替代品进口猛增的现象①。

表 3-8　2002—2015 年中国农产品进口关税配额执行情况

产品种类	2002 年			2005 年			2008 年		
	配额/万吨	进口量/万吨	完成率/%	配额/万吨	进口量/万吨	完成率/%	配额/万吨	进口量/万吨	完成率/%
小麦	846.5	60.5	7.2	963.6	354	36.7	963.6	4.13	0.5
玉米	585.0	0.6	0.1	720.0	0.4	0.1	720.0	4.9	0.7
大米	399.0	23.6	5.9	532.0	52.0	9.8	532.0	33.0	6.2
原糖	176.4	118.3	67.1	194.5	139.0	71.5	194.5	78.0	40.1
棉花	81.9	20.8	25.4	89.4	257.0	287.5	89.4	221.0	236.0
羊毛、毛条	35.2	0	0	36.7	27.0	73.6	36.7	30.5	83.1
豆油	251.8	87.0	34.6	358.7	169.0	47.1	—	—	—
棕榈油	240.0	169.5	70.6	316.8	284.0	89.7	—	—	—
菜籽油	87.9	7.8	8.9	124.3	180.0	14.5	—	—	—

产品种类	2010 年			2013 年			2015 年		
	配额/万吨	进口量/万吨	完成率/%	配额/万吨	进口量/万吨	完成率/%	配额/万吨	进口量/万吨	完成率/%
小麦	963.6	123.1	12.8	963.6	553.5	57.4	963.6	300.7	47.3
玉米	720.0	157.3	21.9	720.0	328.0	45.6	720.0	473.0	65.7
大米	532.0	38.8	7.3	532.0	227.1	42.7	532.0	337.7	63.5
原糖	194.5	177.0	91.0	194.5	455.0	233.9	194.5	484.6	249.2
棉花	89.4	284	317.7	89.4	415.0	464.2	89.4	175.9	196.8
羊毛、毛条	36.7	33.3	90.7	36.7	36.0	98.1	36.7	32.4	88.3

二、自动进口许可证管理

WTO《进口许可证程序协议》规定,任何成员国在实施进口许可证管理制度时,都要遵守公平性原则和透明度原则,不得以任何方式限制贸易,不许限

---

① 大麦、高粱和玉米酒糟的关税税率分别为 3%、2% 和 5%,2015 年,大麦、高粱、玉米酒糟和木薯分别进口了 1073.2 万吨、1070.0 万吨、682.1 万吨和 937.6 万吨。

制申请人的进口申请。加入 WTO 前,中国对农产品进口采取许可证管理制度。加入 WTO 后,取消了农产品进口许可证制度,对自由进口的部分敏感农产品,基于监测进口的需要,实行自动进口许可管理。对于列入自动进口许可管理目录的商品,一旦通过申请其进口数量便不会限制。根据《货物自动进口许可管理办法》,商务部每年在网站上公布调减的自动进口许可商品管理目录。从进口数量的限制看,自动进口许可制度是限制力度较小的非关税措施。表 3-9 为中国实行自动进口许可管理的农产品,从表 3-9 可知,近年来,一些农产品如奶粉、大豆、豆粕、木薯、大麦、高粱和玉米酒糟等纷纷采取了自动进口许可管理制度。

表 3-9　中国实行自动进口许可管理的农产品

年份	自动进口许可管理的农产品
2001—2006	肉鸡(HS0207、HS0504)、植物油(HS1507、HS1511、HS1514)、酒及酒精(HS2205、HS2207、HS2208)、烟草(HS2401、HS2402、HS2403)
2007—2010	肉鸡(HS0207、HS0504)、植物油(HS1507、HS1511、HS1514)、烟草(HS2401、HS2402、HS2403)
2011	牛肉(HS0201、HS0202、HS0206)、羊肉(HS0204、HS0206)、肉鸡(HS0207)、植物油(HS1507、HS1511、HS1514)、烟草(HS2401、HS2402、HS2403)
2012	牛肉(HS0201、HS0202、HS0206)、猪肉及副产品(HS0203、HS0206)、羊肉(HS0204、HS0206)、肉鸡(HS0207、HS0504)、鲜奶(HS0401)、奶粉(HS0402、HS1901)、乳清(HS0404)、大豆(HS1201)、油菜籽(HS1205)、植物油(HS1507、HS1509、HS1510、HS1511、HS1514)、玉米酒糟(HS2303)、豆粕(HS2304)、烟草(HS2401、HS2402、HS2403)
2013—2014	牛肉(HS0201、HS0202、HS0206)、猪肉及副产品(HS0203、HS0206)、羊肉(HS0204、HS0206)、肉鸡(HS0207、HS0504)、鲜奶(HS0401)、奶粉(HS0402、HS1901)、大豆(HS1201)、油菜籽(HS1205)、植物油(HS1507、HS1509、HS1510、HS1511、HS1514)、豆粕(HS2304)、烟草(HS2401、HS2402、HS2403、HS4813、HS5601)
2015	牛肉(HS0201、HS0202、HS0206)、猪肉及副产品(HS0203、HS0206)、羊肉(HS0204、HS0206)、肉鸡(HS0207、HS0504)、木薯(HS0714)、大麦(HS1003)、高粱(1007)、大豆(HS1201)、油菜籽(HS1205)、植物油(HS1507、HS1509、HS1510、HS1511、HS1514)、食糖(HS1701)、玉米酒糟(HS2303)、豆粕(HS2304)、烟草(HS2401、HS2402、HS2403、HS4813、HS5601)

资料来源:商务部网站。

三、其他非关税措施

除以上两种非关税措施外,中国农产品采用的非关税措施主要还有农产品国有贸易进口、技术壁垒(TBT)、卫生和植物检疫(SPS)和反倾销等。

一直以来,在有关国计民生的重要农产品进出口中,国有贸易占绝对的支配地位,如中粮集团就享有谷物进出口独占权。加入 WTO 以来,根据承诺,中国逐步放开农产品进出口经营权,目前有些农产品国有贸易比重较低,如棉花的国营进口比重为 33%,而且国有部门基本退出了植物油的进口,进口比重仅为 18%。不过事关中国粮食安全的农产品进口,国有部门仍保持支配地位。目前,小麦、大米、玉米和食糖的国有贸易进口比重分别为 90%、50%、60%和 70%。

WTO《农业协议》《技术性贸易壁垒协议》和《实施动植物卫生检疫措施协议》是农产品贸易的重要规则。根据 WTO 透明度原则和非歧视原则,成员国新制定的 SPS/TBT 措施或对原有 SPS/TBT 措施的修订予以通报,防止产生新的贸易壁垒,促进贸易的自由化和便利化。加入 WTO 后,中国制定了符合 WTO 规则的农产品技术标准,建立了无公害食品、绿色食品、有机食品等农产品质量认证体系,定期通报使用的 SPS 和 TBT 措施。同时,于 2004 年修订了《中华人民共和国反倾销条例》,对国外低价倾销的进口农产品进行反倾销调查,维护农产品贸易公平。截至 2015 年底,中国对国外农产品采取反倾销调查的案例有 4 例[①]。

第三节　中国农产品贸易自由化程度

自"乌拉圭回合"首次将农业纳入 WTO 多边贸易体系约束以来,世界各国均在农产品市场准入方面做出了相应让步,各国根据本国农业发展的实

---

① 中国对外农产品反倾销调查案例分别为:对欧盟马铃薯淀粉(2006 年 2 月)、对美国白羽肉鸡(2009 年 9 月)、对美国干玉米酒糟(2010 年 12 月)和对欧盟葡萄酒(2013 年 7 月)进行反倾销调查,共涉及 HS6 位数编码产品 6 种。其中,对马铃薯淀粉和白羽肉鸡征收了反倾销税。

际,不同程度地降低关税水平和削减非关税壁垒,对外开放农产品市场,推动了全球农业贸易自由化的发展。本节从国际比较的视角,选取美国、欧盟、日本和韩国四个发达国家或地区,从时序上对中国与这四个国家农产品进口贸易壁垒削减情况进行比较分析,以期参考发达国家农产品进口贸易壁垒削减模式,提高中国农产品进口关税和非关税运用的灵活性和有效性,为我国进一步削减农产品进口贸易壁垒提供借鉴,更好地服务于我国农业对外开放。

一、农产品关税降低程度

关税是世界各国保护农业发展的主要手段,关税水平的高低和税率结构的设置直接影响关税的实施效果和保护能力。美国、欧盟、日本和韩国根据本国国情和农业发展水平,建立了完备关税政策管理体系,设置的关税种类较多,通常采用复合关税、混合关税和季节性关税,调整农产品进口关税税率,保护本国农业以及提高本国农业国际市场竞争力。本书主要从关税水平、关税结构和关税高峰三个方面对中国与美国、欧盟、日本和韩国的农产品关税降低程度进行比较。

1. 农产品关税水平

美国、欧盟、日本和韩国的关税不仅受到 WTO 的约束,也与各自农业发达程度密切相关。美国是世界上农产品出口强国,农产品进出口贸易长期顺差。欧盟农产品关税实行的是共同对外的关税制度,成员国内部实行零关税,欧盟农产品贸易逆差已经转变为贸易顺差,是小麦、食糖、肉类和乳制品的主要出口地区。但中国、日本和韩国是农产品贸易逆差国。表 3-10 比较了 2001 年和 2015 年中国与美国、欧盟、日本和韩国的农产品关税水平。从表 3-10 中可知,无论是简单平均税率还是加权平均税率,美国的农产品关税税率最低,分别从 2001 年的 5.84% 和 5.83%,略微降至 2015 年的 5.15% 和 5.11%。2001 年欧盟的农产品关税税率低于日本的,但 2015 年日本的农产品关税税率比欧盟的低。简单平均税率和加权平均税率最高的是韩国,2001 年分别为 41.85% 和 40.36%,2015 年虽然略有下降,分别为 39.09% 和 37.16%,但是关税税率仍很高。中国农产品平均关税税率比美国、欧盟和日本的高,却远低于韩国的。

从 2001 年和 2015 年农产品中位数关税税率看,美国的均为 0,日本和韩国的几乎不变,分别为 3.50% 和 20.00% 左右。中国的中位数关税税率下降较大,从 2001 年的 20.00% 降至 2015 年的 12.00%。但欧盟的中位数关税税率却有一定程度的上升,从 2001 年的 5.75% 升至 2015 年的 7.50%。尽管所有国家农产品最低关税税率均为 0,但最高关税税率都非常高,最高的是韩国,2015 年高达 800.30%,最低的是日本,2001 年为 67.85%,2015 年也有 40.00%。2001 年和 2015 年,美国和欧盟的农产品最高关税税率没有削减,分别为 350.00% 和 74.90%。2015 年,中国的农产品最高关税税率高于日本,却比美国、欧盟和韩国的低,而且削减幅度最大,从 2001 年的 121.60% 降至 2015 年的 65.00%。从反映关税结构变动的离散系数(标准差与均值的比值)看,中国农产品关税的离散系数最小,美国的最大,表明中国农产品间的税率差别最小,美国农产品间的税率变动范围较大。

表 3-10　2001 年和 2015 年农产品关税水平的比较

关税水平	2001 年					2015 年				
	中国	美国	欧盟	日本	韩国	中国	美国	欧盟	日本	韩国
简单平均税率/%	23.90	5.84	6.84	7.22	41.85	13.48	5.15	7.66	6.74	39.09
加权平均税率/%	24.97	5.83	6.98	7.31	40.36	9.80	5.11	7.73	6.82	37.16
中位数关税税率/%	20.00	0	5.75	3.50	19.70	12.00	0	7.50	3.50	20.00
最高关税税率/%	121.60	350.00	74.90	67.85	827.00	65.00	350.00	74.90	40.00	800.30
最低关税税率/%	0	0	0	0	0	0	0	0	0	0
离散系数	0.85	4.72	1.10	1.23	2.44	0.61	4.88	1.01	1.13	2.53

数据来源:根据 TRAINS 数据库的关税数据计算。

2. 农产品关税结构

进一步对中国与美国、欧盟、日本和韩国的农产品关税水平的频数分布情况进行比较,分析农产品关税结构的特征,探讨农产品关税结构的时序规律,揭示美国、欧盟、日本和韩国农产品关税结构的特征。零关税税率是衡量一国贸易自由化程度最重要的指标,零关税产品越多、所占比重越大,表明一国的进口市场开放程度较高。由表 3-11 可知,从各国零税率税目个数看,2001 年和 2015 年,美国的零税率税目最多,分别有 304 和 391 个;其次是日本和欧盟,2001 年分别为 216 和 209 个,到 2015 年分别有 242 和 233 个;中国和韩国的较少,2001 年仅有 18 和 13 个,2015 年也只有 28 和 31 个。从各国 2001 年和 2015 年零税率占比看,美国对零税率设置了非常高的比重,零税率占比均超过 50%;欧盟和日本对零税率设置了比较高的比重,欧盟零税率占比分别为 33% 和 29%,日本零税率占比分别为 29% 和 26%;中国和韩国对零税率设置了非常低的比重,零税率占比均没有超过 5%。可见,美国农产品贸易自由化程度最大,其次是欧盟和日本,最低的是中国和韩国,零关税下降的空间较大。

表 3-11　2001 年和 2015 年农产品关税税率频数分布的比较

税率分布		2001 年					2015 年				
		中国	美国	欧盟	日本	韩国	中国	美国	欧盟	日本	韩国
0	个数	18	304	209	216	13	28	391	233	242	31
	占比/%	2	54	33	29	2	3	55	29	26	3
(0,5%]	个数	65	121	86	193	145	120	159	96	277	141
	占比/%	8	21	14	26	19	13	22	12	30	15
(5%,10%]	个数	80	73	149	143	195	270	91	183	198	233
	占比/%	10	13	24	19	26	28	13	23	22	25
(10%,15%]	个数	130	39	105	75	13	273	41	170	82	15
	占比/%	17	7	17	11	1.7	29	5.8	22	8.9	1.6
(15%,25%]	个数	230	14	71	83	146	206	15	96	97	243
	占比/%	30	2	11	11	19	22	2.1	12	11	26
(25%,50%]	个数	194	5	4	24	181	53	5	9	23	201
	占比/%	25	0.9	0.6	3.2	24	6	0.7	1.1	2.5	2.14
(50%,100%]	个数	42	3	2	3	20	5	3	3	0	20
	占比/%	5	0.5	0.3	0.4	2.6	1	0.4	0.4	0	2.1

税率分布		2001 年					2015 年				
		中国	美国	欧盟	日本	韩国	中国	美国	欧盟	日本	韩国
100% 以上	个数	13	5	0	0	51	0	6	0	0	56
	占比 /%	2	0.9	0	0	6.7	0	0.8	0	0	6

数据来源:根据 TRAINS 数据库的关税数据计算。

从关税税率区间分布看,2001 年,中国农产品关税税率主要设置在区间(15%,50%],税率占比为 55%,其次是区间(5%,15%],税率占比为 27%。而美国农产品关税税率主要设置区间(0,10%],税率占比为 34%,其他区域较少,税率占比仅为 13%。欧盟和日本的农产品关税区间主要为(0,15%],税率占比分别为 55% 和 56%,其他区间税率占比分别为 12% 和 15%。韩国农产品关税税率主要设置在区间(0,10%]和(15%,50%],这两个区间的税率占比分别为 45% 和 43%。从 2015 年各国农产品关税的设置看,中国根据入世协议大幅度降低农产品关税,农产品关税税率的设置发生了很大变化,在区间(0,15%]的税率占比有了很大的提高,关税税率占比为 7%,区间(25%,50%]的税率占比下降较大,从 2001 年的 25% 降至 6%;由于 2001 年美国设置的农产品关税税率较低,关税下降空间不大,至 2015 年,各税率区间的税率占比变化较小,但美国仍有 6 种 HS6 位数的农产品关税税率超过 100%;欧盟降低了(0,10%]的农产品关税税率占比,却提高了(15%,50%]的税率占比;日本降低了零税率占比,提高了(0,25%]的税率占比。相反,韩国农产品关税税率却有了较大的提高,(0,15%]的税率占比降低,提高了(15%,50%]的农产品关税税率占比,而且有 56 种 HS6 位数的农产品关税税率超过 100%。

由表 3-12 可知,从 HS2 分位的农产品关税税率看,2015 年,中国、美国、欧盟在烟草行业(HS24)设置的税率最高,分别为 32.45%、204.2% 和 44.7%;日本在乳制品等(HS04)设置的税率最高,为 22.25%;韩国在谷物产品(HS10)和制粉工业产品(HS11)设置了非常高的税率,分别达 250.9% 和 268.1%。在中国,农产品关税税率均高于 5%,低于 10% 的农产品主要有活动物(HS01)、活树(HS06)、含油种子(HS12)、编织用的植物材料(HS14)、肉鱼类等制品(HS16)、动植物饲料(HS23)和棉麻丝类农产品。在美国,活动物(HS01),鱼、甲壳动物等产品(HS03),其他动物产品(HS05),咖啡、茶

（HS09）、虫胶树胶（HS13）和动植物饲料（HS23）的关税税率低于1％，关税税率低于5％的农产品有肉及食用杂碎（HS02）、活树（HS06）、水果坚果等（HS08）、谷物产品（HS10）、制粉工业产品（HS11）、编织用的植物材料（HS14）、动植物油脂（HS15）、肉鱼类等制品（HS16）、可可及其制品（HS18）、饮料、酒及食醋（HS22）、棉麻丝类和其他农产品，表明美国这些农产品在国际市场上有很强的竞争力。欧盟有较强竞争力的农产品有其他动物产品（HS05）、编织用的植物材料（HS14）、动植物饲料（HS23）和棉麻丝类，这些农产品关税税率小于1％；关税税率低于5％的农产品有活动物（HS01）、咖啡、茶（HS09）、谷物产品（HS10）、含油种子（HS12）、虫胶树胶（HS13）、饮料、酒及食醋（HS22）和其他产品。在日本，关税税率低于1％的农产品有活动物（HS01）、其他动物产品（HS05）、活树（HS06）、谷物产品（HS10）、动植物饲料（HS23）和棉麻丝类，这些产品主要是日本大量进口的农产品；关税税率低于5％的农产品有咖啡、茶（HS09）、含油种子（HS12）、虫胶树胶（HS13）、编织用的植物材料（HS14）、动植物油脂（HS15）和其他产品，这些农产品是日本具有较强竞争力的产品。韩国的农产品关税税率均比较高，关税税率低于5％的农产品仅有动植物饲料（HS23）和棉麻丝类产品；关税税率高于30％的农产品有乳制品等（HS04）、食用蔬菜等（HS07）、水果坚果等（HS08）、咖啡、茶（HS09）、含油种子（HS12）、蔬菜水果等制品（HS20）、烟草行业（HS24），这些农产品行业受韩国贸易保护力度最大。

表 3-12　2015 年各类农产品关税水平的比较

单位：％

产品	中国	美国	欧盟	日本	韩国	产品	中国	美国	欧盟	日本	韩国
HS01	5.38	0.78	1.21	0.52	15.55	HS14	8.80	1.11	0	3.21	6.09
HS02	18.81	4.22	5.18	8.11	22.69	HS15	11.95	3.48	5.46	3.42	6.29
HS03	10.93	0.46	10.75	5.34	15.91	HS16	9.83	3.14	18.13	10.00	23.70
HS04	13.42	12.66	5.77	22.25	53.07	HS17	23.56	6.19	11.40	10.34	15.72
HS05	10.83	0.42	0.06	0.15	7.17	HS18	10.45	3.32	6.13	11.58	7.21
HS06	9.75	3.59	6.71	0.38	15.68	HS19	19.21	5.50	10.65	17.97	9.38
HS07	10.97	8.66	8.60	5.70	79.70	HS20	19.65	10.16	17.69	16.87	35.57
HS08	17.58	3.43	6.14	6.86	37.16	HS21	21.48	5.62	9.48	13.06	16.49

续　表

产品	中国	美国	欧盟	日本	韩国	产品	中国	美国	欧盟	日本	韩国
HS09	12.44	0.26	2.28	3.85	38.79	HS22	21.05	1.81	3.94	5.96	20.12
HS10	12.75	1.53	1.44	0.72	25.09	HS23	5.20	0.64	0.76	0.08	4.83
HS11	21.38	3.75	12.05	16.70	26.81	HS24	32.45	204.2	44.70	6.75	33.64
HS12	8.67	13.14	1.09	1.83	33.09	棉麻丝类	8.39	1.00	0	0	1.78
HS13	11.43	0.89	2.39	1.34	21.24	其他	12.88	1.39	1.42	2.16	13.92

数据来源:根据 TRAINS 数据库的关税数据计算。

3. 农产品关税高峰

自"乌拉圭回合"后,WTO 成员达成关税削减承诺以来,尚存的相对较高的农产品进口关税,对应的也是今后农产品关税削减的主要产品。各 WTO 成员一般采用高关税对重点农产品进行保护,降低非重点的有竞争力农产品的进口市场准入程度。对美欧日韩等国家或地区农产品关税高峰进行分析和比较,有助于了解这些国家农产品关税保护的重点范围、保护水平和结构。采用 WTO 关税高峰标准进行分析。由表 3-13 可知,2001 年,中国农产品关税高峰的税目个数和占比最高,分别为 520 个和 67%。其次是韩国,关税高峰的税目个数和占比分别为 405 个和 53%,再次是欧盟和日本,关税高峰税目占比低于 20%,最少的是美国,税目个数只有 27 个,税目占比仅为 5%。

表 3-13　2001 年和 2015 年各国农产品关税高峰情况

类别	2001 年					2015 年				
	中国	美国	欧盟	日本	韩国	中国	美国	欧盟	日本	韩国
关税税目总数	772	564	626	737	764	955	711	790	919	940
关税高峰税目个数	520	27	82	116	405	345	30	135	125	528
关税高峰税目占比/%	67	5	13	16	53	36	4	17	14	56
平均关税税率/%	31.44	72.80	20.29	23.84	73.56	21.83	70.92	19.44	22.42	64.7

数据来源:根据 TRAINS 数据库的关税数据计算。

二、非关税壁垒削减情况

非关税壁垒是除关税外,又一个限制进口的最主要措施。尤其在当前全球贸易自由化不断发展之时,WTO 要求成员方对关税进行逐步削减,发达国家的关税税率较低,越来越难以限制进口。在这种情况下,许多发达国家采取非关税措施替代关税措施,避免国外农产品的进口竞争。非关税壁垒已成为各国频繁实施的一种贸易保护手段。美国、欧盟、日本和韩国已有了完备的农产品非关税措施体系,主要有质量安全、法律法规制度、技术标准、认证体系和包装标签等。本书对美国、欧盟、日本和韩国采取的主要非关税措施进行分析,为我国农产品非关税的设置提供经验借鉴。

1. 美　　国

美国作为世界农产品生产大国和贸易强国,虽然在全球范围内农产品关税税率较低,但为了控制国外农产品过度进口,构建了较为全面的非关税措施。美国对一些竞争力不强的农产品认定为敏感产品,对该类产品采用关税配额进行进口管理。使用关税配额的农产品占农产品税目总数的4.5%,主要包括牛奶及乳制品、婴儿配方奶粉、含牛奶的动物饲料、糖及糖类产品、花生及花生油、花生酱、可可粉、巧克力和低脂巧克力碎块、未加工烟叶及加工烟草、金枪鱼、棉花、新鲜冷冻或冷藏的羊肉、牛肉等农产品,对配额外的敏感农产品征收高关税,以保护本国产业。其中一些农产品也属于关税高峰的农产品,这样能得到关税高峰和配额管理的双重保护。为了更好地管理农产品进口,美国对鱼类、野生动物、酒精饮料和烟草等农产品实施进口许可证制度。此外,美国农产品关税特殊保护条款规定,当进口产品危及美国国内农业计划执行时,根据法律规定,总统有权对进口产品征收50%的关税,或在一定时期内限额该产品的进口,而且美国也采用反倾销措施,对农产品贸易进行保护。

美国不仅是全球最大的经济体,也是全球控制农食产品质量安全最为严苛的国家之一,通过不断提高农产品检验检疫标准、严格食品安全可追溯体系等措施限制国外农产品的进口。当前,美国已建立了宽领域、多方位、高防御的农产品技术贸易壁垒体系。在管理机构方面,美国政府部门众多繁杂,主要有健康和人类服务部、农业农村部、财政部、联邦贸易委员会与各州和地方政府等,各部门各司其职,确保进口农产品的质量、健康和卫生都符合美国规定。在法律制度方面,有《食品质量保护法》《营养标签与训导法》等联邦法规,也有FDA颁布的《公平包装和标签法》等,还有各州颁布的地方性法规。在认证体系方面,具有完整复杂的质量认证系统与合格评定程序,不仅政府部门有质量认证的权力,而且民间组织都有质量认证的权力。在质量认证时,美国普遍采用"独立第三方评定",由政府认定及核准的特许评定机构进行测评,得出符合美国标准的正式评定结果才能进口。美国采用的危险分析与关键点控制(HACCP)质量管理体系,是世界最为严格的质量管理体系之一,对加工过程中可能影响食品卫生和安全的重要环节(关键点)进行监督,强调食品生产整个过程的质量安全控制,并非通过成品抽样检验来判断产品质量。

2. 欧　盟

欧盟的农产品平均关税水平比较低,主要原因在于对原材料农产品进口采取零关税或较低税率,但对深加工农产品如乳制品、肉类、蔬菜等,采取关税升级和关税高峰的措施,征收的关税税率较高。由于这些农产品竞争力较差,为了保护这些农产品,欧盟将其农产品认定为敏感农产品,实施关税配额管理制度,受关税配额保护的农产品占农产品税目总数的 11.3%。受关税配额保护的主要有乳制品、肉类、食糖、谷物、咖啡、水果、蔬菜和酒等。同时,欧盟也会根据特殊保障条款对一些敏感农产品进行保护,如水果、糖类、肉类、乳制品等,这些农产品占农产品税目总数的 23.9%。此外,欧盟还根据农产品成分的不同含量,对一些农产品征收进口附加关税,这些农产品主要有糖类产品、可可食品、饼干、面包和马铃薯等,对征收进口附加税的农产品每年公布一次具体的征税办法。

与此同时,欧盟也建立了基于欧盟整体和各成员国间双重管理体制的技术贸易措施体系,有最为严格的食品卫生和动植物检验检疫标准,而且有非常严苛的农兽药残留量、生物毒素污染等检验标准,有全面、严格而不断更新的环保规定,对食品实施"从农场到餐桌"的全流程管理制度。在管理机构方面,欧盟部长理事会主要是对公共贸易进行相关决策,欧盟委员会则主要负责执行具体的贸易事务,而且还有负责食品卫生健康的管理局,专门负责向欧盟委员会提供食品质量安全的评估和建议。在法律制度方面,体系覆盖面较广且十分复杂,既有联合体的统一立法,也有各成员国单独的法律法规。在技术标准体系方面,不仅有法律效力强制执行的指令,还有自愿选择的技术标准,除欧盟统一的标准法规外,各成员国也有各自特有的标准体系和机构。

3. 日　本

虽然日本是农业资源异常稀缺的国家,但土地产出率和劳动生产率都位居世界前列。一直以来,日本对少量农产品实行关税配额管理制度,占农产品税目总数的5.7%。日本农产品关税配额管理程序较为烦琐复杂,对配额数量等敏感问题采取回避态度,透明度较低。受关税配额管理的农产品主要有大米、大麦、小麦、乳制品和生丝等,具体由农林水产省负责。对配额外的农产品进口实行高关税,用以削弱进口农产品的竞争力,而且对配额内进口农产品的品种、价格、国别和用途等项目进行限制,以此更好地保护本国产品。日本农林水产省监视着农产品的进口动向和进口价格,对进口价格较低的农产品实行价格限制。此外,日本还通过保护性数量限制、进口许可证制度、反倾销等措施严格控制农产品进口,保护本国农业。

随着日本农产品关税逐年降低,非关税措施逐渐替代关税成为日本频繁实施的贸易保护手段,并以技术性贸易壁垒为主。日本对进口农产品实行极其严格的检验检疫制度。在管理机构方面,农林水产省主要负责进口农产品的质量、卫生安全防御、标识认证以及动植物检疫等工作,厚生劳动省主要负责进口农产品的加工流通各环节的质量安全监督等工作,还设置了食品安全委员会,对农产品质量、卫生安全的执法行为进行及时的监督和评价。在法律制度方面,出台并实施了《动植物检疫法》《食品卫生法》《食品安全基本法》等一系列检验检疫法律法规,以此限制如肉类、水果、蔬菜和食品等农产品的进口。2016年9月,出台了《中国输日盐渍天然肠衣动物卫生要求》,这是专门针对中国农产品进口的法规。在标准体系方面,日本制定了一系列严格的技术标准,如在标签、包装、容器、食品添加剂和农药等方面有着严格的进口技术标准,尤其对转基因农产品实行严格的环境和食物安全评价制度,防止外来农产品过多地进入国内市场。特别是自2006年实施的《肯定列表制度》,对农产品中的农业化学品残留做出了超严格的规定,禁止15种农兽药的使用,对797种农兽药及饲料添加剂共制定53862项残留限量标准,对未制定最大残留限量标准的农业化学品,采取在农产品的含量均不得超过0.01mg/kg的"一律标准",涉及264种农产品和食品,极大地提高了农产品进口门槛。

4. 韩 国

韩国是世界上农产品保护程度最高的国家之一,不仅农产品关税税率较高,而且构建了全面严苛的非关税措施。除对农产品进口征收一般的关税外,还采取临时性的弹性关税制度来保护国内重要的农产品,弹性关税主要包括调整关税、特别保障、季节性关税等,弹性关税增减幅度在固定关税税率的 40％上下浮动。这种弹性关税制度可以随着韩国市场供需变动而增减某种农产品的进口。韩国将不同的农产品划分为非敏感农产品、一般敏感农产品、高度敏感农产品和特别敏感农产品 4 个级别。将大米、牛肉、辣椒、大蒜、鱿鱼、鳀鱼和带鱼等特别敏感的农产品，排除在关税减让政策之外。同时对大米、玉米等农产品实行关税配额管理，受关税配额管理的农产品占全部农产品的 13.7％。关税配额管理的农产品实行招标制度，政府部门和相关行业协会通过国有贸易、进口配额公卖和实际需要者推荐等方式管理进口。

韩国和美国、欧盟和日本等发达国家一样，对农产品进口实施较为严格的技术性贸易管理措施，已形成了完善、严格、细致的农业法律、法规、标准体系以及与之相配套的管理部门。韩国农产品质量认证权威机构是农林水产省下属的国立农产品质量研究院，专门负责制定认证标准、实施审查认证、进行事后跟踪管理，在全国设置 9 个省级办事处及 84 个区域办公室。韩国农产品进口标准体系健全，质量安全标准涉及的农产品有水产物品、粮谷、家畜、种畜、畜产品加工、饲料、肥料、植物防疫、鸟兽及狩猎、水产品、食品、自然环境保护类产品等，对环保型农产品全面实施义务认证制度和农产品生产履历制度，规定商店销售的农畜产品除了要标明产地、生产者及联络方式外，还必须详细记载农药、化肥施用量、栽培以及生长过程等，消费者通过卖场放置的电脑就可以进行现场查询。在农产品生产的卫生、安全方面，韩国引入标准耕作方法，并实施国际优质农产品管理制度。

第四节　中国农产品贸易壁垒削减的测度

加入 WTO 后中国全面履行了议定书承诺，对农业施行了降低关税和削减非关税的贸易壁垒削减改革，为了全面反映中国农产品贸易壁垒削减程度，本书借鉴 Anderson 等（1996）、Kee 等（2008）、朱晶和吴国松（2012）、刘庆林和汪明珠（2015）的研究方法，以农产品关税减让和非关税削减作为贸易壁垒削减指标，将非关税进行关税等价后构建最终产品层面的数据，以此测量农产品贸易壁垒削减程度，比较不同农产品贸易壁垒削减的差异及其发挥的作用。

一、贸易壁垒削减的测度方法

以关税降低和非关税削减衡量中国农产品贸易壁垒削减程度,可表示为

$$T_{kt} = \text{ave}_{kt} + t_{kt},\tag{3.4}$$

其中,k 表示 HS6 位编码的农产品种类,t 表示年份,T_{kt} 表示中国农产品贸易壁垒削减程度,ave_{kt} 表示非关税的关税等价值,t_{kt} 表示实施的最惠国关税税率。

由于 t_{kt} 可以直接获得,所以要计算 T_{kt},难点在于测算 ave_{kt},这就需要实证非关税削减对农产品进口的数量影响,并借助进口需求弹性将其转化为价格效应。关税和非关税对一国农产品进口量影响的计量模型为

$$\ln y_{kt} = \alpha_k + \beta_k \ln \text{NTB}_{kt} + \varepsilon_k \ln(1 + t_{4kt}) + \sum_n \gamma_{kn} c_{kt}^n + \mu_k,\tag{3.5}$$

其中,y_{kt} 为 HS4 位编码的农产品 k 的进口量,t_{4kt} 为 HS4 位编码的农产品 k 的关税税率;NTB_{kt} 表示实施非关税措施的虚拟变量,根据联合国 TRAINS 数据库的分类标准,主要分析价格控制、数量控制、垄断措施、技术性规则对进口的影响,对 t 年内 HS4 位编码的农产品 k 实施的非关税进行归类,如果有,则取 1,反之取 0;c_{lk}^n 表示中国农产品特征变量,选取农业土地面积/GDP、农业资本/GDP 和农业人口/GDP 作为分析指标;ε_k 为农产品 k 的进口需求弹性,α_k 为农产品 k 的固定效应参数,μ_k 为误差项[①]。为了将非关税对进口数量影响进行关税等价化,借鉴朱晶和吴国松(2012)、Kee 等(2008)的非关税措施关税等价值(ave)方法:$\text{ave} = \dfrac{\partial \ln p}{\partial \text{NTB}}$,分子为农产品国内价格,分母为非关税措施,对式(3.5)的 $\ln \text{NTB}_{kt}$ 进行微分,得到非关税的关税等价值:

$$\text{ave}_k = \frac{1}{\varepsilon} \frac{\partial \ln y_k}{\partial \ln \text{NTB}_k} = \frac{e^{\beta_k - 1}}{\varepsilon_k},\tag{3.6}$$

其中,ε_k 为农产品进口需求弹性值。为了得到 ε_k,考虑内生性问题,采用朱晶和吴国松(2012)、李坤望等(2008)的方法,构建进口量和进口价格,联立方程组进行分析:

$$\ln q_{kt} = \delta_{k0} + \delta_{k1} \ln p_t^I + \delta_{k2} \ln p_{kt}^D + \delta_{k3} \ln P_t + \delta_{k4} \ln \text{GDP}_t$$

---

① 本书没有选取农业补贴指标,主要是由于农产品细分的补贴数据难以获得,目前只能获取粮食直补、农资综合补贴、良种补贴和农机具购置补贴这四类数据。

$$+ \delta_5 \ln q_{kt-1} + \lambda_k, \tag{3.7}$$

$$\ln q_{kt} = \theta_{k0} + \theta_{k1} \ln p_{kt} + \theta_{k2} \ln p_{kt}^D + \theta_{k3} \ln(1 + t_{6kt}) + \theta_{k4} \ln e_t$$

$$+ \theta_5 \ln p_{kt-1} + \omega_k, \tag{3.8}$$

其中,q_{kt} 表示 t 年中国 HS4 分位农产品 k 的进口量,q_{kt-1} 表示滞后一期进口量,p_{kt} 和 p_{kt}^I 表示进口价格,p_{kt-1} 表示滞后一期进口价格,用中国农产品 k 进口的 CIF 价格表示,p_{kt}^D 表示中国国内农产品 k 的生产价格,用中国农产品 k 出口的 FOB 价格表示,P_t 表示中国 GDP 的折算指数,GDP_t 是中国实际国内生产总值,t_{6kt} 为 HS6 分位农产品 k 的关税税率,e_t 表示人民币兑换美元的汇率,δ_{k1} 表示进口需求弹性 ε_{kt},该值小于 0,说明进口产品价格越高,进口量越小。

联立式(3.7)和(3.8),采用两阶段最小二乘法估计进口需求弹性系数 ε_k,获得 β_k,将 β_k 和 ε_k 代入式(3.6),得到中国农产品 k 进口的非关税的关税等价值 ave_k。将 ave_k 和 t_k 代入式(3.5),从而获得中国 HS4 位数农产品 k 的贸易壁垒削减程度。借鉴 Feenstra(1995)、Kee 等(2005,2008)、朱晶和吴国松(2012)的方法,采用贸易限制指数(TRI)衡量中国整体或者分类农产品贸易壁垒削减程度。

$$\mathrm{TRI} = \left(\frac{\sum m_n \varepsilon_n T_n^2}{\sum m_n \varepsilon_n} \right)^{\frac{1}{2}}, \tag{3.9}$$

其中,m 为农产品进口量,ε 为进口需求弹性,ε 越大,贸易壁垒削减程度越低,T 为由农产品进口关税和非关税衡量的贸易壁垒削减程度。

二、农产品贸易壁垒削减水平

农产品进口量与进口价格估计结果见表 3-14,总体上系数基本与理论预期一致。从进口量估计结果看,农产品进口需求弹性(δ_{k1})为 -1.322,且在 1% 水平上显著,表明中国农产品进口价格每上涨 1%,农产品进口量会下降 1.322%,国内农产品价格每上涨 1%,中国农产品进口量增长 0.238%,中国 GDP 每增加 1%,进口量增长 0.224%,但不显著。从进口价格估计结果看,农产品进口量每上涨 1%,进口价格减少 0.075%,国内价格每上涨 1%,进口价格上升 0.201%,进口关税每上涨 1%,进口价格下降 0.017%,与理论预期相反。可能的原因是加入 WTO 后的前几年关税下降幅度大,而之后下降速度慢,造成价格对关税不敏感,更为重要的是忽视了非关税对农产品价格的影响。

表 3-14　农产品进口量与进口价格估计结果

变量	进口量		变量	进口价格	
	系数	t 值		系数	t 值
$\ln p_{kt}^{I}$	-1.322^{***}	13.65	$\ln q_{kt}$	-0.075^{***}	-28.67
$\ln p_{kt}^{D}$	0.238^{***}	17.43	$\ln p_{kt}^{D}$	0.201^{***}	25.34
$\ln P_{t}$	2.763	3.23	$\ln(1+t_{kt})$	-0.017^{*}	-1.74
$\ln\text{GDP}_{t}$	0.224	0.73	$\ln e_{t}$	-0.247^{***}	3.75
$\ln q_{kt-1}$	0.939^{***}	16.51	$\ln p_{kt-1}$	0.703^{***}	8.42
c	8.896^{***}	3.16	c	0.695^{***}	4.83

各类农产品进口需求弹性和非关税的关税等价值见表 3-15。从表 3-15 可知,非关税措施对农产品进口数量影响均为负,说明非关税会限制农产品的进口。不同农产品受非关税措施的影响不同:其中活动物(HS01)、乳制品(HS04)、其他动物产品(HS05)、编织用的植物材料(HS14)、可可及其制品(HS18)和食品业的残渣、配制的动植物饲料(HS23)受非关税数量限制影响较大。而非关税对活树(HS06)、食用蔬菜等(HS07)、蔬菜水果等制品(HS20)和烟草(HS24)的数量限制影响较小。从非关税的关税等价值看,绝大多数农产品的关税等价值大于零,说明中国农产品进口中除征收了关税外,还征收了非关税,表明非关税措施也制约了农产品的进口,其他动物产品(HS05)、谷物产品(HS10)、含油种子(HS12)、虫胶树胶(HS13)、编织用的植物材料(HS14)和可可及其制品(HS18)等农产品的关税等价值较高,而制粉工业产品(HS11)、糖及食糖(HS17)、蔬菜水果制品(HS20)、杂项食品(HS21)和饮料、酒及食醋(HS22)以及烟草(HS24)的非关税的关税等价值却小于零,表明非关税措施难以限制这些农产品的进口。

表 3-15　各类农产品进口需求弹性、非关税的关税等价值

产品种类	ε_k	β_k	ave_k	产品种类	ε_k	β_k	ave_k
HS01	−1.815	−0.5267	0.2256	HS14	−0.793	−0.5593	0.5402
HS02	−1.396	−0.3964	0.2344	HS15	−1.449	−0.2056	0.1283
HS03	−1.857	−0.3458	0.1574	HS16	−1.428	−0.4879	0.2704
HS04	−4.863	−0.7026	0.1038	HS17	1.828	−0.3379	−0.1569
HS05	−1.018	−0.5017	0.3875	HS18	−1.148	−0.5195	0.3529
HS06	−0.769	−0.1763	0.2102	HS19	−1.237	−0.2027	0.1483
HS07	−1.572	−0.1042	0.0629	HS20	4.491	−0.1384	−0.0288
HS08	−0.984	−0.2017	0.1856	HS21	1.836	−0.2474	−0.1194
HS09	−1.696	−0.2285	0.1204	HS22	4.117	−0.4437	−0.0870
HS10	−1.185	−0.4681	0.3155	HS23	−2.685	−0.5175	0.1505
HS11	3.794	−0.2158	−0.0512	HS24	1.677	−0.1136	−0.0640
HS12	−0.686	−0.2353	0.3056	棉麻产品	−1.557	−0.2697	0.1518
HS13	−0.579	−0.3684	0.5322	其他	−1.024	−0.3182	0.2662

　　2001—2015 年中国农产品贸易壁垒削减情况见表 3-16。从表 3-16 可知，自 2001 年加入 WTO 以来，随着关税的降低和非关税的削减，以贸易限制指数衡量的中国农产品贸易壁垒削减程度显著下降，且一直持续至 2009 年。2010 年和 2011 年，受美国金融危机的影响，贸易限制指数有所提高。2012—2015 年，中国农产品贸易壁垒削减程度不断下降。整体上，农产品贸易限制指数从 2001 年的 78.90% 降至 2005 年的 30.20%，再降至 2010 年的 28.16%，继而降至 2015 年的 24.08%，贸易壁垒削减了 69.48%。不过，从同期比较看，贸易限制指数比加权平均关税和简单平均关税的税率都要高，这主要是贸易限制指数不仅测量了关税政策，同时还度量了非关税措施。贸易限制指数是以进口需求弹性和相应的进口量为权重计算得到的，而加权平均关税受到高关税低进口的影响，会低估关税的影响。因此，贸易限制指数的变化更为科学地衡量了贸易壁垒削减程度。

表 3-16 2001—2015 年中国农产品贸易壁垒削减与关税税率

单位：%

年份	贸易限制指数	简单平均关税税率	加权平均关税税率	年份	贸易限制指数	简单平均关税税率	加权平均关税税率
2001	78.90	23.90	24.97	2009	25.30	14.91	10.66
2002	36.81	18.61	18.95	2010	28.16	14.90	10.07
2003	34.93	17.02	17.34	2011	30.98	14.89	10.77
2004	43.02	15.83	15.38	2012	27.83	14.36	10.35
2005	30.20	15.44	12.47	2013	25.67	14.03	9.78
2006	33.15	15.07	11.61	2014	24.96	13.48	9.42
2007	28.78	15.09	11.28	2015	24.08	13.48	9.80
2008	25.46	14.88	10.88				

三、中国农产品贸易壁垒削减结构

中国 30 类农产品的贸易壁垒削减程度及其差异见表 3-17。从表 3-17 可知，自 2001 年以来，各类农产品的贸易壁垒削减水平在不同程度上有所提高。其中，贸易壁垒削减程度较大的有谷物产品（HS10）、制粉工业产品（HS11）、动植物油脂（HS15）、糖及食糖（HS17）、杂项食品（HS21）和饮料、酒及食醋（HS22）、烟草（HS24）和棉麻（HS52），而贸易壁垒削减程度较低的有活动物（HS01）、其他动物产品（HS05）、活树（HS06）、食用蔬菜类（HS07）、咖啡与茶（HS09）、含油种子（HS12）、虫胶树胶（HS13）、编织用的植物材料（HS14）、可可及其制品（HS18）、动植物饲料（HS23）、生皮（HS41）、蚕丝（HS50）和羊毛及动物毛（HS51）。到 2015 年，贸易壁垒削减程度较高的农产品主要有制粉工业产品（HS11）、含油种子（HS12）、动植物油脂（HS15）、杂项食品（HS21）和饮料、酒及食醋（HS22）、烟草（HS24）和亚麻、大麻（HS53），这些产品的贸易限制指数都低于 20%。而贸易壁垒削减程度较低的农产品还有其他动物产品（HS05）、谷物产品（HS10）、虫胶树胶（HS13）、编织用的植物材料（HS14）、可可及其制品（HS18）、生皮（HS41）和生毛皮（HS43），这些产品的贸易限制指数均超过 40%。可见，各类农产品有着不同的比较优势和竞争力，加入 WTC 后各类农产品贸易壁垒削减程度差异较大，许多农产品贸易壁垒削减的空间较大。

表 3-17　2001—2015 年中国各类农产品的贸易限制指数

单位:%

产品	2001 年	2005 年	2010 年	2015 年	产品	2001 年	2005 年	2010 年	2015 年
HS01	27.75	25.39	27.09	24.99	HS16	46.26	32.58	34.63	32.6
HS02	44.46	40.6	39.95	36.75	HS17	67.76	15.69	32.29	28.93
HS03	36.76	26.24	26.05	25.47	HS18	48.37	45.78	45.93	45.82
HS04	33.38	20.6	20.49	21.99	HS19	36.12	30.9	23.8	25.3
HS05	56.05	52.75	54.65	54.45	HS20	24.97	12.58	14	13.88
HS06	29.82	27.06	27.37	27.08	HS21	29.19	8.45	8.95	8.28
HS07	16.84	14.38	13.78	13.88	HS22	41.57	7.73	7.82	11.36
HS08	49.94	36.27	35.13	34.46	HS23	19.68	19.04	19.38	19.44
HS09	29.54	25.56	25.9	26.13	HS24	34.81	11.06	10.26	13.99
HS10	99.51	56.73	82.34	56.27	HS41	42.4	42.37	42.54	42.13
HS11	44.26	11.51	11.83	10.18	HS43	56.66	47.27	47.18	41.92
HS12	15.01	9.68	9.73	10.54	HS50	23.89	24.67	24.44	24.63
HS13	61.89	68.09	66.54	67.75	HS51	35.76	31.52	14.74	32.04
HS14	61.94	62.04	59.8	61.92	HS52	51.64	41.86	54.85	28.62
HS15	41.39	18.97	15.35	15.53	HS53	21.18	21.18	18.71	16.76

　　根据要素结构,将农产品分为劳动密集型产品和土地密集型产品①。从表 3-18 可知,加入 WTO 后,中国劳动密集型产品和土地密集型产品的贸易壁垒削减呈现波动状态,尤其是 2008 年的金融危机,贸易限制指数均大幅提高。但整体上劳动密集型产品和土地密集型产品的贸易壁垒削减程度不断提高,贸易限制指数分别从 2001 年的 45.79% 和 46.59% 降至 2015 年的 11.92% 和 39.62%。进一步将农产品分为畜产品、园艺产品、谷物产品、水产品和其他农产品,这五大类别的农产品贸易壁垒削减幅度都有了不同程度的

---

　　①　土地密集型产品主要是谷物、含有种子、棉花和烟草等,包括谷物产品(HS10)、糖及食糖(HS17)、烟草(HS24)、油籽(HS1201—1208)、植物油(HS1507—1515)和棉花(HS5201—5203)等。

提高;尤其是谷物产品的贸易壁垒削减幅度最大,贸易限制指数从 2001 年的 55.94% 降至 2015 年的 27.91%;畜产品和水产品的贸易壁垒削减幅度也较高,贸易限制指数从 2001 年的 40.58% 和 35.52% 降至 2015 年的 23.48% 和 25.84%;而园艺产品和其他农产品的贸易壁垒削减幅度相对较低,2015 年的贸易限制指数分别为 40.88% 和 30.03%,这两大类农产品贸易壁垒有进一步削减的空间。

表3-18　2001—2015 年中国不同要素结构农产品的贸易限制指数

单位:%

年份	土地密集型农产品	劳动密集型农产品	畜产品	园艺产品	谷物产品	水产品	其他农产品
2001	46.59	45.79	40.58	68.48	55.94	35.52	49.76
2002	39.19	33.69	38.13	58.78	40.24	30.29	48.79
2003	38.81	32.70	34.77	55.32	27.91	28.24	49.73
2004	51.50	37.23	32.12	49.27	56.57	26.68	46.42
2005	38.83	23.60	26.48	45.65	31.94	26.35	42.37
2006	38.17	30.46	26.14	44.13	31.75	26.33	40.41
2007	39.01	23.72	26.27	48.49	23.82	26.61	34.78
2008	37.43	20.33	25.43	43.08	18.17	26.17	38.88
2009	38.69	17.87	25.89	39.56	22.87	26.09	45.28
2010	38.43	22.64	23.75	43.61	26.44	26.17	46.67
2011	41.68	25.13	24.55	47.93	31.79	26.18	48.89
2012	39.76	21.58	24.73	44.75	30.68	26.06	45.43
2013	36.85	17.26	24.86	43.96	30.25	25.93	42.37
2014	35.43	12.89	25.02	40.21	29.02	25.89	35.86
2015	39.62	11.92	23.48	40.88	27.91	25.84	30.03

第五节 本章小结

本章全面回顾了中国自 2001 年加入 WTO 以来,农产品关税的降低和非关税的削减情况。按照入世承诺,中国逐步降低了农产品关税税率,最高约束关税税率和关税高峰也大幅下降。在 2010 年降税承诺全部履行完毕时,农产品关税"水分"较低,平均关税为 15.2%,最高约束关税为 65.0%。2015 年关税税率分布较为集中,主要在区间(5%,10%]、(10%,15%]、(15%,25%],关税升级不明显。在全面履行入世承诺的同时,中国也与多个国家开展了双边 FTA 谈判。至 2017 年底,已与 24 个国家和地区签署了 16 个自由贸易协定。对大部分农产品采取了时间较短的过渡保护期,相比 WTO,FTA对农产品关税削减力度更大,零关税覆盖的农产品范围更广。同时,多次以暂定税率方式自主降低进口关税,给予最不发达国家 97% 的进口商品零关税待遇。根据关税阶梯分析法,自 2005 年以来,中国农产品贸易壁垒削减主要是由 WTO 多边贸易推动的,但边际作用逐渐减弱,双边贸易壁垒削减和单方面降低关税对农产品贸易壁垒削减有着重要的推动作用,而且作用逐年增加,贡献度分别从 2005 年的 8.82% 和 1.50% 提升至 2015 年的 20.15% 和 7.32%。

按照入世承诺,中国逐年削减了农产品进口量的非关税措施,以等量的关税替代,自 2006 年开始,仅对关系国计民生的小麦、玉米、大米、原糖、棉花、羊毛和毛条 7 种大宗农产品采取关税配额管理,配额内关税区间为(0,15%],配额外关税区间为(10%,65%]。入世以来,以关税配额管理的农产品进口量均不断上升,配额使用率也逐年增加,有些农产品如棉花的进口甚至超过配额规定量。同时,取消了农产品进口许可证制度,对自由进口的部分敏感农产品实行自动进口许可管理。由于农产品进口量增长过快,采取自动进口许可管理制度的农产品范围日益增加,如奶粉、大豆、豆粕、木薯、大麦、高粱和玉米酒糟等都采取了自动进口许可管理。此外,中国也逐步放开了农产品进出口经营权,除一些事关粮食安全的农产品如小麦、大米、玉米和食糖等,国有部门仍保持着支配地位外,其他农产品国有贸易比重较低。为了防止产生新的贸易壁垒,促进贸易的自由化和便利化,中国建立了无公害食品、绿色食品、有机食品等农产品质量的认证体系,定期通报使用的 SPS 和 TBT 措施。

利用贸易限制指数分析方法,将非关税措施关税等价值转换后,测算了入世以来中国农产品贸易壁垒削减程度。自 2001 年入世以来,以贸易限制指数衡量的中国农产品贸易壁垒削减幅度显著下降,一直持续到 2009 年,2010 年和 2011 年受金融危机的影响,贸易限制指数有所提高,近年来贸易限制指数逐年下降。整体上,中国农产品的贸易限制指数从 2001 年的 78.90% 降至 2005 年的 30.20%,再降至 2010 年的 28.16%,继而降至 2015 年的 24.08%,贸易壁垒削减了 69.48%。同时,贸易限制指数比加权平均关税和简单平均关税的税率都要高,以关税衡量的贸易壁垒削减明显高估了中国农产品的贸易壁垒削减程度。从农产品的分类看,各类农产品贸易壁垒削减幅度自 2001 年以来都有不同程度的提高。由于各类农产品有不同的比较优势和竞争力,不同类别的农产品贸易壁垒削减程度差异较大,许多农产品贸易壁垒削减的空间较大。

第四章 贸易壁垒削减与
中国农产品进口边际

　　随着对外开放逐步深入,中国成为全球最大的农产品消费国和进口国。农产品进口从 2001 年的 118.3 亿美元增至 2015 年的 1168.8 亿美元,年均增长 16.5%,相当于进口了 8 亿~10 亿亩(1 亩＝666.7m²)耕地,是全球粮食、大豆、棕榈油、棉花最大的买家之一①。农产品进口在满足中国人民群众多样化需求和消费升级的同时,也为节约水土资源、保证农田休耕、对冲贸易顺差、优化农业结构做出了积极贡献。为了全面展现 1995 年以来中国农产品进口微观结构及其变化趋势,深入探讨贸易壁垒削减对农产品进口增长的影响,本章基于"进口增长现实—贸易边际测量—影响因素实证"的逻辑框架,在分析农产品进口地位、国别结构和商品结构的基础上,借鉴 Hummels 和 Klenow(2005)的贸易边际分解方法,从多边层面、双边层次、产品类别角度,详细分析 1995—2015 年中国农产品进口增长的三元边际结构特征,采用贸易引力模型实证研究贸易壁垒削减对进口三元边际的影响。

第一节　中国农产品进口贸易的发展

　　农业是中国最早开放融合、交流互通的产业。在"古丝绸之路"时期,外国众多产品如番茄、番薯、胡椒和玉米等不断引进中国。新中国成立后,对外贸易始于丝绸、茶叶和猪鬃等农副土特产。改革开放以来,农产品贸易壁垒削减,容量巨大的市场潜力释放,购买力节节攀升,在引进来、买全球中,中国

---

　　①　根据 2001—2015 年 CEPII-BAC 数据资料整理计算得出。

农产品贸易规模不断扩大,进口量逐年递增,日益丰富着人们的餐桌,为世界农业贡献了越来越多的中国力量。

一、农产品贸易发展概况

1978—2000 年,中国农产品进、出口额在波动中缓慢增长,1978 年贸易额仅为 61 亿美元,1987 年突破百亿,为 123.3 亿美元。1989 年出口额突破百亿,为 100.5 亿美元,1995 年进口额也突破百亿,为 121.6 亿美元,至 2000 年贸易总额为 269.3 亿美元。23 年间,农产品贸易每年都是顺差,为发展工业提供了大量资金。由图 4-1 可知,自 2001 入世以来,人均 GDP 突破 1000 美元,因工业对农业的反哺和城市对农村的支持,农产品贸易强劲增长,2004 年农产品贸易额突破 500 亿美元,为 511.2 亿美元,2010 年突破千亿美元,为 1208 亿美元,2011 年进口额超过美国,成为世界上最大的农产品进口国。2001—2015 年,中国农产品贸易总额增长 1596.6 亿美元,增长了 5.72 倍,年均增长 13.55%;农产品出口额增长 546.1 亿美元,增长了 3.4 倍,年均增长 10.38%;农产品进口额增长 1050.5 亿美元,增长了 8.88 倍,年均增长 16.5%,相当于进口了 8 亿～10 亿亩耕地。

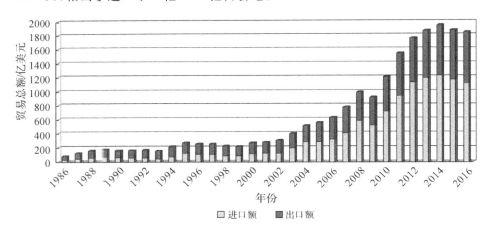

图 4-1　中国农产品贸易发展情况

与此同时,中国农产品贸易逆差成为常态。自 2001 年以来,由于农产品进口增速快于出口增速,2004 年开始进入贸易逆差时代,改变了长期以来贸易顺差的格局。贸易逆差从 2004 年的 49.4 亿美元增至 2015 年的 462 亿美元,为对冲中国制造业贸易顺差做了积极贡献。目前,中国粮、棉、油、糖、猪、牛、禽和乳等方面均为净进口,净进口额较大的农产品主要有大豆、畜产品、粮食、植物油和棉花等。由表 4-1 可知,2001—2015 年,农产品进口额占总进口额的比重有所增加,2001—2007 年保持在 4%～5%,2008—2011 年升至 5%～5.5%,2012—2015 年提高至 6%～7%。但农产品出口额占总出口额的比重呈下降趋势,从 2001 年的 6.04% 降至 2003 年的 4.85%,2004—2007 年基本维持在 3% 左右,2008 年受金融危机的影响跌至 2.81%,2009—2015 年保持在 3%～3.3%。自 2005 年过渡期结束后,中国农产品贸易依存度基本稳定在 20% 左右,但进口依存度显著提升[1],从 2001 年的 6.3% 提高至 2006 年的 10.9%,继而升至 2012 年的 13.9%,近年来有些下降,2015 年为 12.0%,但出口依存度表现出先升后降的趋势,从 2001 年的 8.6% 升至 2006 年的 10.6%,随后一直降至 2015 年的 7.2%。不断增长的农业对外依存度,意味着中国农业日益融入世界农业贸易体系中。

表 4-1　1995—2015 年中国农产品进出口情况

年份	进口总额/亿美元	占国内总进口的比重/%	占世界总进口的比重/%	出口总额/亿美元	占国内总出口的比重/%	占世界总出口的比重/%	进口依存度/%	出口依存度/%	农产品贸易差额/亿美元
2001	118.3	4.86	2.23	160.7	6.04	3.61	6.3	8.6	42.4
2002	124.4	4.21	2.38	180.2	5.53	3.75	6.4	9.2	55.8
2003	189.6	4.59	3.06	212.4	4.85	3.78	9.2	10.4	22.8
2004	280.3	4.99	3.50	230.9	3.89	3.53	11.1	9.1	−49.4
2005	286.5	4.34	3.55	271.8	3.57	3.81	10.8	10.2	−14.7
2006	319.9	4.04	3.59	310.3	3.20	3.96	10.9	10.6	−9.6
2007	409.7	4.29	3.88	366.2	3.00	3.84	11.2	10.0	−43.5
2008	583.3	5.15	4.15	402.2	2.81	3.39	12.4	8.5	−181.1
2009	521.7	5.19	4.83	392.1	3.26	3.67	10.4	7.8	−129.6
2010	719.2	5.15	5.79	488.8	3.10	3.93	12.4	8.4	−230.4

①　进(出)口依存度＝农产品进(出)口额/农业增加值。

续 表

年份	进口总额/亿美元	占国内总进口的比重/%	占世界总进口的比重/%	出口总额/亿美元	占国内总出口的比重/%	占世界总出口的比重/%	进口依存度/%	出口依存度/%	农产品贸易差额/亿美元
2011	939.1	5.39	6.17	601.3	3.17	3.81	13.1	8.4	−337.8
2012	1124.8	6.19	7.22	632.9	3.09	3.93	13.9	7.8	−491.9
2013	1188.7	6.10	7.40	678.3	3.07	3.86	13.3	7.6	−510.4
2014	1225.4	6.25	7.13	719.6	3.07	3.94	12.9	7.6	−505.8
2015	1168.8	6.96	7.62	706.8	3.11	4.11	12.0	7.2	−462.0

资料来源：商务部网站、BACI 数据库、世界银行数据库。

同时，进口国角色越发重要，为世界农业贡献了越来越多的中国力量。如表 4-2 所示，中国农产品出口额占世界农产品出口额的比重基本稳定在 3%～4%，2015 年位于美国、荷兰、德国、巴西之后，成为世界第五大农产品出口国。然而，中国农产品进口额占世界农产品进口额的比重逐年提升，从 2001 年的 2.23%增至 2015 年的 7.62%，2011 年进口额超过美国，跃居全球首位。

表 4-2 世界农产品主要进口额与出口额

单位：亿美元

国家	进口额					国家	出口额				
	1995 年	2001 年	2005 年	2010 年	2015 年		1995 年	2001 年	2005 年	2010 年	2015 年
美国	393.8	539.2	760.6	1003.5	1394.7	美国	698.4	643.1	747.3	1248.6	1465.6
中国	121.6	118.3	286.5	719.2	1168.8	荷兰	425.2	358.9	545.9	777.8	801.7
德国	499.6	399.4	604.0	824.9	895.1	德国	297.9	288.7	490.6	715.5	783.7
英国	279.3	286.5	452.2	563.7	644.3	巴西	146.1	178.4	338.1	650.7	773.4
日本	546.6	446.5	518.4	613.6	624.1	中国	156.9	160.7	271.8	488.8	706.8
荷兰	264.6	213.5	337.8	513.9	613.6	法国	413.8	339.6	508.7	671.0	699.0
法国	314.5	263.2	398.1	539.7	555.3	加拿大	167.6	210.5	267.2	396.0	501.2
意大利	269.9	241.4	367.1	477.6	472.7	西班牙	147.2	173.8	285.2	393.8	475.6
比利时	189.9	165.5	265.0	355.5	372.9	意大利	161.3	164.1	266.1	370.1	420.8
加拿大	96.2	133.3	183.3	287.6	360.4	澳大利亚	136.7	168.5	220.6	289.0	369.8
西班牙	162.0	161.7	274.7	337.2	358.2	比利时	175.2	154.0	248.2	334.7	367.6

国家	进口额					国家	出口额				
	1995 年	2001 年	2005 年	2010 年	2015 年		1995 年	2001 年	2005 年	2010 年	2015 年
韩国	100.8	95.5	128.2	210.6	278.7	印度	66.4	71.6	108.4	240.5	337.9
俄罗斯	108.1	105.9	197.8	363.1	264.4	阿根廷	120.9	124.1	201.2	357.2	358.2
墨西哥	51.2	108.3	144.3	213.8	252.4	泰国	115.7	111.9	142.6	274.3	317.7

资料来源:根据 BACI 数据计算得到。

二、农产品进口产品结构

本部分从要素结构、产品类别和主要农产品进口状况三方面进一步了解中国农产品进口的产品结构特征。

1.要素结构

根据要素密集度,将农产品分为土地密集型和劳动密集型两类。从表 4-3 可知,中国进口土地密集型农产品,出口劳动密集型农产品。1996—2015 年,土地密集型农产品进口总体呈上升趋势,从 1996 年的 32.19 亿美元增至 2012 年的 556.27 亿美元,2013 年后有所下滑,2015 年降为 433.10 亿美元。

表 4-3　中国土地密集型和劳动密集型农产品进出口额

单位:亿美元

年份	土地密集型农产品		劳动密集型农产品		年份	土地密集型农产品		劳动密集型农产品	
	进口额	出口额	进口额	出口额		进口额	出口额	进口额	出口额
1996	32.19	8.99	86.06	148.13	2006	145.90	11.44	156.34	321.62
1997	37.19	8.69	70.08	160.15	2007	198.86	12.49	194.14	375.87
1998	30.04	6.46	61.51	146.46	2008	293.27	18.44	217.23	398.77
1999	24.81	8.28	53.48	152.49	2009	279.45	12.08	240.26	382.04
2000	32.19	9.41	70.67	173.51	2010	379.34	11.60	324.72	466.61
2001	34.58	7.03	78.21	175.26	2011	469.22	16.49	452.14	552.39
2002	39.25	8.04	87.52	191.63	2012	556.27	17.53	516.22	566.06

续　表

年份	土地密集型农产品		劳动密集型农产品		年份	土地密集型农产品		劳动密集型农产品	
	进口额	出口额	进口额	出口额		进口额	出口额	进口额	出口额
2003	92.33	9.84	97.69	224.76	2013	555.78	15.94	598.98	587.06
2004	115.87	8.63	133.01	241.92	2014	509.34	16.43	621.86	608.97
2005	122.09	11.11	150.22	281.76	2015	433.10	16.81	658.52	571.94

资料来源：根据 BACI 数据计算得到。

土地密集型农产品出口额有所增长，从 1996 年的 8.99 亿美元增至 2015 年的 16.81 亿美元。由于出口额增幅远低于进口额增幅，土地密集型农产品每年均为逆差，而且逆差不断增加，从 1996 年的 23.2 亿美元增至 2015 年的 416.29 亿美元。1996—2015 年，劳动密集型农产品进口额和出口额都呈现出上升趋势，进口额从 1996 年的 86.06 亿美元升至 2015 年的 658.52 亿美元，出口额从 1996 年的 148.13 亿美元增至 2015 年的 571.94 亿美元。2013 年，改变了劳动密集型农产品每年都为顺差的局面，2015 年劳动密集型农产品逆差达 86.58 亿美元。

2. 产品类别

从图 4-2 可知，1995—2015 年，动物性产品、植物性产品、动植物油脂、饮料及烟酒等产品和其他产品的进口额都不断增加[①]，尤其是植物性产品进口增长最快，这五大类农产品的进口额分别从 1995 年的 13.76 亿美元、44.68 亿美元、25.22 亿美元、19.07 亿美元和 25.61 亿美元增至 2015 年的 181.28 亿美元、539.97 亿美元、84.28 亿美元、181.59 亿美元和 104.5 亿美元。

3. 主要农产品进口状况

2001 年以后，中国主要农产品进口势头强劲、后劲十足，成为全球粮食、大豆、棕榈油、棉花等农产品最大的买家，粮棉油糖肉奶等大宗农产品全面净进口。从表 4-4 可知，在兑现入世承诺时期，中国谷物进口量稳步增长，从 2001 年的 336.6

[①] 根据 HS 标准将农产品分为五类，第一类为动物性产品（HS01—05）、第二类为植物性产品（HS06—14）、第三类为动植物油脂（HS15）、第四类为饮料及烟酒等产品（HS16—24）、第五类为其他产品。

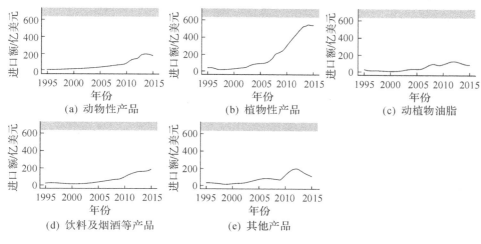

图 4-2　中国五类农产品进口情况

万吨增至 2010 年的 567.2 万吨。近年来,进口量快速上升,2012 年突破千万吨,为 1393.74 万吨,2015 年为 3271.5 万吨。其中,小麦、玉米、大米受关税配额管理限制,进口量在 2010 年前不是很大。但自 2010 年开始,这三种农产品进口快速增长,分别从 2010 年的 121.9 万吨、157.2 万吨和 36.6 万吨增至 2015 年的 300.7 万吨、473 万吨和 337.7 万吨。大麦、高粱、玉米酒糟和木薯不受进口配额限制,自 2010 年后其进口量增长迅猛,分别从 2010 年的 236.7 万吨、5.09 万吨、275.1 万吨和 543.3 万吨快速增至 2015 年的 1073.2 万吨、1070 万吨、682.1 万吨和 937.6 万吨。油籽一直是中国进口较多的农产品,进口量从 2001 年的 1570.3 万吨快速升至 2015 年 8757.1 万吨。其中大豆进口量最多,从 2001 年的 1394 万吨增至 2015 年的 8169.4 万吨。大豆也是中国主要粮食产品,在 2014 年和 2015 年,加上谷物,粮食进口突破 1 亿吨。虽然粮食生产到 2015 年已实现 12 年连续增长,连续三年稳定在 6 亿吨以上,为中国经济发展和社会稳定发挥了压舱石和稳压器作用,但是粮食进口量占了中国粮食产量的 1/7,给中国粮食安全带来一定的挑战,中国粮食表现出产量、库存量、进口量"三量齐增",国产粮食进仓库,而进口粮占领市场的现象。

随着中国人民生活水平的不断提高和消费结构的逐步升级,对水果、蔬菜、肉类和水产品的需求日益增加,这些农产品进口量不断增加。畜产品从 2001 年的 102.5 万吨增至 2015 年的 496.7 万吨。其中,猪杂碎从 2001 年的

25.0 万吨增至 2015 年的 89.3 万吨,猪肉和奶粉自 2005 年以来进口持续增长,分别从 2005 年的 5.4 万吨、13.8 万吨增至 2015 年的 77.8 万吨、73.4 万吨。在 2010 年以前,牛、羊肉进口规模不大,2010 年仅进口了 3.7 万吨牛肉和 6.2 万吨羊肉。近年来进口激增,到 2015 年进口了 51.8 万吨牛肉和 22.3 万吨羊肉。植物油和食糖的进口量也逐年增多,2015 年进口量分别为 839.1 万吨和 484.6 万吨。自 20 世纪 90 年代以来,中国对棉花的需求日益增加,2003 年成为世界最大的棉花进口国,2004 年进口量突破 100 万吨,2005 年达 265.2 万吨,进口量增长持续到 2010 年。此后,由于棉花的替代品棉纱进口量猛增,棉花进口量下降,2015 年棉花进口量为 175.9 万吨,而棉纱进口量在 2010 年仅为 72.2 万吨,到 2015 年进口量却高达 234.5 万吨。

表 4-4　中国主要农产品的进口量

单位:万吨

产品		2001 年	2005 年	2010 年	2015 年	产品		2001 年	2005 年	2010 年	2015 年
谷物		336.6	623.2	567.2	3271.5	植物油		200.7	663.4	922.2	839.1
其中	小麦	69.0	351.0	121.9	300.7	畜产品		102.5	127.1	221.4	496.7
	玉米	3.6	0.4	157.2	473.0	其中	猪杂碎	25.0	17.9	28.4	89.3
	大米	26.9	51.4	36.6	337.7		牛肉	1.3	0.7	3.7	51.8
	大麦	236.8	217.9	236.7	1073.2		羊肉	2.6	4.3	6.2	22.3
	高粱	0.1	1.1	5.1	1070.0		猪肉	7.4	5.4	20.8	77.8
	玉米酒糟	0.1	0.1	275.1	682.1		奶粉	6.7	13.8	49.5	73.4
	木薯	197.1	303.8	543.3	937.6	棉花		11.3	265.2	293.7	175.9
油籽		1570.3	2705.7	5706.2	8757.1	棉纱		25.2	49.3	72.2	234.5
其中	大豆	1394.0	2659.0	5479.8	8169.4	食糖		101.9	120.2	156.5	484.6
	油菜籽	172.4	29.6	160.0	447.1						

资料来源:根据 BACI 数据计算得到。

三、农产品进口国别结构

1.农产品进口市场集中度

从市场占有率看(如图 4-3 所示),2008 年前,中国前十位和前五位农产品进口市场占有率都表现出上升—下降—上升的波动。受金融危机的影响,自 2008 年以来,进口市场占有率呈下滑趋势,分别从 2008 年的 78.48% 和 61.83% 下滑至 2015 年的 70.65%、53.15%。15 年来,中国前十位农产品进口市场占有率为 70%～80%,前五位农产品进口市场占有率除了 2008 年超过 60% 外,均介于 50%～60%。可见,中国农产品进口市场集中度一直维持在较高水平,虽然从 2008 年以来市场集中度下降的幅度比较大,但市场高度集中的格局没有从根本上得到改善。

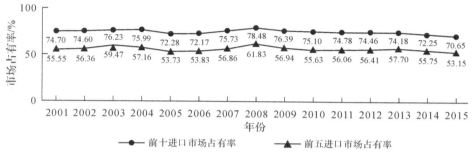

图 4-3　中国农产品进口前十和前五市场占有率
资料来源:根据 BACI 数据计算得到。

采用产品－国家对数量、集中度指数和多样性指数衡量中国农产品进口市场的多样化①。从表 4-5 可知,产品－国家对数量,除 2008 年和 2009 年受金融危机的影响有所下降外,总体上表现出不断上升的趋势,从 2001 年的 7726 个增至 2015 年的 11317 个。这意味着中国农产品进口市场多样化有了一定的改善;农产品集中度指数保持在 0.08～0.11,多样性指数保持在 4.2～4.5,变化幅度不大。但"一带一路"倡议提出后,集中度指数逐年下降,多样性指数不断上升。2015 年集中度指数为 0.088,已降至 0.1 以内,说明中国农产品进口多样化程度较高,进口市场结构趋于优化,有利于中国规避国际市场波动产生的风险。

———————————

① 进口集中度指数(T)和多样性指数(H)采用的是魏浩等(2014)提出的计算方法。$T = \sum_{i=1}^{N} S_i^2$,$H = -\sum_{i=1}^{N} S_i \log_2 S_i$,$S_i$ 为 i 国在中国农产品进口总额中所占的份额,N 为进口国家数量。

表 4-5　中国农产品进口集中度指数和多样性指数

年份	产品-国家对数量/个	集中度指数	多样性指数	年份	产品-国家对数量/个	集中度指数	多样性指数
2001	7726	0.085	4.359	2009	9241	0.109	4.203
2002	7754	0.082	4.376	2010	9831	0.103	4.281
2003	7770	0.107	4.267	2011	10234	0.095	4.326
2004	8178	0.100	4.327	2012	10338	0.104	4.287
2005	8611	0.083	4.512	2013	10620	0.101	4.332
2006	9060	0.090	4.476	2014	10799	0.098	4.387
2007	9427	0.091	4.349	2015	11317	0.088	4.490
2008	9393	0.108	4.134				

资料来源：根据 BACI 数据计算得到。

2.农产品进口来源地

农业是中美经贸合作最早的产业之一，美国一直是中国农产品最大的进口国，从表 4-6 可知，农产品进口额从 1995 年的 31.12 亿美元增至 2015 年的 221.31 亿美元，市场份额一直保持在 20％以上。如今，中国是美国最大的海外农产品出口市场，农业是美国对华贸易顺差中少数行业之一，农产品是两国贸易的平衡器。中国农产品进口第二至第五大市场在澳大利亚、加拿大、阿根廷和巴西四个国家间变化。入世前，澳大利亚和加拿大是中国农产品进口第二、三大市场；入世后，中国从阿根廷和巴西进口的农产品快速增加，2005 年超过澳大利亚和加拿大，成为中国农产品进口第二、第三大市场。2015 年，中国从巴西、澳大利亚、加拿大、阿根廷进口的农产品分别达 185.57亿美元、74.46 亿美元、51.71 亿美元和 47.11 亿美元，所占比重分别为17.00％、6.82％、4.74％和 4.32％。自 2004 年中国—东盟 FTA 建立以来，从东盟进口的农产品不断增长，尤其从泰国、越南、印尼和马来西亚进口的农产品增长迅速，2015 年从这四个国家进口的农产品总额达 122.73 亿美元，比重为 13.06％，是中国第三大农产品进口来源地。欧盟的德国、法国、荷兰和丹麦也是中国农产品进口的重要市场。2015 年从这些国家进口农产品为79.26 亿美元，比重为 7.26％。其他重要的进口来源地还有与中国签订 FTA的新西兰和智利，以及金砖国家的俄罗斯、印度、乌克兰和秘鲁等。

表 4-6 中国从主要进口来源地进口的农产品贸易额及所占比重

进口来源地	1995 年		2001 年		2005 年		2010 年		2015 年	
	进口额/亿美元	比重/%	进口额/亿美元	比重/%	进口额/亿美元	比重/%	进口额/亿美元	比重/%	进口额/亿美元	比重/%
美国	31.12	24.25	23.23	20.59	58.58	21.51	180.26	25.60	221.31	20.27
巴西	7.31	5.70	6.51	5.77	23.95	8.80	93.76	13.32	185.57	17.00
澳大利亚	7.55	5.89	11.90	10.55	24.03	8.82	37.33	5.30	74.46	6.82
加拿大	15.81	12.32	6.90	6.12	13.11	4.82	29.50	4.19	51.71	4.74
阿根廷	2.05	1.60	8.85	7.85	25.32	9.30	48.18	6.84	47.11	4.32
印度尼西亚	2.09	1.63	2.41	2.14	9.14	3.36	30.90	4.39	43.50	3.98
新西兰	2.93	2.28	3.41	3.03	7.27	2.67	22.68	3.22	42.54	3.90
泰国	9.24	7.20	4.51	4.00	8.87	3.26	20.16	2.86	42.27	3.87
越南	1.73	1.35	1.19	1.05	3.34	1.23	7.14	1.01	32.58	2.98
法国	3.66	2.85	1.99	1.76	4.54	1.67	13.84	1.97	30.20	2.77
马来西亚	8.23	6.41	4.75	4.21	12.12	4.45	32.11	4.56	24.38	2.23
荷兰	1.61	1.25	1.36	1.20	2.87	1.06	7.58	1.08	19.22	1.76
德国	2.76	2.15	0.77	0.68	1.23	0.45	3.67	0.52	16.39	1.50
智利	0.21	0.17	1.17	1.04	2.77	1.02	5.41	0.77	15.42	1.41
俄罗斯	2.03	1.58	1.25	1.11	1.90	0.70	10.16	1.44	14.33	1.31
丹麦	0.64	0.50	0.92	0.82	2.56	0.94	5.26	0.75	13.45	1.23
乌克兰	0.03	0.02	0.01	0	0.09	0.03	0.44	0.06	12.49	1.14
印度	0.89	0.69	1.39	1.23	5.82	2.14	26.44	3.76	11.85	1.09
秘鲁	2.41	1.88	2.36	2.09	6.17	2.27	9.83	1.40	11.83	1.08

资料来源:根据 BACI 数据计算得到。

3.农产品进口种类

中国从进口来源地进口农产品种类及占比见表4-7。

表 4-7 中国从进口来源地进口的农产品种类及占比

单位:%

产品	进口来源地	2001年	2005年	2010年	2015年	产品	进口来源地	2001年	2005年	2010年	2015年
谷物	美国	8.70	8.17	25.53	30.63	玉米	乌克兰	0	0	92.20	68.14
	澳大利亚	28.07	28.07	28.28	20.37		美国	4.20	8.15	0	17.28
	法国	8.75	5.82	5.16	10.84		老挝	0	2.84	2.58	4.40
	越南	0.01	0.73	1.59	9.65		巴西	0	69.93	2.49	3.80
大米	越南	0	4.92	8.16	52.09	小麦	加拿大	74.16	56.17	38.60	42.92
	泰国	99.50	94.41	87.22	31.28		澳大利亚	1.88	24.32	48.60	34.33
	巴基斯坦	0	0.04	0.44	10.34		美国	23.36	14.05	10.55	19.65
	柬埔寨	0	0	0	4.22		哈萨克斯坦	0	0	2.24	2.90
大豆	巴西	22.26	28.94	31.08	50.84	棉花	美国	40.95	43.10	35.81	36.42
	美国	43.32	41.55	48.28	34.93		澳大利亚	19.42	8.69	6.79	19.60
	阿根廷	34.29	28.95	17.94	11.43		印度	0.03	7.93	30.68	14.18
	加拿大	0.03	0.06	0.38	1.48		乌兹别克斯坦	0.32	11.35	11.83	11.16
肉类	巴西	1.63	12.99	13.33	15.82	乳、蛋、蜂蜜	新西兰	34.67	44.04	65.09	50.02
	澳大利亚	4.49	7.01	6.61	14.75		美国	10.94	9.65	8.58	8.35
	新西兰	3.24	5.12	5.52	12.48		德国	0.65	0.73	2.62	7.59
	德国	0.83	0.32	1.73	8.72		澳大利亚	16.60	8.75	6.36	7.14
食糖	巴西	7.96	0.19	50.65	38.51	植物油	印度尼西亚	20.64	24.87	28.9	38.73
	泰国	29.14	10.28	1.25	15.12		马来西亚	59.88	35.55	32.67	20.92
	古巴	20.90	23.50	20.20	9.65		乌克兰	0	0	0.39	8.01
	危地马拉	0.01	9.89	2.11	7.46		阿根廷	1.21	6.56	4.24	6.59

资料来源:根据 BACI 数据计算得到。

在谷物进口方面,2015 年美国是中国最大的谷物进口来源地,占比为30.63%;2010 年以前,从澳大利亚进口谷物的比重相对稳定,随后有所下降,

2015 年为 20.37%，排名第二。2001—2010 年，从法国进口谷物的比重呈下降趋势。随后进口比重不断回升，从 2010 年的 5.16% 上升至 2015 年的 10.84%，排名第三。自中国—东盟 FTA 建立后，从越南进口谷物快速上升，进口比重从 2005 年的 0.73% 增至 2015 年的 9.65%，排名第四。2015 年，四大进口国占中国谷物总进口的 71.49%。

在玉米进口方面，玉米进口重心逐渐由巴西转向乌克兰，2005 年从巴西进口的玉米占中国玉米总进口的 69.93%，到 2010 年从乌克兰进口的玉米占中国玉米总进口的 92.20%。自 2010 年以来，为了降低对乌克兰进口玉米的严重依赖，中国加大了从美国、老挝、巴西等国家进口玉米的力度。到 2015 年，从乌克兰、美国、老挝和巴西进口玉米的比重分别为 68.14%、17.28%、4.40% 和 3.80%，占中国玉米总进口的 93.62%。

在大米进口方面，2010 年前，泰国一直是最大的进口来源地，进口比重均高于 85%。随着中国—东盟、中国—巴基斯坦自贸区的不断推进，中国加大了从越南、巴基斯坦和柬埔寨进口大米的力度。至 2015 年，越南成为中国最大的大米进口来源地，比重为 52.09%；泰国、巴基斯坦和柬埔寨排名在第二、第三和第四位，四大市场占中国大米总进口的 97.93%。

在小麦进口方面，2010 年前，减少从加拿大和美国的进口，加大从澳大利亚的进口。2010 年后相反，加大从加拿大和美国的小麦进口，降低从澳大利亚进口，拓展从哈萨克斯坦进口。2015 年，加拿大、澳大利亚、美国和哈萨克斯坦的小麦进口份额分别为 42.92%、34.33%、19.65% 和 2.90%，占中国小麦总进口的 99.80%。

中国是世界上大豆进口量最大的国家，进口大豆榨出的豆油用于满足中国日益增长的消费需要，豆粕用作蛋白饲料，最终转化为肉禽蛋奶和鱼虾。一直以来，美国、巴西、阿根廷是中国主要的大豆进口来源地，占中国大豆总进口的 97% 以上。自 2010 年后，从巴西进口大豆的比重迅速增加，从美国和阿根廷进口比重下降。2015 年，巴西成为中国大豆第一大进口来源地，其次是美国、阿根廷和加拿大，比重分别为 50.84%、34.93%、11.43% 和 1.48%。棉花是纺织业原料，进口棉花的目的主要是出口纺织品。美国一直是中国最大的棉花进口国，但进口占比有些下降，从 2001 年的 40.95% 下降至 2015 年的 36.42%。从澳大利亚进口棉花的比重在 2010 年前不断下降，随后比重不断回升，至 2015 年为 19.60%，略高于 2001 年，成为中国第二大进口来源地。

2015 年,印度和乌兹别克斯坦是中国棉花第三、第四大进口来源地,其比重分别为 14.18% 和 11.16%,四大市场占中国棉花总进口的 81.36%。植物油的进口主要集中在印度尼西亚和马来西亚。从印度尼西亚进口比重稳步提升,从 2001 年的 20.64% 升至 2015 年的 38.73%。相反,从马来西亚进口比重不断下滑,从 2001 年的 59.88% 下滑至 2015 年的 20.92%。为了提高植物油市场多元化,扩大了从乌克兰、阿根廷等国的进口,2015 年排名在第三、第四位。这四大进口市场所占比重为 74.25%。

在肉类进口中,中国从巴西、澳大利亚、新西兰和德国的进口比重不断增加,从 2001 年的 10.19% 升至 2015 年的 51.77%。2015 年,新西兰是中国乳、蛋和蜂蜜等产品最大的进口国,比重为 50.02%。其次是美国、德国和澳大利亚,比重分别为 8.35%、7.59% 和 7.14%。在食糖进口方面,逐步从古巴和泰国转向了巴西。从巴西进口食糖的比重从 2001 年的 7.96% 升至 2010 年的 50.65%。近年来虽有所下降,但仍是中国糖食进口第一大来源地。2015 年,泰国是中国第二大进口来源地,比重为 15.12%。排名第三的是古巴,进口比重一直下滑,从 2001 年的 20.9% 降至 2015 年的 9.65%。危地马拉是中国食糖进口第四大市场,2015 年进口比重为 7.46%。

第二节　中国农产品进口增长的贸易边际

贸易边际是理解一国进出口贸易增长的关键。本节利用 Hummels 和 Klenow(2005)的三元边际分析法,将进口增长分解为扩展边际(extensive margin)和集约边际(intensive margin),以产品种类的进口值占该国进口总值的比重为权重,将集约边际分解为数量边际(quantity margin)和价格边际(price margin)。从多边和双边层次详细分析农产品进口贸易边际结构特征。

一、进口增长的边际分解框架

根据 Hummels 和 Klenow(2005)的方法,将中国农产品进口增长分解为扩展边际(EM)和集约边际(IM):

$$\mathrm{EM}_{ji} = \frac{\sum_{k \in I_{ji}} p_{rik} q_{rik}}{\sum_{k \in I_{ri}} p_{rik} q_{rik}}, \mathrm{IM}_{ji} = \frac{\sum_{k \in I_{ji}} p_{jik} q_{jik}}{\sum_{k \in I_{ji}} p_{rik} q_{rik}}, \tag{4.1}$$

其中，j 代表进口国即中国，i 代表出口国，k 代表 HS6 位数的农产品进口种类，r 代表世界，I_{ri} 和 I_{ji} 分别为世界和中国从 i 国进口农产品集合，p_{rik} 和 q_{rik} 分别为世界从 i 国进口 k 种农产品的价格和数量，p_{jik} 和 q_{jik} 分别为中国从 i 国进口 k 种农产品的价格和数量。EM_{ji} 为中国农产品进口扩展边际，表示中国和世界从 i 国进口的重叠农产品占世界农产品总进口的比重。EM 越大，说明中国进口农产品种类就越多。IM_{ji} 为中国农产品进口集约边际，表示中国农产品进口额占中国和世界重叠农产品进口额的比重。IM 越大，表示在共同的农产品中中国进口额越高。EM 和 IM 的乘积就是中国农产品进口占世界农产品进口的比重，即

$$\frac{\sum_{k \in I_{ji}} p_{jik} q_{jik}}{\sum_{k \in I_{wi}} p_{wik} q_{wik}} = \mathrm{EM}_{ji} \times \mathrm{IM}_{ji}。 \tag{4.2}$$

将集约边际（IM）进一步分解为价格边际（P_{ji}）和数量边际（Q_{ji}）的乘积，即

$$\mathrm{IM}_{ji} = P_{ji} \times Q_{ji}, \tag{4.3}$$

$$P_{ji} = \prod_{k \in I_{ji}} \left(\frac{p_{jik}}{p_{ik}}\right)^{w_{jik}}, Q_{ji} = \prod_{i \in I_{ji}} \left(\frac{q_{jik}}{q_{ik}}\right)^{w_{jik}}, \tag{4.4}$$

$$w_{jik} = \frac{\dfrac{s_{jik} - s_{ik}}{\ln s_{jik} - \ln s_{ik}}}{\sum_{k \in I_{ji}} \dfrac{s_{jik} - s_{ik}}{\ln s_{jik} - \ln s_{ik}}}, \tag{4.5}$$

其中，w_{jik} 表示权重，s_{jik} 表示中国 k 种农产品进口额所占比重，s_{ik} 表示 i 国 k 种农产品出口额所占比重，即

$$s_{jik} = \frac{p_{jik} q_{jik}}{\sum_{k \in I_{ji}} p_{jik} q_{jik}}, s_{ik} = \frac{p_{ik} q_{ik}}{\sum_{k \in I_{ji}} p_{ik} q_{ik}}。 \tag{4.6}$$

价格边际表示中国农产品进口价格与世界市场平均进口价格之比，如果 $P_{ji} > 1$，表明中国农产品进口价格比世界平均进口价格高。数量边际表示中国农产品进口数量占世界进口总量的比重。因此，农产品进口市场份额表示

为扩展边际、价格边际和数量边际的乘积。

二、多边层面的进口边际分析

表 4-8 展示了 1995—2015 年中国多边层面农产品进口边际情况。1995—2015 年,扩展边际一直保持在 0.9 以上,表明中国从世界进口的农产品种类在加入 WTO 前就比较丰富。扩展边际从 1995 年的 0.965 降至 2015 年的 0.919,变化不大,对进口增长的贡献较小。与此同时,集约边际增加比较明显,从 1995 年的 0.026 增至 2015 年的 0.083,增长了 2.2 倍。可见,中国农产品进口增长主要来自集约边际。然而,价格边际一直在波动中变化,从 1995 年的 0.877 升至 2015 年的 1.086,呈现小幅增长的态势。2000—2009 年,价格边际为 0.9~1.0,这一时期中国农产品进口价格略低于世界平均水平。2010 年以来,价格边际总体大于 1,进口价格略高于世界平均水平。在 2000 年以前,数量边际表现出下降态势,从 1995 年的 0.030 降至 1999 年的 0.016。从 2000 年以来,数量边际呈现出平稳、快速的增长势头,2015 年数量边际为 0.076,是 1999 年的 4.89 倍。总之,中国自加入 WTO 以来,农产品进口增长的数量边际贡献最大,价格边际在波动中缓慢增长,扩展边际贡献较小,反映了中国农产品进口增长主要以量取胜。

表 4-8　1995—2015 年中国多边层面农产品进口边际

年份	从世界进口的农产品				从世界进口的土地密集型农产品				从世界进口的劳动密集型农产品			
	扩展边际（EM）	集约边际（IM）	价格边际（PM）	数量边际（QM）	扩展边际（EM）	集约边际（IM）	价格边际（PM）	数量边际（QM）	扩展边际（EM）	集约边际（IM）	价格边际（PM）	数量边际（QM）
1995	0.965	0.026	0.877	0.023	0.912	0.090	0.998	0.089	0.971	0.020	0.853	0.024
1996	0.964	0.023	1.098	0.021	0.927	0.074	1.087	0.068	0.968	0.018	1.107	0.016
1997	0.973	0.021	0.974	0.021	0.923	0.082	0.959	0.086	0.978	0.015	0.978	0.015
1998	0.974	0.018	1.028	0.018	0.937	0.067	1.016	0.066	0.977	0.013	1.032	0.013
1999	0.979	0.016	1.028	0.016	0.939	0.064	1.080	0.060	0.983	0.012	1.021	0.012
2000	0.972	0.022	0.958	0.023	0.914	0.091	1.030	0.088	0.977	0.016	0.944	0.017
2001	0.972	0.023	0.970	0.024	0.909	0.098	0.993	0.098	0.977	0.017	0.964	0.018

年份	从世界进口的农产品				从世界进口的土地密集型农产品				从世界进口的劳动密集型农产品			
	扩展边际(EM)	集约边际(IM)	价格边际(PM)	数量边际(QM)	扩展边际(EM)	集约边际(IM)	价格边际(PM)	数量边际(QM)	扩展边际(EM)	集约边际(IM)	价格边际(PM)	数量边际(QM)
2002	0.966	0.025	0.939	0.026	0.907	0.101	0.990	0.102	0.971	0.018	0.927	0.020
2003	0.955	0.032	0.937	0.034	0.838	0.192	0.974	0.197	0.967	0.018	0.921	0.0120
2004	0.956	0.037	0.940	0.039	0.825	0.210	1.000	0.210	0.969	0.021	0.922	0.023
2005	0.958	0.037	0.937	0.040	0.817	0.223	0.966	0.231	0.971	0.022	0.928	0.024
2006	0.960	0.037	0.948	0.040	0.804	0.242	0.995	0.243	0.975	0.021	0.935	0.022
2007	0.957	0.041	0.940	0.043	0.796	0.256	1.017	0.252	0.974	0.022	0.917	0.024
2008	0.953	0.044	0.968	0.045	0.790	0.263	0.967	0.272	0.974	0.021	0.971	0.021
2009	0.946	0.051	0.955	0.054	0.750	0.332	0.959	0.347	0.969	0.026	0.953	0.027
2010	0.939	0.062	1.005	0.061	0.728	0.372	1.009	0.369	0.966	0.031	1.005	0.031
2011	0.932	0.066	0.992	0.067	0.747	0.338	0.989	0.342	0.959	0.036	0.997	0.036
2012	0.922	0.078	1.012	0.077	0.700	0.429	1.017	0.422	0.954	0.042	1.013	0.041
2013	0.916	0.081	1.025	0.079	0.699	0.429	1.013	0.424	0.945	0.046	1.032	0.045
2014	0.924	0.077	1.020	0.076	0.717	0.395	0.968	0.408	0.951	0.047	1.036	0.045
2015	0.919	0.083	1.086	0.076	0.717	0.394	0.965	0.408	0.943	0.055	1.121	0.049

从土地密集型农产品进口看,扩展边际不断下降,从 1995 年的 0.912 降至 2013 年的 0.699。2014 年和 2015 年有所回升,均为 0.717。集约边际不断增加,从 1995 年的 0.090 升至 2015 年的 0.394,增长了 3.4 倍。从世界劳动密集型农产品进口看,扩展边际一直保持在 0.9 以上,1995 年为 0.971,2015 年仍有 0.943。集约边际从 1995 年的 0.020 上升至 2015 年的 0.055,增长了 1.7 倍。可见,集约边际对土地密集型农产品进口增长的贡献高于劳动密集型农产品。入世前,土地密集型和劳动密集型农产品价格边际高于 1,2001—2009 年价格边际小于 1。在 2013 年以前,土地密集型农产品价格边际高于劳动密集型产品。2014 年以来,土地密集型农产品进口价格边际小于 1,而劳动密集型农产品进口价格边际大于 1。1995—

2015 年,土地密集型和劳动密集型农产品的进口数量边际都逐年稳定增长,分别从 1995 年的 0.090 和 0.024 变为 2015 年的 0.408 和 0.049。可见,土地密集型与劳动密集型农产品的进口增长特征基本相似,但数量边际对土地密集型农产品进口的贡献高于劳动密集型农产品,集约边际对土地密集型农产品进口的贡献高于劳动密集型农产品。

从表 4-9 中五大类农产品的进口增长路径看,除其他产品外,四大类产品的扩展边际都在 0.85 以上,对进口增长的贡献较低。动物性产品、植物性产品、饮料及烟酒等产品、动植物油脂和其他产品的集约边际逐年增长,分别从 1995 年的 0.011、0.031、0.011、0.095 和 0.091 增至 2015 年的 0.062、0.135、0.036、0.101 和 0.291。动物性产品的价格边际呈上升态势,但都小于 1,从 1995 年的 0.757 升至 2015 年的 0.997。植物性产品的价格边际在 2000 年前大于 1,2001—2014 年小于 1。动植物油脂的价格边际波动较大,除少数几年外其余年份的价格边际都小于 1。饮料及烟酒等产品的价格边际都大于 1,入世后价格边际稳中有升。其他产品的价格边际在 2011 年前除 2002 年外都小于 1,2012—2015 年,除 2013 年外价格边际都大于 1。动物性产品的数量边际从 1995 年的 0.014 升至 2015 年的 0.062。植物性产品的数量边际在 2001 年前先降后升,加入 WTO 后总体呈上升态势,从 2002 年的 0.032 增至 2015 年的 0.132。动植物油脂和其他产品的数量边际分别从 1995 年的 0.087 和 0.118 增至 2015 年的 0.107 和 0.263。饮料及烟酒等产品的数量边际逐渐增长,从 2001 年的 0.007 增至 2015 年的 0.028。

表 4-9　1995—2015 年中国主要农产品种类的进口边际

年份	动物性产品				植物性产品				动植物油脂				饮料及烟酒等产品				其他产品			
	扩展边际 (EM)	集约边际 (IM)	价格边际 (PM)	数量边际 (QM)	扩展边际 (EM)	集约边际 (IM)	价格边际 (PM)	数量边际 (QM)	扩展边际 (EM)	集约边际 (IM)	价格边际 (PM)	数量边际 (QM)	扩展边际 (EM)	集约边际 (IM)	价格边际 (PM)	数量边际 (QM)	扩展边际 (EM)	集约边际 (IM)	价格边际 (PM)	数量边际 (QM)
1995	0.977	0.011	0.757	0.014	0.956	0.031	0.930	0.034	0.912	0.095	1.085	0.087	0.982	0.011	0.869	0.013	0.915	0.091	0.772	0.118
1996	0.951	0.010	0.767	0.013	0.969	0.026	1.104	0.023	0.939	0.065	1.103	0.059	0.981	0.013	1.573	0.008	0.918	0.089	0.816	0.109
1997	0.971	0.013	0.873	0.015	0.976	0.014	1.064	0.014	0.933	0.072	0.926	0.078	0.986	0.014	1.038	0.013	0.919	0.088	0.874	0.100
1998	0.959	0.014	0.793	0.017	0.977	0.018	1.109	0.016	0.946	0.057	0.959	0.060	0.989	0.010	1.290	0.008	0.949	0.053	0.830	0.064
1999	0.974	0.014	1.011	0.014	0.978	0.018	1.032	0.018	0.955	0.048	1.189	0.040	0.992	0.006	1.058	0.006	0.947	0.056	0.862	0.065
2000	0.968	0.018	0.784	0.022	0.967	0.029	1.006	0.029	0.956	0.045	0.884	0.051	0.987	0.009	1.147	0.007	0.930	0.076	0.907	0.083
2001	0.972	0.017	0.789	0.021	0.965	0.031	0.966	0.032	0.961	0.041	0.917	0.044	0.986	0.009	1.249	0.007	0.911	0.098	0.841	0.117
2002	0.952	0.023	0.782	0.030	0.962	0.029	0.909	0.032	0.940	0.063	0.854	0.074	0.989	0.008	1.155	0.007	0.906	0.103	1.019	0.101
2003	0.942	0.023	0.803	0.028	0.941	0.043	0.898	0.048	0.915	0.092	0.912	0.101	0.990	0.009	1.160	0.008	0.874	0.144	0.900	0.160
2004	0.958	0.022	0.787	0.028	0.943	0.048	0.907	0.053	0.909	0.100	1.044	0.096	0.988	0.010	1.101	0.009	0.826	0.210	0.932	0.226
2005	0.966	0.022	0.756	0.030	0.944	0.047	0.946	0.050	0.926	0.079	0.919	0.086	0.987	0.012	1.094	0.011	0.790	0.266	0.940	0.283
2006	0.969	0.022	0.790	0.028	0.951	0.045	0.936	0.048	0.923	0.084	0.923	0.091	0.988	0.012	1.099	0.011	0.773	0.294	0.950	0.310
2007	0.966	0.024	0.777	0.031	0.950	0.048	0.892	0.054	0.891	0.121	0.963	0.126	0.985	0.013	1.115	0.012	0.793	0.260	0.967	0.269

续 表

年份	动物性产品				植物性产品				动植物油脂				饮料及烟酒等产品				其他产品			
	扩展边际(EM)	集约边际(IM)	价格边际(PM)	数量边际(QM)	扩展边际(EM)	集约边际(IM)	价格边际(PM)	数量边际(QM)	扩展边际(EM)	集约边际(IM)	价格边际(PM)	数量边际(QM)	扩展边际(EM)	集约边际(IM)	价格边际(PM)	数量边际(QM)	扩展边际(EM)	集约边际(IM)	价格边际(PM)	数量边际(QM)
2008	0.962	0.024	0.844	0.028	0.940	0.059	0.885	0.066	0.900	0.112	1.048	0.106	0.984	0.014	1.161	0.012	0.810	0.234	0.929	0.251
2009	0.953	0.031	0.806	0.038	0.924	0.078	0.922	0.085	0.888	0.126	0.895	0.140	0.982	0.017	1.161	0.015	0.790	0.266	0.968	0.275
2010	0.961	0.034	0.866	0.039	0.909	0.092	0.928	0.100	0.893	0.119	0.986	0.121	0.978	0.022	1.249	0.018	0.738	0.355	0.991	0.359
2011	0.948	0.042	0.896	0.046	0.906	0.091	0.943	0.096	0.902	0.109	0.954	0.114	0.976	0.024	1.170	0.021	0.708	0.412	0.976	0.422
2012	0.950	0.047	0.903	0.052	0.886	0.113	0.962	0.118	0.886	0.128	0.940	0.137	0.973	0.027	1.225	0.022	0.656	0.525	1.011	0.519
2013	0.922	0.059	0.939	0.063	0.875	0.124	0.982	0.127	0.899	0.112	0.929	0.121	0.972	0.029	1.230	0.023	0.707	0.415	0.993	0.418
2014	0.940	0.058	0.943	0.061	0.878	0.128	0.973	0.131	0.912	0.094	0.950	0.099	0.973	0.028	1.201	0.023	0.756	0.324	1.013	0.319
2015	0.928	0.062	0.997	0.062	0.877	0.135	1.021	0.132	0.908	0.101	0.951	0.107	0.965	0.036	1.302	0.028	0.775	0.291	1.105	0.263

三、双边层次的进口边际分析

中国从发达国家进口农产品的贸易边际情况见表 4-10,可知,扩展边际都高于 0.9,2015 年也有 0.918。加入 WTO 以后,集约边际不断增加,从 2000 年的 0.021 增至 2015 年的 0.078,增长了 2.71 倍。可见,中国从发达国家进口农产品增长的贡献主要来自集约边际。从价格边际看,1996—2002 年,价格边际略大于 1。2003—2007 年,价格边际略小于 1。2008—2015 年,受世界粮食危机和美国金融危机的影响,价格边际大于 1。从数量边际看,加入 WTO 前总体表现出下降趋势,加入 WTO 后呈上升势头,从 2000 年的 0.020 升至 2015 年的 0.068,增长了 2.4 倍。从发达国家进口土地密集型产品的扩展边际在下降,从 1995 年的 0.916 降至 2015 年的 0.735,而劳动密集型农产品的扩展边际一直保持在 0.93 以上的高位,土地密集型和劳动密集型农产品的集约边际和数量边际都呈现出上升趋势,但土地密集型农产品的集约边际和数量边际都高于劳动密集型产品。土地密集型和劳动密集型农产品的价格边际与发达国家的平均价格相差不大。

表 4-10　1995—2015 年中国从发达国家进口农产品的贸易边际情况

年份	从发达国家进口农产品				从发达国家进口土地密集型农产品				从发达国家进口劳动密集型农产品			
	扩展边际(EM)	集约边际(IM)	价格边际(PM)	数量边际(QM)	扩展边际(EM)	集约边际(IM)	价格边际(PM)	数量边际(QM)	扩展边际(EM)	集约边际(IM)	价格边际(PM)	数量边际(QM)
1995	0.955	0.024	0.932	0.026	0.916	0.083	0.988	0.084	0.958	0.020	0.923	0.021
1996	0.958	0.021	1.031	0.020	0.910	0.068	0.964	0.070	0.962	0.018	1.046	0.017
1997	0.969	0.017	1.046	0.017	0.927	0.075	0.934	0.081	0.972	0.013	1.074	0.012
1998	0.959	0.017	1.000	0.017	0.934	0.070	0.980	0.072	0.961	0.013	1.007	0.013
1999	0.976	0.015	1.053	0.015	0.931	0.073	1.021	0.071	0.979	0.012	1.068	0.011
2000	0.969	0.021	1.041	0.020	0.904	0.100	1.053	0.095	0.973	0.016	1.039	0.016
2001	0.968	0.022	1.049	0.021	0.920	0.084	1.047	0.080	0.971	0.018	1.047	0.017
2002	0.954	0.023	1.046	0.022	0.935	0.066	1.105	0.060	0.955	0.020	1.038	0.019
2003	0.950	0.028	0.995	0.028	0.860	0.160	1.006	0.159	0.957	0.019	0.989	0.019

续　表

年份	从发达国家进口农产品				从发达国家进口土地密集型农产品				从发达国家进口劳动密集型农产品			
	扩展边际(EM)	集约边际(IM)	价格边际(PM)	数量边际(QM)	扩展边际(EM)	集约边际(IM)	价格边际(PM)	数量边际(QM)	扩展边际(EM)	集约边际(IM)	价格边际(PM)	数量边际(QM)
2004	0.949	0.033	0.954	0.034	0.832	0.189	0.969	0.195	0.957	0.023	0.949	0.024
2005	0.951	0.033	0.976	0.033	0.845	0.182	0.977	0.186	0.958	0.024	0.978	0.025
2006	0.957	0.032	0.987	0.032	0.831	0.200	1.021	0.196	0.966	0.022	0.981	0.022
2007	0.947	0.034	0.991	0.034	0.827	0.208	1.055	0.197	0.955	0.024	0.978	0.024
2008	0.954	0.036	1.000	0.036	0.808	0.234	0.900	0.261	0.966	0.022	1.032	0.021
2009	0.940	0.047	1.018	0.046	0.740	0.351	0.979	0.358	0.956	0.028	1.028	0.027
2010	0.934	0.057	1.083	0.053	0.717	0.393	1.055	0.373	0.953	0.035	1.090	0.032
2011	0.932	0.059	1.057	0.056	0.753	0.323	0.967	0.334	0.949	0.039	1.081	0.036
2012	0.916	0.077	1.097	0.070	0.662	0.511	1.046	0.488	0.941	0.047	1.112	0.042
2013	0.912	0.077	1.088	0.071	0.684	0.450	1.033	0.436	0.933	0.052	1.101	0.047
2014	0.923	0.073	1.084	0.068	0.694	0.431	0.982	0.439	0.942	0.051	1.108	0.046
2015	0.918	0.078	1.154	0.068	0.735	0.361	1.006	0.358	0.933	0.060	1.184	0.051

表4-11是中国从发展中国家进口农产品的贸易边际情况,可知,扩展边际一直处于高位,在0.88以上,2008年最低也有0.886。集约边际在加入WTO后逐年增加,从2000年的0.024增至2015年的0.090。可见,中国从发展中国家进口农产品的增长其贡献主要来自集约边际。从价格边际看,除少数几年外,其余年份的价格边际都小于1。中国从发展中国家进口农产品的价格要低于从发达国家进口的价格。加入WTO后数量边际逐年上升,从2000年的0.028升至2015年的0.086。土地密集型农产品的扩展边际下降,从1995年的0.895降至2015年的0.706,劳动密集型农产品的扩展边际除1995年外都在0.9以上。土地密集型农产品和劳动密集型农产品的集约边际和数量边际总体上都呈现出上升趋势。此外,土地密集型农产品的集约边际和数量边际都要高于劳动密集型农产品。土地密集型农产品的价格边际波动幅度基本在10%以内,而劳动密集型农产品的价格边际除1998年和2015年外,其他年份的价格边际都小于1。

表 4-11　1995—2015 年中国从发展中国家进口农产品的贸易边际

年份	从发展中国家进口农产品				从发展中国家进口土地密集型农产品				从发展中国家进口劳动密集型农产品			
	扩展边际(EM)	集约边际(IM)	价格边际(PM)	数量边际(QM)	扩展边际(EM)	集约边际(IM)	价格边际(PM)	数量边际(QM)	扩展边际(EM)	集约边际(IM)	价格边际(PM)	数量边际(QM)
1995	0.893	0.033	0.963	0.034	0.895	0.099	1.093	0.091	0.893	0.024	0.933	0.025
1996	0.902	0.029	0.987	0.029	0.913	0.083	1.307	0.064	0.901	0.021	0.902	0.023
1997	0.923	0.029	0.948	0.030	0.900	0.091	1.009	0.091	0.927	0.020	0.926	0.021
1998	0.930	0.022	1.012	0.022	0.928	0.065	1.041	0.062	0.930	0.015	1.000	0.015
1999	0.928	0.019	1.007	0.018	0.925	0.058	1.208	0.048	0.929	0.013	0.948	0.014
2000	0.913	0.024	0.853	0.028	0.908	0.083	0.990	0.084	0.914	0.017	0.820	0.020
2001	0.916	0.027	0.876	0.030	0.858	0.117	0.958	0.122	0.923	0.016	0.855	0.019
2002	0.933	0.029	0.823	0.036	0.875	0.137	0.935	0.146	0.941	0.016	0.775	0.021
2003	0.910	0.042	0.872	0.049	0.815	0.221	0.977	0.227	0.925	0.017	0.812	0.020
2004	0.919	0.046	0.901	0.051	0.806	0.231	1.022	0.226	0.939	0.019	0.832	0.023
2005	0.901	0.048	0.887	0.054	0.790	0.257	0.976	0.264	0.917	0.020	0.837	0.024
2006	0.914	0.049	0.906	0.054	0.778	0.278	0.989	0.281	0.934	0.020	0.860	0.024
2007	0.915	0.054	0.906	0.059	0.771	0.291	1.006	0.289	0.939	0.020	0.853	0.024
2008	0.886	0.058	0.942	0.062	0.778	0.283	0.982	0.288	0.907	0.019	0.919	0.021
2009	0.904	0.060	0.901	0.067	0.753	0.321	0.958	0.336	0.930	0.024	0.864	0.028
2010	0.905	0.071	0.940	0.075	0.735	0.359	0.987	0.363	0.937	0.028	0.913	0.030
2011	0.906	0.077	0.944	0.082	0.737	0.350	1.010	0.347	0.942	0.033	0.910	0.036
2012	0.906	0.082	0.942	0.087	0.724	0.380	0.989	0.384	0.942	0.036	0.919	0.039
2013	0.895	0.088	0.971	0.091	0.702	0.421	0.999	0.421	0.932	0.039	0.955	0.041
2014	0.899	0.084	0.979	0.086	0.726	0.375	0.974	0.386	0.932	0.042	0.979	0.043
2015	0.909	0.090	1.040	0.086	0.706	0.416	0.963	0.432	0.944	0.048	1.069	0.045

　　表 4-12 是中国从 22 个主要进口来源地进口农产品的贸易边际情况,可知,其农产品进口占中国农产品总进口的 80% 以上,但其扩展边际都小于 0.9,可见还有较大的提升空间。从美国、泰国、越南、马来西亚、韩国、印尼、澳大利亚等国家进口

农产品的扩展边际较高,都在 0.7 以上,说明中国从这些国家进口了大部分种类的农产品。从乌克兰、西班牙、秘鲁、智利等国家进口的农产品扩展边际在 2001 年前较低,但加入 WTO 后,扩展边际快速提高。从俄罗斯、巴西和阿根廷等国家进口的农产品扩展边际却在下降。除少数国家如俄罗斯、印度、越南在部分年份价格较低外,自 2001 年以来,中国从主要进口来源地进口的产品价格边际大多为 0.85～1.20,尤其是从发达国家进口的价格边际大于 1。从主要进口来源地的进口数量边际也处于变化状态,整体上从大多数进口来源地进口的产品数量边际增速较快。

表 4-12 1995—2015 年双边层面上中国从各主要进口来源地进口农产品的贸易边际

进口来源地	1995 年			2001 年			2005 年			2010 年			2015 年		
	扩展边际 (EM)	价格边际 (PM)	数量边际 (QM)	扩展边际 (EM)	价格边际 (PM)	数量边际 (QM)	扩展边际 (EM)	价格边际 (PM)	数量边际 (QM)	扩展边际 (EM)	价格边际 (PM)	数量边际 (QM)	扩展边际 (EM)	价格边际 (PM)	数量边际 (QM)
美国	0.874	0.911	0.056	0.917	1.142	0.034	0.858	0.985	0.093	0.806	1.035	0.173	0.795	1.067	0.178
乌克兰	0.164	0.924	0.028	0.116	1.119	0.002	0.103	1.076	0.017	0.333	1.017	0.013	0.520	1.056	0.148
泰国	0.843	0.815	0.116	0.874	0.993	0.046	0.830	0.975	0.077	0.828	1.007	0.088	0.837	1.136	0.140
西班牙	0.175	1.021	0.008	0.450	1.130	0.005	0.448	1.046	0.008	0.501	1.196	0.015	0.642	1.150	0.029
越南	0.787	0.617	0.104	0.700	0.498	0.118	0.847	0.865	0.068	0.816	0.685	0.111	0.813	1.134	0.173
印度	0.647	0.862	0.024	0.786	0.717	0.034	0.778	0.846	0.082	0.782	1.020	0.138	0.782	0.927	0.048
俄罗斯	0.746	0.522	0.127	0.502	0.596	0.133	0.370	0.774	0.119	0.304	0.853	0.362	0.676	0.914	0.130
秘鲁	0.442	0.995	0.303	0.511	0.949	0.256	0.487	0.947	0.422	0.623	1.056	0.241	0.610	1.060	0.225
新西兰	0.872	0.841	0.051	0.870	0.783	0.058	0.844	0.816	0.080	0.810	1.009	0.148	0.767	1.039	0.227
荷兰	0.650	0.879	0.007	0.634	1.128	0.005	0.574	1.173	0.008	0.695	1.480	0.009	0.729	1.408	0.023
马来西亚	0.768	1.121	0.131	0.833	1.089	0.087	0.791	0.960	0.150	0.825	0.980	0.166	0.839	1.028	0.125
韩国	0.714	1.759	0.033	0.867	0.905	0.062	0.830	1.068	0.111	0.806	1.198	0.127	0.807	1.241	0.151
印度尼西亚	0.702	0.865	0.053	0.843	0.865	0.049	0.843	0.833	0.106	0.844	1.037	0.132	0.782	0.978	0.181

续　表

进口来源地	1995 年			2001 年			2005 年			2010 年			2015 年		
	扩展边际 (EM)	价格边际 (PM)	数量边际 (QM)	扩展边际 (EM)	价格边际 (PM)	数量边际 (QM)	扩展边际 (EM)	价格边际 (PM)	数量边际 (QM)	扩展边际 (EM)	价格边际 (PM)	数量边际 (QM)	扩展边际 (EM)	价格边际 (PM)	数量边际 (QM)
中国香港	0.769	0.892	0.324	0.450	1.600	0.736	0.398	0.818	1.795	0.499	0.864	1.139	0.650	1.154	0.443
德国	0.660	8.443	0.002	0.661	1.230	0.003	0.765	1.243	0.003	0.749	1.364	0.005	0.782	1.353	0.020
法国	0.688	0.841	0.015	0.765	1.299	0.006	0.773	1.350	0.009	0.729	1.413	0.020	0.829	1.188	0.044
丹麦	0.557	0.845	0.010	0.651	0.909	0.013	0.564	1.000	0.025	0.559	0.886	0.050	0.679	1.018	0.092
加拿大	0.588	1.016	0.158	0.709	0.933	0.050	0.740	0.962	0.069	0.761	0.966	0.101	0.772	0.963	0.139
巴西	0.803	1.547	0.040	0.635	0.920	0.062	0.797	0.961	0.092	0.652	0.995	0.222	0.636	1.028	0.367
澳大利亚	0.848	4.253	0.015	0.844	0.830	0.101	0.826	1.204	0.109	0.791	1.048	0.156	0.732	1.084	0.254
阿根廷	0.622	0.141	0.192	0.537	0.681	0.195	0.650	0.982	0.197	0.620	1.163	0.187	0.436	1.065	0.283
智利	0.489	0.972	0.010	0.744	0.957	0.031	0.634	0.950	0.055	0.804	0.999	0.052	0.783	0.899	0.129

第三节 贸易壁垒削减对中国农产品进口边际的影响

贸易壁垒削减能促进进口增长是国际贸易理论界的共识。从贸易扩展边际、价格边际和数量边际的角度,实证分析贸易壁垒削减对进口的影响,能揭示贸易壁垒削减对进口的作用机制及其影响程度。本节利用已测算的贸易限制指数,从微观商品层面探究贸易壁垒削减对中国农产品进口的影响机制和影响程度。

一、模型、数据和变量

引力模型是实证研究贸易流量的重要工具,自 Chaney(2008)将其用于分析贸易二元边际(集约边际和扩展边际)后,引力模型被广泛应用于贸易政策对进出口贸易的影响。本节利用 2001—2015 年国家层面的面板数据,借鉴 Coughlin(2012)、钱学锋和熊平(2010)、魏浩和郭也(2016)等实证检验做法,构建引力模型:

$$\ln Y_{it} = \alpha + \beta_1 \ln TQI_{it} + \beta_2 FTA_{it} + \beta_3 \text{Control}_{it} + \varepsilon_t, \tag{4.7}$$

其中,i 代表出口国,选取了 165 个农产品贸易伙伴,t 代表年份,时间为 2001—2015 年,α、β_1、β_2、β_3 为待估参数,ε_t 为随机误差项。由于固定成本只影响扩展边际,而不影响集约边际(Kancs,2007;Chaney,2008;钱学锋,2008),在采用引力模型回归时,采用钱学锋和熊平(2010)的方法,控制变量中的固定成本仅仅用以分析进口额和扩展边际,各变量如下:

被解释变量 Y_{it} 分别表示进口总量(TV_{it})、扩展边际(EM_{it})、数量边际(Q_{it})和价格边际(P_{it}),TV_{it} 是中国从各个出口国或地区进口的农产品总量,EM_{it}、Q_{it} 和 P_{it} 是从不同国家进口农产品的三元边际,并以 $\ln(1+Y_{it})$ 的形式代入模型。数据来自 CEPII-BACI 提供的 HS1996 的 6 分位农产品进口层面的全球贸易数据库。核心解释变量 TRI_{it} 为贸易限制指数,表示中国对各个农产品进口来源地的农产品贸易壁垒削减程度,以 $\ln(1+TRI_{it})$ 代入模型。

控制变量:GDP_{it} 和 POP_{it} 分别表示中国和贸易伙伴的经济规模与人口总量,代表消费水平,采用贸易伙伴的 GDP(或 POP)与中国的 GDP(或 POP)的比值作为代理变量,以 $\ln(1+GDP_{it})$ 和 $\ln(1+POP_{it})$ 代入模型,数据来源于世界银行世界发展指标(WDI)数据库;$DIST_{ci}$ 代表中国农产品进口的可变贸易成本,用中国和出口国首都间的距离来衡量,数据来自 CEPII 贸易引力模型数据库;$FCOST_{ci}$ 代表固定贸易成本,采用钱学峰和熊平(2010)的方法,用全球传统基金会和《华尔街日报》发布的经济自由度数据,计算中国与贸易伙伴的总分比值,作为相对进口固定成本的代理变量,以 $\ln(1+FCOST_{ct})$ 代入模型①;$MRES_{cit}$ 表示多边阻力,采用钱学峰(2008)的方法计算各国农产品的多边阻力值,然后计算中国与贸易伙伴国的相对多边阻力,以 $\ln(1+MRES_{cit})$ 代入模型②;EXC_{cit} 表示中国与出口国间的汇率,数据来自世界银行 WDI 数据库;FTA_{cit} 为虚拟变量,代表中国是否与贸易伙伴 i 签订了自由贸易协定,若已签订则为 1,否则为 0,数据来自中国自由贸易区网站。

农业产业的控制因素:$SIZE_{it}$ 代表农业经济规模,采用各国与中国农业增加值之比表示,以 $\ln(1+SIZE_{it})$ 代入模型;$EFFIC_{it}$ 为农业生产率,用各国与中国人均农业增加值之比表示,以 $\ln(1+EFFIC_{it})$ 代入模型;$OFDI_{it}$ 和 FDI_{it} 代表农业对外直接投资与引进外资,分别采用各国与中国农业对外直接投资与引进外资之比表示,以 $\ln(1+OFDI_{it})$ 和 $\ln(1+FDI_{it})$ 代入模型。所有数据都来自世界银行 WDI 数据库。各变量统计描述情况见表 4-13。

表 4-13　变量的统计描述

变量	观测值	最大值	最小值	均值	标准差
$\ln TV_{it}$	2298	17.11	0	9.023	3.354
$\ln EM_{it}$	2298	5.086	0	0.311	0.203
$\ln Q_{it}$	2298	0.671	0	0.184	0.395
$\ln P_{it}$	2298	9.811	0.049	0.746	0.377
$\ln TRI_{it}$	2298	1.639	0.005	0.289	0.156
$\ln POP_{it}$	2298	0.671	0.001	0.024	0.059
$\ln GDP_{it}$	2298	2.189	0.001	0.063	0.178
$\ln DIST_{ci}$	165	9.858	7.025	8.964	0.551

① 钱学峰和熊平(2010)通过衡量经济自由度的贸易自由、商务自由、财政自由、货币自由、投资自由、金融自由、政府规模、知识产权和腐败 9 个指标的得分,综合衡量贸易的固定贸易成本。

② 多边阻力的计算公式为 $MRES_j = \sum_{i=1}^{N}\left(\frac{y_i}{y}\right)\varphi_{ij}$,贸易自由度为 $\varphi_{ij} = \sqrt{\frac{E_{ij}E_{ji}}{E_{ii}E_{jj}}}$,$y$ 为经济总量,E_{ij} 和 E_{ji} 为双边贸易量,E_{ii} 和 E_{jj} 为国内销售,即国内总产出减总出口。

变量	观测值	最大值	最小值	均值	标准差
$\ln FCOST_{it}$	2298	3.979	0.451	0.657	0.221
$\ln EXC_{it}$	2298	4.103	0.001	0.933	0.934
$\ln FTA_{it}$	2298	1	0	0.064	0.244
$\ln MRES_{it}$	2298	13.49	0.061	5.826	2.743
$\ln SIZE_{it}$	2298	0.449	0	0.023	0.050
$\ln EFFIC_{it}$	2298	13.52	1.477	6.740	2.285
$\ln OFDI_{it}$	2298	3.156	0	0.163	0.367
$\ln FDI_{it}$	2298	1.260	0	0.055	0.110

二、计量回归结果

在进行引力模型回归时,加入时间和国家的虚拟变量,用于控制时间变动的因素、贸易限制指数值存在的国家差异,从而控制市场和时间效应。对 2001—2015 年的非平衡面板数据采用固定效应(FE)模型和随机效应(RE)模型回归,根据豪斯曼(Hausman)检验结果选用相应的模型,并将混合回归结果作为参考。

1. 基于全部样本的回归结果

在对全部样本回归时,根据豪斯曼(Hausman)检验结果,对进口总量(TV_{it})、扩展边际(EM_{it})、数量边际(Q_{it})使用固定效应(FE)模型回归,对价格边际(P_{it})采用随机效应模型(RE)回归,结果见表 4-14。从回归结果看,实证结果与理论模型分析结果相似。贸易限制指数与中国农产品进口呈显著负相关,表明加入 WTO后,中国农产品关税下降和非关税削减,确实显著促进了农产品进口的增加,贸易限制指数每下降 1%,即贸易壁垒每削减 1%,农产品进口增加 0.379%。同时,中国农产品贸易壁垒削减,对农产品进口三元边际有显著的促进作用,说明中国农产品进口三元边际对贸易壁垒削减比较敏感,贸易壁垒每削减 1%,农产品进口扩展边际、数量边际和价格边际分别增长 0.013%、0.018% 和 0.078%。从中国是否与贸易伙伴签订自由贸易协定的回归结果看,自由贸易协定显著促进了中国农产品进口的增加,可见自由贸易协定是 WTO 的垫脚石而不是绊脚石,但其对农产品进口扩展边际、数量边际和价格边际并无显著影响,需要进一步检验。

从控制变量的实证结果看,进口国相对中国经济规模的扩大,会显著阻碍中国农产品进口额和数量边际的增加,显著提高价格边际;相反,进口国相对中国人口的增加,会显著促进中国农产品进口额和数量边际的增加;进口国相对中国固定贸易成本的下降,显著促进中国农产品进口总额、扩展边际的增加;汇率上升,显著提高中国农产品进口价格边际;多边阻力对中国农产品进口有显著负影响,对数量边际有显著正影响。进口国农业规模的扩大,可显著增加农产品进口,显著降低进口价格边际;贸易伙伴农业生产率的提高,可显著降低中国农产品进口和扩展边际,显著增加数量边际;进口国农业对外投资的提高,可显著降低中国农产品进口扩展边际;贸易伙伴农业引进外资的增加,对中国农产品进口及三元边际都无显著影响。

表 4-14　全样本的回归结果

变量	$\ln TV_{it}$		$\ln EM_{it}$		$\ln Q_{it}$		$\ln P_{it}$	
	混合回归	FE 模型	混合回归	FE 模型	混合回归	FE 模型	混合回归	RE 模型
$\ln TRI_{it}$	−0.353 (−1.07)	−0.379** (−1.99)	0.046** (2.16)	−0.013* (−0.52)	0.051 (1.34)	−0.018* (−0.47)	−0.106** (−2.45)	−0.078* (−1.78)
$\ln GDP_{it}$	2.382*** (4.62)	−1.671* (−1.92)	0.117*** (3.60)	0.025 (0.27)	0.136*** (3.58)	−0.301* (−1.69)	0.059 (1.61)	0.091** (1.97)
$\ln POP_{it}$	5.517*** (3.20)	24.179* (1.87)	0.276** (2.14)	1.593 (0.74)	−0.056 (−0.37)	6.243** (2.36)	0.179 (1.28)	0.156 (0.69)
$\ln DIST_{ci}$	−0.327*** (−2.88)		−0.005 (−0.66)		−0.103*** (−4.24)		−0.008 (−0.43)	−0.001 (−0.02)
$\ln FCOST_{it}$	1.490*** (8.35)	−0.884*** (−2.76)	−0.060*** (−5.55)	−0.209*** (−4.96)				
$\ln EXC_{it}$	−0.319*** (−5.21)	−0.104 (−0.50)	−0.031*** (−6.65)	−0.041 (−1.64)	−0.032*** (−4.72)	0.012 (0.29)	0.025** (2.45)	0.022* (1.70)
$\ln FTA_{it}$	2.077*** (11.62)	0.643*** (−3.17)	0.140*** (10.15)	0.009 (0.67)	−0.021 (−0.57)	0.030 (0.73)	−0.052 (−1.54)	−0.033 (−1.06)
$\ln MRES_{it}$	−0.738*** (−26.54)	−0.482*** (−6.76)	−0.023*** (−11.36)	0.014 (1.62)	0.046*** (10.55)	0.074*** (5.06)	−0.008** (−2.26)	−0.008 (−1.62)
$\ln SIZE_{it}$	−6.528** (−2.16)	9.309** (2.46)	0.012 (0.06)	0.133 (0.33)	0.036 (0.15)	0.447 (0.58)	−0.882*** (−4.14)	−0.909*** (−3.28)
$\ln EFFIC_{it}$	−0.098*** (−3.42)	−0.116** (−2.05)	−0.008*** (−4.35)	−0.022** (−2.25)	0.028*** (7.81)	0.024** (2.07)	0.003 (0.62)	0.003 (0.43)
$\ln OFDI$	−0.848*** (−5.26)	−0.011 (−0.09)	0.039*** (3.90)	−0.016* (−1.69)	−0.043*** (−3.35)	−0.009 (−0.32)	−0.006 (−0.32)	−0.008 (−0.34)

续　表

变量	$\ln TV_{it}$		$\ln EM_{it}$		$\ln Q_{it}$		$\ln P_{it}$	
	混合回归	FE 模型	混合回归	FE 模型	混合回归	FE 模型	混合回归	RE 模型
$\ln FDI$	4.130***	−0.005	0.172***	0.014	0.288***	0.059	−0.050	−0.038
	(6.15)	(−0.01)	(4.63)	(0.73)	(5.03)	(0.67)	(−0.80)	(−0.44)
常数项	15.977***	10.890***	0.559***	0.516***	0.049	−1.416**	0.949***	0.862***
	(14.72)	(15.30)	(7.70)	(4.92)	(0.21)	(−9.72)	(5.00)	(4.25)
R^2	0.475	0.362	0.295	0.113	0.432	0.139	0.150	
N	2298	2298	2298	2298	2298	2298	2298	2298

注：***、**和*分别在为 1%、5% 和 10% 水平上显著,括号内为 t 统计量,以下均同。

2. 基于发达经济体与发展中经济体分类回归

　　2005 年,联合国将 165 个国家或地区分为 33 个发达经济体和 132 个发展中经济体[①],分别对 2001—2015 年 33 个发达经济体的非平衡面板数据进行引力模型分析,回归结果见表 4-15 和表 4-16。基于分组回归检验结果,中国农产品贸易壁垒削减显著促进了从发达经济体和发展中经济体的进口,贸易限制指数每下降 1%,分别从发达经济体和发展中经济体进口农产品增加 0.151% 和 0.561%。可见,贸易壁垒削减更能显著地增加从发展中经济体进口农产品。贸易限制指数的下降,显著地降低了从发达经济体的进口扩展边际,显著地增加了从发展中经济体的进口扩展边际。主要原因在于,中国农产品的技术水平、安全标准和质量等方面低于发达经济体,却高于许多发展中经济体。同时,贸易壁垒削减能显著地促进从发达经济体和发展中经济体进口农产品数量边际的增加,贸易限制指数每下降 1%,分别从发达经济体和发展中经济体进口数量边际增加 0.018% 和0.040%。但贸易壁垒削减对发达经济体和发展中经济体进口价格边际并无显著正影响。中国与发达经济体建立自贸区,对进口有显著的负影响,对进口三元边际无显著影响。中国与发展中经济体建立自贸区,显著地促进了数量边际和价格边际的增长,对扩展边际有显著的负影响,对进口无显著负影响。

---

　　① 33 个发达经济体分别是美国、法国、英国、日本、德国、加拿大、意大利、瑞典、芬兰、丹麦、挪威、荷兰、比利时、瑞士、奥地利、土耳其、澳大利亚、新西兰、希腊、冰岛、爱尔兰、卢森堡、葡萄牙、西班牙、韩国、新加坡、以色列、马耳他、希腊、塞浦路斯、中国台湾、中国香港和中国澳门。

表 4-15　发达经济体的样本回归结果

变量	$\ln TV_{it}$		$\ln EM_{it}$		$\ln Q_{it}$		$\ln P_{it}$	
	混合回归	FE 模型	混合回归	FE 模型	混合回归	FE 模型	混合回归	RE 模型
$\ln TRI_{it}$	−1.045*** (−3.40)	−0.151* (−0.77)	0.031 (1.08)	0.026* (1.70)	−0.036 (−1.38)	−0.018* (0.72)	−0.067 (−0.99)	−0.039 (−0.78)
$\ln GDP_{it}$	−2.630*** (−4.18)	−1.278 (−1.19)	0.015 (0.33)	0.222*** (4.16)	−0.116*** (−3.12)	−0.170* (−1.91)	0.270*** (2.96)	0.326** (2.17)
$\ln POP_{it}$	14.856*** (4.96)	190.233* (1.84)	0.109 (0.54)	−12.373*** (−3.68)	0.551** (2.04)	18.531*** (3.32)	−0.435 (−1.17)	−0.740 (−1.38)
$\ln DIST_{ci}$	0.232* (1.63)		0.005 (0.48)		−0.105*** (−5.74)		−0.006 (−0.20)	−0.002 (−0.04)
$\ln FCOST_{it}$	−9.602*** (−10.17)	−0.505 (−0.15)	−0.483*** (−3.65)	0.562*** (2.89)				
$\ln EXC_{it}$	−0.752*** (−6.86)	1.049* (1.96)	−0.052*** (−6.24)	−0.160*** (−4.69)	0.018** (2.41)	0.137** (2.42)	0.035 (1.23)	0.035 (0.73)
$\ln FTA_{it}$	1.172*** (4.10)	−0.800** (−2.30)	0.080*** (3.21)	0.006 (0.43)	0.009 (0.20)	−0.037 (−1.57)	−0.072 (−1.39)	−0.077 (−0.95)
$\ln MRES_{it}$	−0.913*** (−16.06)	1.433*** (6.08)	−0.040*** (−8.58)	−0.038*** (−2.65)	−0.001 (−0.02)	0.069** (2.91)	−0.006 (−0.63)	−0.001 (0.01)
$\ln SIZE_{it}$	8.636*** (3.30)	4.453 (0.92)	0.137 (0.73)	−0.603** (−2.46)	0.295** (2.19)	0.333 (0.82)	−1.638*** (−4.46)	−1.613* (−1.95)
$\ln EFFIC_{it}$	−0.040 (−0.67)	−0.212** (−2.08)	−0.004 (−0.80)	0.007 (1.26)	0.022*** (3.35)	−0.015 (−1.59)	0.025 (1.44)	0.024 (0.81)
$\ln OFDI$	−1.015*** (−7.07)	−0.294*** (−3.19)	−0.027*** (−2.80)	−0.012* (−1.67)	−0.023** (−2.29)	−0.001 (−0.10)	−0.039** (−2.12)	−0.033** (−2.02)
$\ln FDI$	1.674*** (3.53)	0.248 (1.21)	0.113*** (4.35)	0.017 (0.78)	−0.054* (−1.75)	0.020 (0.54)	−0.059 (−0.94)	−0.075 (−0.85)
常数项	25.115*** (15.64)	3.574* (0.80)	0.892*** (6.78)	0.674*** (4.24)	1.229*** (6.95)	−0.402 (−1.53)	0.050 (0.09)	0.078 (0.07)
R^2	0.702	0.654	0.499	0.145	0.338	0.125	0.304	0.136
N	431	431	431	431	431	431	431	431

同时,发达经济体经济规模的扩大对中国进口扩展边际和价格边际有显著正影响,对数量边际有显著负影响,但发展中经济体经济规模的扩大对进口和数量边际有显著负效应。发达经济体人口增长对进口和数量边际有显著正影响,对扩展边际有显著负影响。发展中经济体人口增长,对进口数量边际有显著正影响,对扩展边际有显著负影响。发达经济体和发展中经济体

固定成本的下降,会显著降低中国农产品进口扩展边际。发达经济体汇率提高,对进口和数量边际有显著正影响,对扩展边际有显著负影响。发达经济体多边阻力的提高,显著促进进口和数量边际的增加,显著降低扩展边际。发展中经济体多边阻力的提高,显著降低进口、扩展边际和价格边际,显著增加数量边际。发达经济体农业规模的扩大显著降低扩展边际和价格边际,而发展中经济体农业规模的扩大显著促进进口和数量边际的增加。发达经济体和发展中经济体农业生产率的提高,显著降低进口和显著增加数量边际。发达经济体农业对外直接投资的增加,显著降低进口、扩展边际和价格边际。发展中经济体农业引进外资,显著增加数量边际和价格边际。

表 4-16　发展中经济体的样本回归结果

变量	$\ln TV_{it}$		$\ln EM_{it}$		$\ln Q_{it}$		$\ln P_{it}$	
	混合回归	FE 模型	混合回归	FE 模型	混合回归	FE 模型	混合回归	RE 模型
$\ln TRI_{it}$	0.011 (0.02)	−0.561** (−2.20)	0.036 (1.26)	−0.006* (−0.26)	0.083 (1.60)	−0.040* (−0.70)	−0.135** (−2.29)	−0.075 (−1.19)
$\ln GDP_{it}$	−5.794** (−2.21)	−9.260*** (−4.37)	−0.252 (−1.58)	−0.074 (−0.40)	−0.157 (−0.52)	−1.557** (−2.55)	−0.249 (−0.81)	0.231 (0.42)
$\ln POP_{it}$	8.409*** (2.89)	23.613 (1.47)	0.319 (1.37)	−2.664* (−1.90)	−0.636** (−2.25)	6.226** (2.54)	0.136 (0.61)	2.848 (0.56)
$\ln DIST_{ci}$	0.005 (0.03)		0.027*** (2.89)		−0.117*** (−3.61)		−0.014 (−0.55)	0.137 (1.01)
$\ln FCOST_{it}$	2.320*** (10.31)	−1.305*** (−3.60)	−0.004 (−0.22)	−0.185*** (−5.84)				
$\ln EXC_{it}$	−0.247*** (−3.66)	−0.010 (−0.04)	−0.031*** (−6.24)	0.026 (1.23)	−0.037*** (−4.22)	0.003 (0.06)	0.021* (1.74)	0.015 (0.37)
$\ln FTA_{it}$	2.253*** (9.88)	−0.457 (−1.60)	0.161*** (8.67)	−0.055** (−2.20)	−0.043 (−0.91)	0.061* (1.67)	−0.050 (−1.10)	0.111** (2.12)
$\ln MRES_{it}$	−0.644*** (−19.27)	−0.533*** (−6.64)	−0.015*** (−6.46)	−0.026*** (−3.64)	0.055*** (10.24)	0.076*** (3.35)	−0.008* (−1.85)	−0.061** (−2.21)
$\ln SIZE_{it}$	−8.019 (−1.63)	16.050*** (2.65)	0.371 (0.90)	−0.242 (−0.46)	1.093** (2.31)	1.873* (1.79)	−0.705** (−2.11)	−0.664 (−0.30)
$\ln EFFIC_{it}$	−0.280*** (−7.76)	−0.134* (−1.95)	−0.022*** (−9.96)	−0.010 (−1.61)	0.028*** (6.68)	0.030* (1.69)	0.002 (0.46)	0.003 (0.17)
$\ln OFDI$	−0.069 (−0.12)	0.561 (1.30)	0.006 (0.17)	0.019 (0.51)	−0.095 (−1.41)	−0.014 (−0.17)	−0.043 (−0.56)	−0.102 (−0.35)

续　表

变量	$\ln TV_{it}$		$\ln EM_{it}$		$\ln Q_{it}$		$\ln P_{it}$	
	混合回归	FE 模型	混合回归	FE 模型	混合回归	FE 模型	混合回归	RE 模型
lnFDI	10.631*** (6.41)	0.331 (0.30)	0.226** (2.33)	−0.095 (−0.99)	0.684*** (3.97)	0.238* (1.87)	0.166 (0.74)	0.383* (1.79)
常数项	12.488*** (8.80)	11.279*** (13.08)	0.255*** (2.73)	0.608*** (8.05)	0.104 (0.34)	−1.440*** (−5.92)	1.019*** (3.92)	−0.043 (−0.03)
R^2	0.413	0.335	0.244	0.115	0.440	0.211	0.206	0.137
N	1867	1867	1867	1867	1867	1867	1867	1867

三、稳健性检验

为了检验全样本回归估计结果的稳健性和可靠性，本节将对贸易壁垒削减替代指标和核心解释变量滞后一期进行回归分析。

1. 加权平均关税回归分析

在全样本回归估计中，用贸易限制指数衡量贸易壁垒削减程度。为了检测基本估计结果的稳健性，进一步采用加权平均关税替代贸易限制指数进行实证分析，回归结果见表 4-17。从结果看，中国农产品加权平均关税与进口、扩展边际、数量边际和价格边际都呈现出显著的负相关。加权平均关税每下降 1%，中国农产品进口增加 0.328%，扩展边际增加 0.032%，数量边际增长 0.04%，价格边际提高 0.488%。可见，回归结果与之前的基本回归结果相似。中国加权平均关税下降会显著促进中国农产品进口的增加，从而种类、数量增加，价格上涨。

表 4-17　加权平均关税回归结果

变量	$\ln TV_{it}$		$\ln EM_{it}$		$\ln Q_{it}$		$\ln P_{it}$	
	混合回归	FE 模型	混合回归	FE 模型	混合回归	FE 模型	混合回归	RE 模型
$\ln TRI_{it}$	−6.575*** (−5.26)	−0.328* (−0.52)	−0.079 (−0.91)	−0.032* (−0.31)	−0.039 (−0.24)	−0.040* (−0.31)	0.283 (1.34)	−0.488** (−2.39)
$\ln GDP_{it}$	2.237*** (4.38)	−1.766** (−2.03)	0.113*** (3.47)	0.024 (0.26)	0.133*** (3.49)	−0.307* (−1.73)	0.071* (1.94)	0.285 (1.01)
$\ln POP_{it}$	4.566*** (2.66)	25.705** (1.99)	0.241* (1.88)	1.609 (0.73)	−0.087 (−0.55)	6.356** (2.40)	0.277** (2.01)	3.272 (0.78)

变量	$\ln TV_{it}$		$\ln EM_{it}$		$\ln Q_{it}$		$\ln P_{it}$	
	混合回归	FE 模型	混合回归	FE 模型	混合回归	FE 模型	混合回归	RE 模型
$\ln DIST_{ci}$	−0.354*** (−3.10)		−0.006 (−0.88)		−0.105*** (−4.24)		−0.004 (−0.21)	0.200 (1.06)
$\ln FCOST_{it}$	1.494*** (8.35)	−0.891*** (−2.78)	−0.061*** (−5.66)	−0.209*** (−4.95)				
$\ln EXC_{it}$	−0.316*** (−5.16)	−0.113 (−0.54)	−0.031*** (−6.67)	−0.042* (−1.67)	−0.032*** (−4.74)	0.013 (0.31)	0.025** (2.49)	0.022 (0.32)
$\ln FTA_{it}$	2.036*** (11.47)	−0.678*** (−3.35)	0.142*** (10.23)	0.008 (0.55)	−0.019 (−0.52)	0.028 (0.69)	−0.055 (−1.64)	0.043 (0.65)
$\ln MRES_{it}$	−0.755*** (−27.58)	−0.477*** (−6.68)	−0.023*** (−11.66)	−0.023*** (−3.70)	0.045*** (10.65)	0.075*** (5.11)	−0.006* (−1.74)	−0.054** (−2.31)
$\ln SIZE_{it}$	−5.978** (−1.98)	9.698** (2.56)	0.039 (0.18)	0.138 (0.34)	0.060 (0.25)	0.477 (0.62)	−0.955*** (−4.55)	−1.164 (−0.95)
$\ln EFFIC_{it}$	−0.102*** (−3.57)	−0.115** (−2.04)	−0.008*** (−4.36)	−0.022** (−2.25)	0.028*** (7.84)	0.024** (2.08)	0.003 (0.64)	0.011 (0.60)
$\ln OFDI$	−0.794*** (−5.00)	0.005 (0.04)	0.040*** (3.97)	−0.016 (−1.65)	−0.042*** (−3.28)	−0.007 (−0.27)	−0.009 (−0.51)	−0.068 (−1.59)
$\ln FDI$	4.101*** (6.24)	−0.024 (−0.06)	0.175*** (4.69)	0.013 (0.68)	0.292*** (5.01)	0.058 (0.65)	−0.059 (−0.94)	0.068 (0.49)
常数项	17.150*** (15.37)	10.761*** (14.83)	0.602*** (8.13)	0.518*** (4.67)	0.086 (0.35)	−1.438*** (−9.69)	0.829*** (4.26)	−0.618 (−0.36)
R^2	0.484	0.361	0.294	0.116	0.431	0.201	0.214	0.109
N	2298	2298	2298	2298	2298	2298	2298	2298

2. 贸易限制指数滞后一期回归分析

在基本回归模型中,贸易限制指数采用的是当期值,考虑贸易壁垒削减可能具有一定的滞后性,同时也为了克服进口及其贸易边际变动对贸易壁垒削减可能存在反向因果关系而导致内生性问题,在此采用贸易限制指数滞后一期值进行回归分析,结果见表 4-18。从回归结果来看,核心解释变量贸易限制指数对因变量影响的符号方向、显著性与前文的回归结果基本一致。贸易限制指数每下降 1%,中国农产品进口显著增加 0.665%,扩展边际显著增加 0.015%,数量边际显著增长 0.02%,价格边际显著提高 0.047%。

表 4-18　全样本回归结果

变量	$\ln TV_{it}$		$\ln EM_{it}$		$\ln Q_{it}$		$\ln P_{it}$	
	混合回归	FE 模型	混合回归	FE 模型	混合回归	FE 模型	混合回归	RE 模型
$\ln TRI_{it}$	0.165 (0.52)	−0.665*** (−2.95)	0.064*** (3.12)	−0.015* (−0.87)	0.049 (1.43)	−0.020* (−0.70)	−0.082* (−1.93)	−0.047* (−0.96)
$\ln GDP_{it}$	2.607*** (5.11)	−2.876* (−1.90)	0.135*** (4.01)	0.090 (1.09)	0.138*** (3.60)	−0.302* (−1.97)	0.031 (0.91)	(−0.96) (1.28)
$\ln POP_{it}$	5.769*** (3.34)	17.209 (1.03)	0.283** (2.16)	0.965 (0.42)	−0.069 (−0.44)	5.642** (2.53)	0.100 (0.73)	0.068 (0.32)
$\ln DIST_{ci}$	−0.246* (−2.10)		−0.001 (−0.12)		−0.111*** (−4.22)		−0.014 (−0.67)	−0.004 (−0.22)
$\ln FCOST_{it}$	1.625*** (9.80)	−1.129* (−1.68)	−0.059*** (−5.74)	−0.164*** (−4.60)				
$\ln EXC_{it}$	−0.331*** (−5.44)	−1.433*** (−3.84)	−0.031*** (−6.45)	−0.056* (−1.81)	−0.033*** (−4.74)	−0.001 (−0.02)	0.026** (2.46)	0.023* (1.67)
$\ln FTA_{it}$	1.994*** (11.04)	0.384 (1.35)	0.142*** (10.12)	0.021 (1.15)	−0.027 (−0.69)	−0.010 (−0.36)	−0.063* (−1.77)	−0.039 (−1.43)
$\ln MRES_{it}$	−0.746*** (−26.27)	−0.522*** (−7.10)	−0.022*** (−10.59)	−0.021*** (−3.10)	0.045*** (9.80)	0.062*** (2.82)	−0.008** (−2.36)	−0.008 (−1.56)
$\ln SIZE_{it}$	−7.352** (−2.42)	11.773* (1.93)	−0.029 (−0.13)	−0.088 (−0.22)	0.079 (0.32)	0.424 (0.71)	−0.744*** (−3.79)	−0.747*** (−2.93)
$\ln EFFIC_{it}$	−0.101*** (−3.51)	−0.511*** (−3.35)	−0.009*** (−4.36)	−0.023** (−2.38)	0.030*** (8.03)	0.023 (1.55)	0.001 (0.05)	0.002 (0.04)
$\ln OFDI$	−0.858*** (−5.32)	−0.629*** (−4.10)	0.038*** (3.66)	−0.021** (−2.21)	−0.046*** (−3.43)	0.002 (0.08)	−0.009 (−0.52)	−0.013 (−0.47)
$\ln FDI$	3.765*** (5.64)	0.974*** (3.11)	0.170*** (4.55)	0.015 (0.79)	0.293*** (4.90)	0.048 (1.28)	−0.054 (−0.83)	−0.032 (−0.37)
常数项	15.273*** (13.63)	10.888*** (6.33)	0.521*** (6.91)	0.547*** (5.11)	0.096 (0.38)	−1.342*** (−5.92)	1.014*** (5.00)	0.905*** (4.44)
R^2	0.490	0.308	0.293	0.151	0.447	0.185	0.313	0.136
N	2133	2133	2133	2133	2133	2133	2133	2133

四、FTA 对进口贸易边际的影响

2002 年以来,中国在全面履行入世承诺的同时,开启了自由贸易区建设的进程。截至 2018 年,中国已签署了 16 个自由贸易协定。为了在 WTO 多边协议的基础上,进一步识别中国自由贸易区战略对农产品进口及其贸易边际的影响,采用双重差分(DID)方法、倾向得分匹配-双重差分(PSM-DID)方法进行实证分析。

1. DID 方法

DID 方法自 Heckman 和 Hotz(1986)正式提出后,由于能同时控制分组效应和时间效应,已广泛用于公共政策或项目实施效果的实证研究。本书采用 DID 方法,识别 FTA 实施前后对进口及其贸易边际影响的不同效果,将与中国签订 FTA 的国家作为处理组,将其他国家视为控制组(数据截至 2018年)。从而将农产品出口到中国的 165 个国家分为 4 组,分别是 FTA 生效前的处理组与控制组,FTA 生效后的处理组与控制组,并采用虚拟变量来表示:du 表示出口国是否与中国签订 FTA,$du=1$ 表明已签订,为处理组,否则为控制组;dt 为时间虚拟变量,$dt=1$ 表示 FTA 生效后的时期,$dt=0$ 表示生效前的时期。由于各个国家与中国实施 FTA 的时间不同,采用广义双重差分模型进行分析:

$$\ln Y_{it} = \alpha + \beta_1 du_i \times dt_t + \beta_2 Control_{ii} + \delta_i + \eta_t + \varepsilon_{it}, \qquad (4.8)$$

其中,i 为出口国,t 为年份,Y_{it} 表示进口总额(TV_{it})、扩展边际(EM_{it})、数量边际(Q_{it})和价格边际(P_{it}),并以 $\ln(1+Y_{it})$ 的形式代入模型。交互项 $du_i \times dt_t$ 的系数 β_1 是本文关注的核心参数,表示与中国签订 FTA 的国家相对于未与中国签订 FTA 的国家(一重差分),在 FTA 生效后相对于生效前(二重差分),对农产品进口及其贸易边际的影响。如果 β_1 为正,则表明 FTA 的签订提高了中国进口及其贸易边际,反之则降低了中国进口及其贸易边际。①Control$_{it}$ 代表一系列控制变量,在准自然实验中,需要引入相关变量来控制处理组和控制组之间的差异,尽可能消除 β_1 的偏误,控制变量包括 TRI_{cit}、GDP_{it}、POP_{it}、$FCOST_{ct}$、$MRES_{cit}$、EXC_{cit}、$SIZE_{it}$、$EFFIC_{it}$、$OFDI_{it}$ 和 FDI_{it}。δ_i 为国家固定效应,用于控制国家间不随时间变化的不可观测因素,η_t 为时间固定效应,用来控制年度的宏观冲击带来的影响,ε_{it} 是随机误差项。

与标准的双重差分法相比,模型(4.8)仅包含交互项 $du \times dt$,不含 du 与 dt 水平项,而是通过控制国家固定效应和时间固定效应间接控制两者水平项。

表 4-19 是用 DID 方法检验中国签订的 FTA 对农产品进口及其贸易边际影响的估计结果,估计结果均控制国家固定效应和时间固定效应。第(2)(4)和(6)列是在第(1)(3)和(5)列的基础上,增加了控制变量的估计结果。

从估计结果看,每个回归中的核心解释变量 $du \times dt$ 的系数 β_1 均显著为正,这意味着整体上 FTA 的签订对中国农产品进口额、扩展边际、数量边际和价格边际都呈现显著的正向关系。FTA 的实施总体上提高了中国农产品的进口、扩展边际、价格边际和数量边际。同时,贸易限制指数与中国农产品进口总额、扩展边际、数量边际和价格边际呈现显著的负向关系。这说明贸易壁垒削减会促进中国农产品的进口、扩展边际、价格边际和数量边际的提高。

表 4-19 DID 回归的结果

变量	lnTV		lnEM		lnP		lnQ	
	(1)	(2)	(3)	(4)	(5)	(6)	(7)	(8)
$du \times dt$	0.712***	0.390**	0.019*	0.008*	0.005**	0.009**	0.006*	0.006**
	(3.11)	(1.77)	(1.08)	(0.48)	(0.07)	(0.14)	(0.15)	(0.15)
lnTRI	−0.973***	−0.636***	−0.013**	−0.006**	−0.047*	−0.047*	−0.003**	−0.010*
	(−4.46)	(−3.02)	(−0.76)	(−0.35)	(−0.78)	(−0.76)	(−0.09)	(−0.26)
lnGDP	−2.600***	−3.353***	−0.014	0.042	−0.001	0.322	−0.109	−0.272
	(−5.80)	(−3.50)	(−0.41)	(0.54)	(−0.01)	(1.15)	(−1.39)	(−1.54)
lnPOP	10.867***	6.665***	1.984**	0.498	4.754	1.976	2.458	4.648*
	(8.43)	(4.60)	(2.00)	(0.43)	(1.33)	(0.47)	(1.09)	(1.75)
lnFCOST	−1.880***	−2.022***	−0.220***	−0.214***				
	(−5.13)	(−5.72)	(−7.79)	(−7.52)				
lnMRES	0.625***	0.249***	0.023***	0.010*	−0.036**	−0.041**	0.035***	0.052***
	(9.50)	(3.66)	(4.53)	(1.91)	(−1.98)	(−2.08)	(3.08)	(4.13)
lnEXC	−1.367***	−1.136***	−0.052***	−0.040**	−0.006	−0.009	0.073*	0.051
	(−5.95)	(−5.13)	(−2.96)	(−2.25)	(−0.10)	(−0.14)	(1.82)	(1.25)
lnSIZE		0.875**		−0.008		−1.378		0.448
		(2.34)		(−0.02)		(−1.11)		(0.58)
lnEFFIC		−0.311***		−0.019***		0.009		0.032***
		(−5.09)		(−3.82)		(0.52)		(2.85)
lnOFDI		−0.634***		−0.018		−0.041		0.010
		(−4.44)		(−1.55)		(−0.97)		(0.38)
lnFDI		1.155**		0.012		−0.029		0.061
		(2.24)		(0.33)		(−0.21)		(0.70)
常数项	5.722***	8.915***	0.327***	0.508***	0.881***	0.888***	−1.072***	−1.373***
	(9.14)	(11.35)	(6.79)	(8.02)	(5.07)	(3.86)	(−9.80)	(−9.51)

变量	lnTV		lnEM		lnP		lnQ	
	(1)	(2)	(3)	(4)	(5)	(6)	(7)	(8)
R^2	0.221	0.208	0.225	0.212	0.277	0.278	0.235	0.238
N	2298	2298	2298	2298	2298	2298	2298	2298

2. PSM-DID 方法

由于 DID 方法难以解决样本选择偏差,而倾向得分匹配法(PSM)能很好地解决这个问题。因此,本书在 DID 分析基础上,将 PSM 方法和 DID 方法相结合(即 PSM-DID 方法),有效解决 FTA 伙伴国与非伙伴国之间农产品贸易差异较大,难以满足共同趋势假设问题,利用匹配后的数据采用双重差分法进行实证分析。其计量模型设定为

$$\ln Y_{it}^{PSM} = \alpha + \beta_1 du_i \times dt_t + \beta_2 \text{Control}_{ii} + \delta_i + \eta_t + \varepsilon_{it} \text{。} \tag{4.9}$$

首先对数据进行平衡性检验,确保 PSM-DID 估计结果的准确性,然后分别采用卡尺内最近邻匹配法和核匹配法进行回归分析,结果如表 4-20 所示。从 PSM-DID 回归结果看,核心估计量 $du \times dt$ 的回归系数 β_1 仍为正,且在 5% 或 10% 的显著性水平下显著。进一步表明,FTA 的实施确实增加了中国农产品的进口、扩展边际、价格边际和数量边际。同时,贸易限制指数与中国农产品进口额、扩展边际、价格边际和数量边际都呈现显著的负向关系,说明贸易壁垒削减会显著促进中国农产品进口及三元边际的提高。

表 4-20　PSM-DID 估计结果

变量	卡尺内最近邻匹配法				核匹配法			
	lnTV	lnEM	lnP	lnQ	lnTV	lnEM	lnP	lnQ
$du \times dt$	0.362** (1.60)	0.010** (0.54)	0.013* (0.19)	0.022* (0.55)	0.361** (1.60)	0.009* (0.51)	0.051** (0.75)	0.022** (0.55)
lnTRI	−0.988*** (−4.56)	−0.013** (−0.79)	−0.058** (−0.92)	−0.034** (−0.89)	−0.986*** (−4.55)	−0.013** (−0.77)	−0.068* (−1.07)	−0.034* (−0.89)
lnGDP	−6.160*** (−3.78)	0.122 (0.96)	0.243 (0.51)	−0.511* (−1.79)	−6.245*** (−3.87)	0.079 (0.63)	0.335 (0.71)	−0.505* (−1.79)
lnPOP	11.236*** (7.61)	0.703 (0.60)	4.573 (1.04)	5.177* (1.92)	11.507*** (7.64)	0.889 (0.76)	4.259 (0.94)	5.154* (1.91)

续 表

变量	卡尺内最近邻匹配法				核匹配法			
	lnTV	lnEM	lnP	lnQ	lnTV	lnEM	lnP	lnQ
lnFCOST	−5.718*** (−4.93)	−0.341*** (−3.77)	0.443 (1.31)	−0.008 (−0.04)				
lnMRES	0.378*** (5.28)	0.014** (2.48)	−0.038* (−1.80)	0.060*** (4.04)	0.380*** (5.31)	0.014** (2.44)	−0.061** (−2.45)	0.060*** (4.04)
lnEXC	−0.977*** (−3.43)	−0.058*** (−2.62)	−0.018 (−0.22)	0.044 (0.84)	−0.978*** (−3.44)	−0.059*** (−2.67)	0.065 (0.73)	0.045 (0.84)
lnSIZE	16.558*** (3.09)	−0.359 (−0.86)	−0.780 (−0.50)	0.444 (0.47)	16.916*** (3.21)	−0.179 (−0.43)	−0.782 (−0.51)	0.419 (0.45)
lnEFFIC	−0.477*** (−7.60)	−0.022*** (−4.44)	0.006 (0.31)	0.016 (1.40)	−0.476*** (−7.59)	−0.022*** (−4.42)	0.014 (0.72)	0.016 (1.40)
lnOFDI	−0.515*** (−2.89)	−0.016 (−1.16)	−0.049 (−0.94)	−0.003 (−0.09)	−0.514*** (−2.89)	−0.016 (−1.14)	−0.083 (−1.55)	−0.003 (−0.09)
lnFDI	1.112 (1.96)	0.015 (0.33)	−0.004 (−0.03)	0.099 (0.98)	1.115** (1.96)	0.016 (0.37)	0.088 (0.52)	0.099 (0.99)
常数项	12.107*** (10.69)	0.632*** (7.15)	0.590* (1.79)	−0.371* (−1.85)	12.083*** (10.67)	0.634*** (7.16)	0.471 (1.40)	−0.370* (−1.84)
R^2	0.256	0.216	0.283	0.268	0.258	0.227	0.269	0.268
N	2152	2152	2152	2152	2154	2154	2154	2154

第四节　本章小结

本章首先对中国农产品进口发展情况进行分析,借鉴 Hummels 和 Klenow(2005)三元边际计算方法,考察中国农产品进口增长的扩展边际、数量边际和价格边际,采用引力模型实证检验贸易壁垒削减对进口增长及三元边际的影响,研究发现:

(1)加入 WTO 后,随着农产品关税的取消和非关税措施的削减,中国农产品进口强劲增长,从 2001 年的 118.3 亿美元猛增至 2015 年的 1168.8 亿美元,年均增长 16.5%,2011 年超过美国成为全球最大的农产品进口国。2004 年农产品由贸易顺差转向贸易逆差,并且贸易逆差常态化,从 2004 年的 49.4 亿美元增至 2015 年的 452 亿美元。同时,农产品进口占总进口额的比重有所增加,从 2001 年的 4.86% 升至 2015 年的 6.96%,而且中国农业进口国角色越发重要,进口依存度从 2001 年的 6.3% 提高至 2015 年的 12.0%,农产品进口额占世界农产品进口总额的比重从 2001 年的 2.23% 上升至 2015 年的 7.63%。土地密集型和劳动密集型农产品进口额分别从 2001 年的 34.58 亿美元和 78.21 亿美元增至 2015 年的 433.1 亿美元和 658.52 亿美元。中国谷物产品进口从 2001 年的 336.6 万吨增至 2015 年的 3271.5 万吨。目前中国粮食的 1/7 靠进口,给粮食安全带来一定挑战。随着人们生活水平的不断提高和消费结构的不断升级,畜产品和奶粉分别从 2001 年的 102.5 万吨和 6.68 万吨增至 2015 年的 496.7 万吨和 73.4 万吨,水产品、蔬菜、水果分别从 2001 年的 14.5 亿美元、9.7 亿美元和 4.8 亿美元增至 2015 年的 89.8 亿美元、132.7 亿美元和 68.9 亿美元。

(2)进口市场集中度高。美国一直是中国农产品最大的进口国,进口额从 2001 年的 23.23 亿美元增至 2015 年的 221.31 亿美元,进口市场份额常年保持在 20% 以上。巴西是第二大进口市场,2015 年进口额为 185.57 亿美元,进口市场份额为 17%。2001—2015 年间,中国农产品进口市场集中度一直维持在较高水平上,前十位农产品进口市场占比均为 70%～80%,前五位农产品进口市场占比均为 50%～60%。自 2008 年以来市场集中度有所下降,但市场高度集中的格局没有得到根本改善。

(3)在多边层次上,中国数量边际增长最为迅速,从 2001 年的 0.024 增至 2015 年的 0.076;价格边际在波动中缓慢增长,从 2001 年的 0.970 上升至 2015 年的 1.086,扩展边际的贡献较小,一直保持在 0.9 以上高位波动,反映了以量取胜是中国农产品进口增长的主要模式。在双边层次上,中国从发达国家和发展中国家农产品进口增长主要来自集约边际,扩展边际贡献较小。从发达国家看,扩展边际都在 0.9 以上,集约边际从 2001 年的 0.022 增至 2015 年的 0.078,金融危机前价格边际略小于 1,2008 年以来价格边际大于 1,数量边际呈现上升趋势,从 2000 年的 0.021 升至 2015 年的 0.068;从发展中国家看,扩展边际都在 0.88 以上,集约边际逐年增加,从 2001 年的 0.027 增至 2015 年的 0.090,价格边际都小于 1,数量边际逐年上升,从 2001 年的 0.030 升至 2015 年的 0.086。

(4)从引力模型回归结果看,进口贸易壁垒削减显著地促进了中国农产品进口的增加,贸易壁垒每削减 1%,中国农产品进口总额增加 0.379%;贸易壁垒削减显著促进中国农产品进口扩展边际、数量边际和价格边际的增加，而且对进口价格边际的影响更大。分组检验可知，贸易壁垒削减显著促进从发达经济体和发展中经济体的进口增加，贸易壁垒每削减 1%，分别从发达经济体和发展中经济体进口的农产品增加 0.151% 和 0.561%；贸易壁垒削减，能显著促进从发达经济体进口的扩展边际、数量边际和价格边际，但对发展中经济体的价格边际无显著影响。

（5）采用 DID 方法、PSM-DID 方法，识别中国自由贸易区战略对农产品进口及其贸易边际的影响，研究结果显示，FTA 的签订对进口总额、扩展边际、数量边际和价格边际都呈现出显著正向关系，贸易限制指数与进口总额、扩展边际、数量边际和价格边际都呈现出显著负向关系。可见，FTA 的实施可引起进口贸易壁垒削减，从而显著促进中国农产品进口总额、扩展边际、数量边际和价格边际的提高。

第五章　贸易壁垒削减对生产者福利与农业结构的影响

　　农业是中国经济发展的压舱石、稳压器和蓄水池。如何有效解决农业发展中日益凸显的短板,如农业生产效率较低、农业产业结构有待优化、城乡差距和农户内部收入差距较大等问题,是当前全面对外开放、深度融入全球化时期,深化农业供给侧结构性改革的关键所在。自中国加入 WTO 以来,"入世"红利在中国经贸发展中得到了充分运用和发挥,开放经济下农产品进口对中国农业的影响与日俱增,从进口角度审视贸易开放对农业生产率、农业结构调整和农民收入的影响,是中国农业供给侧结构性改革、乡村振兴的重要关注点之一。基于此,本章重点探讨中国农业贸易壁垒削减对农业生产率、农业结构调整和农民收入及其差距的影响与作用机制。

第一节　贸易壁垒削减对农产品生产率的影响与机制

　　生产要素大量投入与全要素生产率增长是现代农业发展的基础,而提高全要素生产率是实现农业现代化的重要源泉。Brown(1994)指出中国农业增长必须依靠全要素生产率的提高。如何有效促进中国农业全要素生产率的提高,也是当前农业供给侧结构性改革和可持续发展的关键所在。新贸易理论、内生增长理论、企业异质性贸易理论都认为,贸易壁垒削减能有效促进一国企业和行业全要素生产率的提高(Krugman,1985;Grossman 和 Helpman,1991;Melitz,2003;Melitz 和 Ottaviano,2008)。2001 年中国成功加入 WTO,以及随后的入世承诺和外贸体制改革,为考察贸易壁垒削减对全要素生产率的影响提供了一个良好的准自然实验(简泽等,2014)。本节在利用随机前沿分析方法对农业全要素生产率进行测算和分解的基础上,利用 DID 方法、分位数 DID 方法,实证研究进口贸易壁垒削减对中国农业全要素生产率的影响及其作用机制,为理解中国农业全要素生产率变动提供新视角。

一、农产品生产率的测度与分解

生产率即全要素生产率(total factor productivity,TFP),是农业持续增长的动力,是衡量农业提质增效的重要指标。目前,国内外有关农业 TFP 的测度方法主要有索罗余值法、数据包络分析(DEA)方法和随机前沿分析(SFA)方法等。SFA 相对于其他测算方法,不仅考虑了测量误差、自然气候等统计噪声和随机因素对估计结果的影响,与农业生产本质特征相一致,还能将 SFA 分解为前沿技术进步、技术效率的变化和规模报酬收益率三部分,进一步分析生产率变化的根源。因此,SFA 更适用于测算农业 TFP(科埃利等,2008;匡远凤,2012)。本节利用 SFA 方法,采用超越对数 C−D 生产函数和时变非效率项分布式,综合分析 1996 年以来中国主要农产品的生产率及其前沿技术进步、技术效率变化和规模报酬收益率的作用。

1.SFA 模型

SFA 方法能将实际产出分为生产函数、随机因素和技术非效率,其基本模型为

$$Y_{it} = f(X_{it}, t; \beta)\exp(v_{it} - u_{it}), \tag{5.1}$$

其中,Y_{it} 和 X_{it} 是个体 i 在 t 年的实际产出和要素投入,β 是待估参数,v_{it} 是随机误差项,u_{it} 是技术无效率项。本文采用超越对数 C−D 生产函数和时变 SFA 方法,分析框架为

$$\ln Y_{it} = \alpha_0 + \alpha_1 \ln K_{it} + \alpha_2 \ln L_{it} + \alpha_3 + \alpha_4 \ln K_{it} \ln L_{it} + \alpha_5 t \ln K_{it}$$
$$+ \alpha_6 t \ln L_{it} + 0.5\alpha_7 \ln^2 L_{it} + 0.5\alpha_8 \ln^2 K_{it} + 0.5\alpha_9 t^2 + v_{it} - u_{it}, \tag{5.2}$$

其中,Y_{it}、K_{it} 和 L_{it} 分别表示农产品 i 在 t 年的产值、资本存量和从业人员数,t 表示技术进步的时间趋势,α_0、α_1、α_2、α_3、α_4、α_5、α_6、α_7、α_8、α_9 为待估参数,v_{it} 为随机误差项,服从标准正态分布,即 $v_{it} \sim iidN(0, \sigma_v^2)$,$u_{it}$ 为技术非效率项,表达式为

$$u_{it} = u_{it} \times \exp[-\eta(t - T)], \tag{5.3}$$

其中,u_{it} 服从非负半正态分布,即 $u_{it} \sim iidN(\mu, \sigma_u^2)$,而且 u_{it} 与 v_{it} 相互独立。η 为技术非效率 u_{it} 的变化率。式(5.2)和(5.3)组成了时变技术非效率随机前沿生产函数模型,其参数可采用极大似然法(ML)估计得到,待估参数 γ 为随机扰动项中技术非效率项所占比例,$\gamma = \dfrac{\sigma_u^2}{\sigma_v^2 + \sigma_u^2}$。如果 $\gamma = 0$,则 $\sigma_u = 0$,不存在技术非效率,设定有偏误,无需采用 SFA 方法;如果 $\gamma = 1$,则 $\sigma_v = 0$,无随机冲击效应,应采用确定性前沿模型;如果 $0 < \gamma < 1$,则需采用 SFA 方法,γ 越趋近于 1,表明误差主要是技术非效率引起的,更适合采用 SFA 方法。其中,技术效率(TE)是在技术水平和要素投入不变时,理论上最大产出与实际产出间的垂直距离,距离越大,生产效率越低,技术非效率越高。根据 Battese 和 Coelli(1995)的方法,产品 i 在 t 年的生产效率为 $TE_{it} = \exp(-u_{it})$,可直接估算。

　　TFP 是产出变动中没有被要素变动所解释的剩余部分。依据 Kumbhakar 等(2000)的 TFP 分解方法,TFP 增长率(ΔTFP)被分解为生产效率的变化率(TEC)、技术进步率(TP)和规模效率的变化率(SE),即

$$\Delta TFP_{it} = TEC_{it} + TP_{it} + SE_{it}。 \tag{5.4}$$

　　生产效率的变化率(TEC)是生产效率随时间而变化的程度。TEC>0 意味着实际产出进一步靠近随机前沿产出,计算方法为

$$TEC_{it} = \frac{TE_{it} - TE_{it-1}}{TE_{it-1}}。$$

　　技术进步率(TP)是在既定要素投入下生产可能性边界的移动。TP>0 意味着生产可能性边界外推,计算方法是对式(5.2)求 t 的导数,即

$$TP_{it} = \frac{\partial \ln Y_{it}}{\partial t} = \beta_3 + \beta_5 \ln K_{it} + \beta_6 \ln L_{it} + \beta_9 t。 \tag{5.5}$$

　　规模效率的变化率(SE)是在其他因素不变时,各种要素投入增加导致产出的变化情况,反映了规模经济程度,计算方法为

$$SE_{it} = (E - 1)(E_{K_{it}} {}^* \Delta K_{it} + E_{L_{it}} {}^* \Delta L_{it}), \tag{5.6}$$

其中,E 为规模弹性,$E = E_{K_{it}} + E_{L_{it}}$,$E_{K_{it}}$ 和 $E_{L_{it}}$ 分别代表资本和劳动要素的产出弹性,

$$E_{K_{it}} = \frac{\partial \ln Y_{it}}{\partial \ln K_{it}} = \beta_1 + \beta_4 \ln L_{it} + \beta_5 t + \beta_8 \ln K_{it}, \tag{5.7}$$

$$E_{L_{it}} = \frac{\partial \ln Y_{it}}{\partial \ln Y_{it}} = \beta_2 + \beta_4 \ln K_{it} + \beta_6 t + \beta_7 \ln L_{it}, \qquad (5.8)$$

其中,ΔK_{it} 和 ΔL_{it} 分别表示资本和劳动两种投入要素的增长率,

$$\Delta K_{it} = \frac{K_{it} - K_{it-1}}{K_{it-1}}, \Delta L_{it} = \frac{L_{it} - L_{it-1}}{L_{it-1}}。$$

农产品种类较多,由于数据限制,选取 19 种代表性农产品进行分析。这 19 种农产品为稻谷、小麦、玉米、大豆、花生、油菜籽、棉花、烤烟、甘蔗、甜菜、桑蚕茧、苹果、蔬菜、生猪、肉牛、肉羊、蛋鸡、奶牛、肉鸡。农产品生产要素投入可分为以机械、化肥、农药、种子为主的资本要素和以人工投入为主的劳动要素。每种农产品投入、产出数据处理如下:①产出变量(Y_{it}),用农产品单位面积的平均产量来衡量,单位为公斤/亩(头);②资本投入量(K_{it}),用农产品单位面积所花费的物质和服务费来衡量,以 1995 年为基期,对农业生产资料价格指数进行平减,单位为元/亩(头);③劳动投入变量(L_{it}),用每单位所花费的用工数量来衡量,单位为个/日。以上数据来源于历年《全国农产品成本收益资料汇编》《中国统计年鉴》《中国农业统计年鉴》等。

2. 全要素生产率(TFP)测算结果

1995—2015 年中国 19 种农产品的随机前沿生产函数估计结果如表 5-1 所示。从估计结果看,LR 为 197.0728,说明模型整体解释力较强。随机前沿生产函数总方差(σ_s^2)为 0.0727,且在 1% 显著性水平下显著。技术无效率方差占总方差的比重(σ_u^2/σ_s^2)为 0.7463,在 10% 显著性水平下显著不为 0,表明农产品生产中有着较高技术无效率,其均值(μ)为 0.5296,在 1% 显著性水平下显著。可见,农产品生产中普遍存在技术无效率现象。技术效率的变化幅度(η)为 −0.0307,说明随着时间的推移,技术效率不断下降。可见,对农业 TFP 测算有必要采用 SFA 方法,技术无效率函数的设定是合理的。

从要素产出弹性看,物质和服务费用要素、劳动要素一次项和二次项系数均为正,表明生产要素的边际贡献为正,对农业生产具有重要作用。但劳动要素与物质要素交叉项系数为负,表明混合投入对农业生产有抑制作用。从时间变量的估计结果看,时间一次项和二次项系数均为正,说明技术进步对农业生产具有非常重要的积极作用。随时间变化的资本产出弹性为正,而随时间变化的劳动力产出弹性为负,说明随着时间推移,物质要素有助于农业生产,劳动力要素难以促进农业生产,农产品生产中存在劳动节约型技术进步。

表 5-1　随机前沿生产函数估计结果

参数	估计值	t 值	参数	估计值	t 值
α_1	0.6124***	4.22	σ_v^2	0.0184	—
α_2	0.0887	0.48	σ_u^2	0.0542	—
α_3	0.0645***	4.03	$\sigma_s^2 = \sigma_v^2 + \sigma_u^2$	0.0727***	5.77
α_4	−0.0692**	−2.40	σ_u^2/σ_s^2	0.7463*	1.72
α_5	0.0010	0.48	μ	0.5296***	2.92
α_6	−.00984***	−2.59	η	−0.0308**	−2.53
α_7	0.1248***	3.01	LR	197.073	—
α_8	0.0715**	2.06	观察值	399	—
α_9	0.0003	0.29	截面数	19	—

1996—2015 年中国 19 种农产品的平均全要素生产率增长率变化趋势见图 5-1。从图 5-1 可知,1996—2015 年 $\triangle$TFP 在波动中呈现出下降趋势,从 1996 年的 2.399% 降至 2015 年的 2.107%,但存在明显的转折期,以 2001 年中国入世和 2008 年全球金融危机最为明显。1996—2001 年,$\triangle$TFP 持续增长。2002—2008 年,$\triangle$TFP 持续缓慢递减。2012 年以来,$\triangle$TFP 缓慢上升。从变动趋势看,真实值与趋势值基本一致。1996—2015 年,19 种农产品年均 $\triangle$TFP 为 2.512%,$\triangle$TFP 最高是肉鸡,年均为 4.066%;苹果的年均 $\triangle$TFP 最低,仅为 1.041%;猪、肉羊、小麦、大豆 4 种农产品年均 $\triangle$TFP 为 3%～4%;油

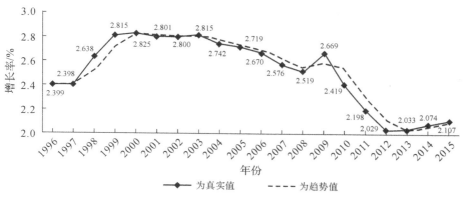

图 5-1　农产品全要素生产率增长率变动趋势

菜籽、玉米、稻谷、甜菜、蛋鸡、肉牛、花生和甘蔗 8 种农产品年均 △TFP 为 2%～3%；剩余 6 种农产品年均 △TFP 均低于 2%。可见,农业内部不同农产品的 △TFP 差异较大。

3. TFP 的分解结果

将 △TFP 分解为技术进步率(TP)、生产效率(TEC)和规模效率(SE),△TFP 增长率的分解结果如图 5-2 所示,可知,TP 是推动 △TFP 关键性因素,TEC 对 △TFP 有着促进作用,SE 在大多数年份制约着 △TFP。可见,要素投入规模扩张难以提高农产品产出。

技术进步是在要素投入不变的条件下,通过改进技术水平直接提高 TFP 水平。其贡献大小既与要素投入相关,又与时间有关。1996—2015 年,19 种农产品技术进步速度比较快,平均 TP 为 1.803%,整体上呈现出先升后降的趋势。19 种农产品年均 TP 都大于 0,其中肉鸡的 TP 最高,为 3.089%,桑蚕茧的 TP 最低,仅有 0.586%。大豆、生猪、肉羊、小麦、玉米、油菜籽、稻谷和甜菜的 TP 为 2%～3%。花生、肉牛、蛋鸡、甘蔗和棉花的 TP 为 1%～2%。烤烟、蔬菜、苹果、奶牛和桑蚕茧的 TP 低于 1%。可见,不同农产品的 TP 差异较大。

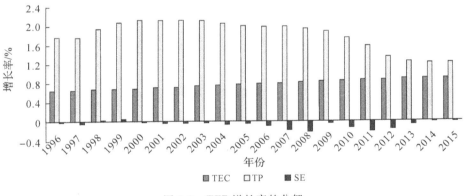

图 5-2　TFP 增长率的分解

技术效率是实际产出与前沿产出之比,也是导致 TFP 变动的重要因素。1996—2015 年,技术效率水平表现出稳步提升的趋势。从 1996 的 0.476 上升至 2001 年的 0.493,进而提高至 2005 年的 0.508,到 2008 年金融危机爆发时达 0.521。近年来增长更快,从 2010 年的 0.529 快速增至 2015 年的 0.554。19 种农产品的平均技术效率水平仅有 0.512,表示实际产出水平与最优随机产出水平之比仅为 0.512,而且所有产品的生产都处于生产前沿面内部。可见,技术效率水平不高,是中国现阶段 19 种农业发展的普遍现象。1996—2015 年,TEC 均为正值,而且逐年提高,从 1995 年的 0.647% 提高至 2015 年的 0.894%,促进了 ΔTFP 的增加。19 种农产品的年均 TEC 仅为 0.773%,年均 TEC 最高的是生猪,为 1.055%,超过 1% 的还有肉鸡和肉羊,分别为 1.021% 和 1.013%。可见,技术效率的改进对提高 TFP 有着积极作用。

　　规模经济是影响 TFP 增长的又一重要因素。从图 5-2 可知,1996—2015 年,19 种农产品的 SE 除了 1998—2000 年为正值外,其余年份处于坐标横轴的下方,且平均值只有 -0.061%,说明要素投入量的扩大,没有出现规模报酬递增现象,反而制约了农业 TFP 的提高。主要原因在于,物质要素弹性和劳动要素弹性比较低,要素弹性总和低于 1,平均值为 0.9403。可见,规模效应的变化抑制了 TFP 的增长,反映了农业生产中存在无效率的规模扩张。

　　4. 产品类别与阶段性特征

　　为了比较不同类别农产品不同时期 TFP 的差异,以农产品贸易壁垒削减关键时间节点,分为加入 WTO 前时期、入世后过渡时期、全面履行并完成 WTO 承诺时期和单方面自主削减贸易壁垒时期[①],结合农业生产特性将 19 种农产品分为粮食作物、经济作物和动物产品[②],对它们的 ΔTFP 及其分解进行比较分析,结果见表 5-2。在四个时期内,粮食作物的 ΔTFP 依次为 3.077%、3.251%、3.151% 和 2.661%,经济作物的 ΔTFP 依次为 2.211%、2.392%、2.170% 和 1.610%,动物产品的 ΔTFP 依次为 3.156%、3.209%、3.026% 和 2.599%。可见,随着贸易壁垒削减的逐步开展,三大类农产品的 ΔTFP 都依次经历了增长、倒退、继续倒退的过程。1996—2015 年,粮食作物的 ΔTFP 最高,为 3.035%;其次是动物产品,ΔTFP 为 2.998%;最后是经济作物,ΔTFP 为 2.096%。同时,TP 也呈现出与 ΔTFP 相同的态势。在四个时期内,TEC 最高的是动物产品,粮食作物排名第二,最低的是经济作物。三大类农产品在加入 WTO 以来,SE 都为负值,从而制约了 TFP 增长。从贡献

――――――――――

　　① 加入 WTO 前时期为 1996—2001 年,入世后过渡时期为 2002—2004 年,全面履行并完成 WTO 承诺时期为 2005—2010 年,单方面自主削减贸易壁垒时期为 2011—2015 年。

　　② 粮食作物包括水稻、小麦、玉米、大豆,经济作物包括花生、油菜籽、棉花、烤烟、甘蔗、甜菜、桑蚕茧、苹果、蔬菜,动物产品包括生猪、肉牛、肉羊、蛋鸡、奶牛、肉鸡。

度看,技术进步对农产品 TFP 贡献最大,但贡献度呈现出下降趋势;而技术效率贡献度次之,并且贡献度逐步上升;规模经济的贡献度为负。

表 5-2　大类农产品 TFP 增长与分解的阶段性特征

单位:%

年份	产品	TFP	增长率			贡献度		
			TP	TEC	SE	TP	TEC	SE
1996—2001 年	粮食作物	3.077	2.326	0.744	0.007	75.593	24.179	0.00002
	经济作物	2.211	1.648	0.553	0.010	74.536	25.011	0.00005
	动物产品	3.156	2.306	0.862	−0.013	73.067	27.313	−0.00004
2002—2004 年	粮食作物	3.251	2.498	0.811	−0.057	76.838	24.946	−0.00018
	经济作物	2.392	1.806	0.608	−0.022	75.502	25.418	−0.00009
	动物产品	3.209	2.326	0.927	−0.045	72.484	28.888	−0.00014
2005—2010 年	粮食作物	3.151	2.422	0.877	−0.148	76.864	27.832	−0.00047
	经济作物	2.170	1.597	0.666	−0.093	73.594	30.691	−0.00043
	动物产品	3.026	2.171	0.987	−0.133	71.745	32.617	−0.00044
2011—2015 年	粮食作物	2.661	1.855	0.954	−0.148	69.711	35.851	−0.00056
	经济作物	1.610	0.955	0.737	−0.083	59.317	45.776	−0.00052
	动物产品	2.599	1.621	1.050	−0.072	62.370	40.400	−0.00028
1996—2015 年	粮食作物	3.035	2.275	0.846	−0.086	74.959	27.875	−0.00028
	经济作物	2.096	1.502	0.641	−0.047	71.660	30.582	−0.00022
	动物产品	2.998	2.106	0.957	−0.065	70.247	31.921	−0.00022

　　进一步用变异系数考察三大类农产品 ΔTFP 的差异程度[①]。变异系数越大,说明 ΔTFP 差异越大,反之差异较小。如图 5-3 所示,1996—2015 年,19种农产品和经济作物的变异系数在波动中呈现上升趋势,而动物产品和粮食作物的变异系数在 0.3 附近上下波动,并显示收敛态势。可见,19 种农产品和各类农产品 TFP 的差异与劳动生产率的阶段性变化有着密切联系,不同大类农产品间呈现各自的收敛与发散模式。

----

　　①　变异系数的计算方法为,首先根据每大类产品的 ΔTFP 计算年均 ΔTFP 及其标准差,然后用标准差除以均值,得到变异系数。

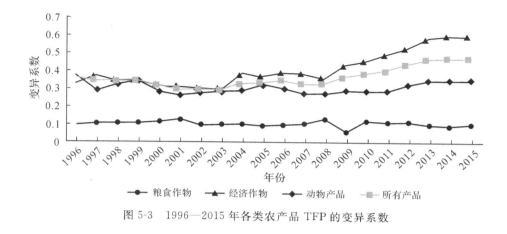

图 5-3　1996—2015 年各类农产品 TFP 的变异系数

二、贸易壁垒削减对生产率的影响分析

采用 DID 方法,有效识别中国加入 WTO 前后贸易壁垒削减对农产品 TFP 影响的不同效果。

1. 计量模型、变量选取与数据处理

DID 方法由 Heckman 和 Hotz(1986)提出,由于该方法能同时控制分组效应和时间效应,能很好地解决回归方程的内生性问题(Angrist 和 Pischke,2008),近年来被广泛用于公共政策的评估和项目实施效果的检验。中国于2001 年正式加入 WTO,为考察贸易壁垒削减对农产品 TFP 的影响提供了一个很好的准自然实验。本书通过构建广义 DID 模型进行实证检验,与标准DID 模型相比,仅包含贸易壁垒削减与加入 WTO 时间虚拟变量的交互项,即 $\mathrm{lnliber}_{i,01} \times \mathrm{post}_t$,不含 $\mathrm{lnliber}_{i,01}$ 和 post_t 项,通过控制行业固定效应和时间固定效应间接控制两者的水平项,即

$$\ln\mathrm{TFP}_{it} = \alpha + \beta_1 \mathrm{lnliber}_{i,01} \times \mathrm{post}_t + \beta_2 \mathrm{Control}_{it} + \delta_i + \eta_t + \varepsilon_{it},$$

$$(5.9)$$

其中,被解释变量 TFP_{it} 表示农产品 i 在 t 年全要素生产率,核心解释变量 liber 采用 Lu 和 Yu(2015)、Liu 和 Qiu(2016)和周茂等(2016)的方法[1],

---

[1]　这些文章的研究表明,加入 WTO 前的进口关税与关税降低程度呈高度正相关,说明 2001 年的进口关税越高,在入世后关税减让程度越大,潜在的进口自由化就越大。

$liber_{i,01}$ 为中国 2001 年农产品 i 的贸易壁垒削减水平,分别用 2001 年进口加权平均关税税率和贸易限制指数来衡量[①]。$post_t$ 表示中国加入 WTO 时间虚拟变量,$post_t = 1$ 为 2002 年及以后年份,$post_t = 0$ 为 2002 年之前年份。交互项系数 β_1 是重点关注的核心参数,表示贸易壁垒削减低的产业相对于贸易壁垒削减高的产业(一重差分),在中国入世后,相对于入世前(二重差分),贸易壁垒削减对农产品生产率的平均差异。如果 β_1 为正,则表明贸易壁垒削减低的农产品相比贸易壁垒削减高的农产品 TFP 在加入 WTO 后提高了,贸易壁垒削减促进了农产品生产率的提高;如果 β_1 为负,则说明贸易壁垒削减对农产品生产率产生了负向影响,如果 β_1 为 0,则表示贸易壁垒削减没有对生产率产生影响。

在准自然实验中,需要引入一系列控制变量来控制处理组和控制组之间的差异,以尽可能消除 β_1 的偏误。选取影响生产率行业层面和国家层面的相关变量作为控制变量 $Control_{it}$[②]。行业层面的控制变量有:行业规模($yield_{it}$),用农产品产量的对数值表示,控制行业规模对 TFP 的影响;资本劳动比(KLR_{it}),用每单位农产品所花费的物质和服务费用比上用工数量的对数值来衡量,控制行业资本密集程度对 TFP 的影响;专业化程度($special_{it}$),用农产品产值与第一产业(农林牧渔业产业)总产值的比值的对数表示,控制专业化生产对 TFP 的影响。国家层面的控制变量有:经济发展程度($AGDP_t$),用人均 GDP 对数表示;制度质量($Rule_t$),用经济自由度指数的对数来衡量;经济政策的变动(EPU_t),用中国经济不确定性的对数表示。δ_i 为行业固定效应,用于控制行业不随时间变化的不可观测因素,η_t 为时间固定效应,用于控制年度宏观冲击带来的影响,ε_{it} 是随机误差项。

---

① Lu 和 Yu(2015)认为,采取这种处理方式的优点有:(1)在加入 WTO 前的谈判时间内,企业能预期到中国关税会下降和非关税会削减,随之进行相应调整,但难以预测中国入世的具体时间点,因此 $lnliber_{i,01} \times post_t$ 比 $lnliber_{it}$ 的外生性更强;(2)由于 $lnliber_{it}$ 是连续变量而非虚拟变量,采取连续分组的方法避免了人为根据边界值划分处理组和控制组产生的分组误差。

② 变量选取的依据是,通过计算解释变量的相关系数矩阵和方差膨胀因子进行检验,以方差膨胀因子大于 10 和解释变量之间的相关系数为 0.8 作为标准,删除了多重共线性的相关变量,如城镇化率、基础设施建设(公路和铁路的里程数)等,从而避免控制变量之间的多重共线性。

式(5.9)构建的 DID 模型是建立在均值回归模型基础上的,可进一步分析贸易壁垒削减对不同农产品 TFP 异质性影响,同时可检验式(5.9)回归结果的稳健性,在式(5.9)的基础上进一步引入非参数的分位数 DID 模型:

$$\ln\text{TFP}_{it} = \alpha^q + \beta_1^q \ln\text{liber}_{i,01} \times \text{post}_t + \beta_2^q \text{Control}_{it} + \delta_i^q + \eta_t^q + \varepsilon_{it}^q,$$

$$(5.10)$$

其中,q 表示农产品生产率 TFP_{it} 对数的第 q 分位数。

2. 基准回归结果

为了更好地分析贸易壁垒削减对 TFP 的影响,分别采用加权平均关税和贸易限制指数来衡量贸易壁垒削减,采用 DID 方法和分位数 DID 方法进行估计。表 5-3 显示了以进口加权平均关税表征的贸易壁垒削减对农产品 TFP 影响的基本估计结果。从表中第 2 列可知,lnliber×post 的回归系数 β_1 在 1% 水平上显著为正值,这表明加权平均关税下降大的农产品相对于下降小的农产品(一重差分),贸易壁垒削减在加入 WTO 以后相对于加入 WTO 以前(二重差分)对 TFP 的影响高 0.0034,即贸易壁垒削减每提高 1%,会促进 TFP 平均提高 0.0034%。可见,加入 WTO 显著地促进了中国农产品 TFP 的提高。从表 5-3 分位数 DID 回归结果看,lnliber×post 的回归系数 β_1 随着分位数 q 的变化而变化:当 q 分别为 0.10、0.25、0.50、0.75 和 0.90 时,交叉项的回归系数 β_1 分别为 0.0019(不显著)、0.0026(在 5% 水平下显著)、0.0035(在 10% 水平下显著)、0.0041(在 10% 水平下显著)和 0.0047(在 10% 水平下显著)。这一结果不仅验证了 DID 回归结果的稳定性,而且表明了贸易壁垒削减对不同农产品 TFP 的影响存在异质性,相比 TFP 较低的农产品,贸易壁垒削减更能显著地促进 TFP 较高农产品的行业生产率的提升。在控制变量方面,资本劳动比(lnKLR)能显著促进农产品 TFP 的提高;行业规模提高(lnYield)、经济政策不确定性提高(lnEPU)和制度质量改善(lnScore)能提高农产品 TFP 水平,但结果不显著;然而,经济发展程度(lnAGDP)、农产品专业化程度(lnSpecial)的提高可显著降低农产品的 TFP。

表 5-3 以加权平均关税表征的贸易壁垒削减对农产品生产率的影响

变量	DID 回归	分位数 DID 回归				
	lnTFP	lnTFP ($q=0.10$)	lnTFP ($q=0.25$)	lnTFP ($q=0.50$)	lnTFP ($q=0.75$)	lnTFP ($q=0.90$)
lnliber×post	0.0034*** (4.16)	0.0019 (1.16)	0.0026** (2.28)	0.0035*** (4.26)	0.0041*** (4.06)	0.0047*** (3.22)
lnEPU	0.0008 (0.54)	0.0003 (0.34)	0.0006 (0.87)	0.0009* (1.88)	0.0011* (1.90)	0.0013 (1.57)
lnAGDP	−0.0025*** (−5.66)	−0.0014* (−1.85)	−0.0019*** (−3.60)	−0.0026*** (−6.69)	−0.0030*** (−6.37)	−0.0035*** (−5.04)
lnScore	0.0529 (1.08)	0.0180*** (6.84)	0.0343*** (21.40)	0.0548*** (42.59)	0.0695*** (47.61)	0.0853*** (31.00)
lnKLR	0.0033*** (5.54)	0.0037** (2.50)	0.0035*** (3.49)	0.0033*** (4.64)	0.0032*** (3.58)	0.0030** (2.33)
lnYield	0.0001 (0.19)	0.0003 (0.33)	0.0002 (0.32)	0.0001 (0.15)	−0.0000 (−0.05)	−0.0001 (−0.16)
lnSpecial	−0.0056** (−2.36)	−0.0086 (−1.55)	−0.0072* (−1.89)	−0.0054** (−2.00)	−0.0041 (−1.24)	−0.0027 (−0.56)
常数项	−0.1706 (−0.91)					
产业固定效应	是	是	是	是	是	是
时间固定效应	是	是	是	是	是	是
观察值	380	380	380	380	380	380

注:括号内为标准差,***、**、*表示在1%、5%、10%水平上显著,下同。

进一步以贸易限制指数表征农产品贸易壁垒削减程度,采用 DID 方法和分位数 DID 方法进行估计的基本回归结果见表 5-4。DID 回归结果显示,交叉项回归系数 β_1 为 0.0026,并在 1%水平上显著;分位数 DID 回归结果表明,当 $q=0.10$、0.25、0.50、0.75、0.90 时,交叉项回归系数 β_1 分别为 0.0018(不显著)、0.0022(5%水平上显著)、0.0026(10%水平上显著)、0.0030(10%水平上显著)和 0.0034(10%水平上显著)。可见,采用贸易限制指数的回归结果与采用加权平均关税的回归结果非常相似,只是前者的交叉项回归系数均变小。这表明用加权平均关税衡量的贸易壁垒削减夸大了对 TFP 的促进效果,农产品进口中非关税的影响不容忽视。今后,中国农产品在进一步提高贸易壁垒削减水平时,不仅要降低农产品的关税税率,更要削减农产品中非关税措施,从而更有效地促进农产品 TFP 的提升。

表 5-4　以贸易限制指数表征的贸易壁垒削减对农产品生产率的影响

变量	DID 回归	分位数 DID 回归				
	lnTFP	lnTFP ($q=0.10$)	lnTFP ($q=0.25$)	lnTFP ($q=0.50$)	lnTFP ($q=0.75$)	lnTFP ($q=0.90$)
lnliber×post	0.0026*** (3.39)	0.0018 (1.30)	0.0022** (2.37)	0.0026*** (3.95)	0.0030*** (3.63)	0.0034*** (2.75)
lnEPU	0.0008 (0.53)	0.0003 (0.29)	0.0005 (0.85)	0.0009* (1.84)	0.0011* (1.91)	0.0014 (1.59)
lnAGDP	−0.0024*** (−5.34)	−0.0015** (−1.96)	−0.0019*** (−3.73)	−0.0024*** (−6.45)	−0.0028*** (−6.07)	−0.0033*** (−4.68)
lnScore	0.0522 (1.06)	0.0218*** (9.15)	0.0364*** (26.00)	0.0530*** (50.01)	0.0664*** (51.39)	0.0814*** (34.17)
lnKLR	0.0032*** (5.32)	0.0035** (2.40)	0.0034*** (3.41)	0.0032*** (4.49)	0.0031*** (3.49)	0.0030** (2.23)
lnYield	−0.0002 (−0.51)	0.0003 (0.28)	0.0000 (0.05)	−0.0002 (−0.49)	−0.0005 (−0.75)	−0.000 (−0.77)
lnSpecial	−0.0050** (−2.10)	−0.0085 (−1.52)	−0.0068* (−1.81)	−0.0050* (−1.81)	−0.0035 (−1.02)	−0.0018 (−0.35)
常数项	−0.1660 (−0.88)					
产业固定效应	是	是	是	是	是	是
时间固定效应	是	是	是	是	是	是
观察值	380	380	380	380	380	380

3. 识别假设检验

虽然 DID 方法在一定程度上避免了贸易壁垒削减的内生性，但 DID 方法必须满足一系列假设前提，如共同趋势假设、政策干预的随机性等。本节将逐一对重要假设前提进行识别检验，保证回归结果的可行性。

(1)共同趋势假设检验。在采用倍差法考察贸易壁垒削减对农产品 TFP 的影响时，对照组和实验组必须满足共同趋势假设前提。在式(5.9)的基础上，加入政策实施前后年份与核心解释变量 $lnliber_{i,01}$ 的交互项。如果 lnliber×post 的回归系数 β_1 依然显著，并且政策施行前的年份与 $lnliber_{i,01}$ 交互项系数不显著，这表明对照组和实验组满足平行趋势假定。检验结果见表 5-5，可知，无论是不加入控制变量(第(1)列)还是加入控制变量(第(2)列)，交叉项回归系数 β_1 都大于 0，分别为 0.0058 和 0.0045，并在 1% 水平上显著;同时,加入 WTO 前的年份系数不显著。可见,对照组和实验组满足平行趋势假设。

(2)年份效应估计。Liu 和 Qiu(2016)认为,DID 基准回归的平均处理效应需要考察处理效应的年度差异。对此,借鉴 Liu 和 Qiu(2016)的估算方法,比较样本期内处理效应的年度变化情况。以 1997—1998 年为基期的回归结果见表 5-5 第(3)列。表 5-5 第(4)列是以 1998 年为基期,并剔除 1997 年的年份效应估计结果。可知,加入 WTO 前贸易壁垒削减对农产品 TFP 的影响不显著;加入 WTO 后除个别年份外,大多数年份都显著为正,而且影响程度逐渐变大。这表明入世后,贸易壁垒削减对农产品 TFP 产生了显著正向影响。

表 5-5　识别假设检验(1)[①]

变量	共同趋势假设检验		年份效应估计	
	(1)	(2)	(3)	(4)
$lnliber_{i,01} \times post_t$	0.0058*** (2.65)	0.0045** (2.11)		
$lnliber_{i,01} \times yr96$	−0.0044 (−2.02)	−0.0039 (−1.82)		
$lnliber_{i,01} \times yr97$	−0.0013 (−0.61)	−0.0009 (−0.43)		
$lnliber_{i,01} \times yr98$	−0.0002 (−0.10)	−0.0003 (−0.14)		
$lnliber_{i,01} \times yr99$	−0.0021 (−0.95)	−0.0022 (−1.05)	−0.0006 (−0.33)	−0.0019 (−0.94)
$lnliber_{i,01} \times yr00$	−0.0001 (−0.06)	−0.0006 (−0.30)	0.0010 (0.57)	−0.0003 (−0.16)
$lnliber_{i,01} \times yr01$			0.0016 (0.93)	0.0002 (0.08)
$lnliber_{i,01} \times yr02$	−0.0075*** (−3.45)	−0.0066*** (−3.11)	−0.0005 (−0.27)	−0.0019** (−0.93)
$lnliber_{i,01} \times yr03$	−0.0060*** (−2.72)	−0.0050** (−2.37)	0.0011* (0.63)	−0.0003 (−0.16)

① 表中第(1)列没有控制变量,第(2)(3)和(4)列都加入了控制变量,控制变量的结果没有报告。yr96 为 1996 年的虚拟变量,yr97 为 1997 年的虚拟变量,以此类推。

续　表

变量	共同趋势假设检验		年份效应估计	
	(1)	(2)	(3)	(4)
lnliber$_{i,01}$×yr04	−0.0050** (−2.30)	−0.0042** (−2.00)	0.0019** (1.09)	0.0004* (0.21)
lnliber$_{i,01}$×yr05	−0.0048** (−2.21)	−0.0041* (−1.95)	0.0020 (1.14)	0.0005** (0.25)
lnliber$_{i,01}$×yr06	−0.0024 (−1.10)	−0.0019 (−0.92)	0.0042** (2.37)	0.0028** (1.39)
lnliber$_{i,01}$×yr07	−0.0027** (−1.24)	−0.0018* (−0.84)	0.0043** (2.46)	0.0029** (1.41)
lnliber$_{i,01}$×yr08	−0.0058*** (−2.64)	−0.0051** (−2.39)	0.0011 (0.62)	−0.0004 (−0.20)
lnliber$_{i,01}$×yr09	−0.0036 (−1.63)	−0.0029 (−1.39)	0.0032 (1.82)	0.0018 (0.87)
lnliber$_{i,01}$×yr10	−0.0030** (−1.36)	−0.0026* (−1.23)	0.0035** (1.98)	0.0022** (1.06)
lnliber$_{i,01}$×yr11	−0.0028 (−1.26)	−0.0021 (−1.01)	0.0040** (2.25)	0.0026** (1.25)
lnliber$_{i,01}$×yr12	−0.0042* (−1.93)	−0.0039* (−1.84)	0.0022* (1.26)	0.0008** (0.41)
lnliber$_{i,01}$×yr13	−0.0020* (−0.92)	−0.0017* (−0.82)	0.0044** (2.45)	0.0030 (1.47)
lnliber$_{i,01}$×yr14	−0.0006 (−0.28)	−0.0004 (−0.19)	0.0057*** (3.19)	0.0044** (2.14)
lnliber$_{i,01}$×yr15			0.0061*** (3.39)	0.0048** (2.34)
产业固定效应	是	是	是	是
时间固定效应	是	是	是	是
R^2	0.776	0.792	0.791	0.817
观察值	380	380	380	361

(3)政策的外生性检验。加入 WTO 前,中国与许多贸易伙伴进行了谈判,可能有些农业企业对农产品生产进行了预期调整,表现出内生性问题。为了检验 WTO 政策是否具有外生性,在式(5.9)中进一步控制 lnliber$_{i,01}$×

yr01 项。yr01 为入世前 2001 年的虚拟变量,如果该系数显著不为零,表明在加入 WTO 前调整了产出预期。从表 5-6 第(1)列的回归结果看,核心解释变量 $lnliber_{t,01} \times yr01$ 的回归系数 β_2 并不显著,表明农产品企业在入世前并没有对产出进行调整。可见,加入 WTO 政策对农产品行业产生了较强的外生性。同时核心解释变量 $lnliber \times post$ 的回归系数 β_1 仍然显著为正,因此考虑了 DID 的预期效应后,估计结果仍然稳健。

(4)排除取消农业税政策的影响。加入 WTO 后,中国农业产业政策出现了一次重大改变:从 2006 年开始,在全国范围内取消了农业税、屠宰税、牧业税、农林特产税,从此延续了千年的农业税成为历史。取消农业税极大地减轻了农民税费负担,提高了农民生产农产品的积极性。为了排除取消农业税政策效应的干扰,在式(1)中加入了取消农业税政策虚拟变量[①],结果见表 5-6 第(2)列。从回归结果看,取消农业税的系数并不显著,而 $lnliber \times post$ 的回归系数 β_1 依然显著为正。可见,估计结果稳健。

(5)安慰剂检验。选取 2000 年、2001 年为政策实施年份,采用加入 WTO 前的样本进行安慰剂回归检验,具体结果见表 5-6 第(3)和(4)列。从结果看,将政策实施年份提前至 2001 年和 2000 年,$lnliber \times post$ 回归系数 β_1 依然显著为正,而且利用加入 WTO 前的样本回归,如果入世前贸易壁垒削减水平变化不大,则预期贸易壁垒削减对农产品 TFP 没有显著影响。从表 5-6 第(5)列结果看,贸易壁垒削减对农产品 TFP 的影响仍然为正,但不显著,从而间接佐证了基本回归的结论。

表 5-6　识别假设检验(2)

	政策的外生性	控制农业税	政策实施年份为 2000 年	政策实施年份为 2001 年	加入 WTO 前
	(1)	(2)	(3)	(4)	(5)
$lnliber \times post$	0.0029*** (3.48)	0.0026*** (3.39)	0.0028*** (3.39)	0.0029*** (3.20)	
$lnliber \times yr01$	0.0015 (0.90)				

----

① 2000 年在安徽试点农业税费改革,2002 年将试点扩大到 16 个省,2005 年扩大到 28 个省市,2006 年全面取消农业税。对此,取消农业税政策虚拟变量的设置方法为:各省取消农业税前为 1,取消农业税后为 0。

续　表

	政策的外生性	控制农业税	政策实施年份为2000年	政策实施年份为2001年	加入WTO前
	(1)	(2)	(3)	(4)	(5)
lnliber					0.0023
					(4.16)
tax		0.0071			
		(0.19)			
lnEPU	0.0008	0.0004	0.0008	0.0009	0.0004
	(0.54)	(0.47)	(0.54)	(0.54)	(0.46)
lnAGDP	−0.0025***	0.0013	−0.0025***	−0.0025***	0.0013
	(−5.41)	(0.07)	(−5.36)	(−5.29)	(0.07)
lnScore	0.0527	0.0311	0.0526	0.0527	0.0314
	(1.07)	(0.20)	(1.07)	(1.07)	(0.20)
lnKLR	0.0033***	0.0032***	0.0033***	0.0033***	0.0031***
	(5.36)	(5.32)	(5.45)	(5.41)	(5.54)
lnYield	−0.0002	−0.0002	−0.0002	−0.0002	0.0001
	(−0.46)	(−0.51)	(−0.47)	(−0.56)	(0.19)
lnSpecial	−0.0048**	−0.0050**	−0.0048**	−0.0046*	−0.0056**
	(−2.00)	(−2.10)	(−2.00)	(−1.86)	(−2.36)
常数项	−0.1675	−0.1136	−0.1675	−0.1673	−0.1171
	(−0.89)	(−0.25)	(−0.89)	(−0.89)	(−0.26)
产业固定效应	是	是	是	是	是
时间固定效应	是	是	是	是	是
R^2	0.788	0.788	0.788	0.787	0.821
观察值	380	380	380	380	114

三、稳健性分析与机制检验

1. 稳健性检验

为进一步检验 DID 方法的稳定性和估计结果的可靠性,采用两期估计、剔除一些样本和区分不同产品类别进行稳健性检验,结果见表 5-7。

(1)两期估计。在基准回归中采用的是多期倍差法。Bertrand 等(2004)认为,多期倍差法可能存在序列相关性问题,会高估实证检验结果的显著性。借鉴 Bertrand 等(2004)的处理方法,将样本分为 1996—2001 年和 2002—2015 年两个阶段,对每个阶段各个农产品的所有变量计算算术平均值,采用怀特稳健标准误估计,结果见表 5-7 第(2)列。可知,回归结果与基本估计结果类似,结果依然稳健。

(2)剔除样本进行估计。中国农产品贸易领域降税承诺在 2010 年全部履行完毕。基于此,删除 2010 年后的样本对基准回归进行稳健性检验,结果如表 5-7 第(3)列所示,从中可以看出结果仍是稳健的。

(3)区分粮食作物、经济作物和动物产品。根据农业生产的特殊性,将农产品分为粮食作物、经济作物和动物产品三大类,分别考察贸易壁垒削减对这三大类农产品 TFP 的影响,回归检验结果见表 5-7 第(4)～(6)列。从估计结果看,贸易壁垒削减对粮食作物、经济作物和动物产品 TFP 的影响都在 1% 水平上显著为正,系数分别为 0.0026、0.0084 和 0.0046。可见,贸易壁垒削减促进了粮食作物、经济作物和动物产品 TFP 的提高,而且贸易壁垒削减对经济作物的促进作用最大,动物产品次之,粮食作物最小。

表 5-7　稳健性检验

变量	两期倍差法	删除 2010 年后的样本	粮食作物	经济作物	动物产品
	(2)lnTFP	(3)lnTFP	(4)lnTFP	(5)lnTFP	(6)lnTFP
lnliber×post	0.0031 ** (2.42)	0.0019 ** (2.21)	0.0026 *** (3.30)	0.0084 *** (9.08)	0.0046 *** (2.71)
lnEPU	−0.0067 *** (−4.27)	−0.0040 *** (−3.18)	−0.0011 * (−1.76)	0.0003 (0.79)	0.0006 (0.89)
lnAGDP	−0.0025 *** (−5.41)	0.0008 (1.62)	−0.0012 ** (−2.13)	−0.0027 *** (−7.67)	−0.0035 *** (−6.99)
lnScore	0.0324 (1.07)	0.0767 *** (4.47)	0.0321 *** (3.14)	0.0303 *** (5.60)	0.0515 *** (6.14)
lnKLR	0.0010 (0.47)	0.0042 *** (5.20)	0.0115 *** (4.85)	0.0128 *** (8.36)	0.0041 *** (5.37)
lnYield	−0.0003 (−0.31)	−0.0001 (−0.23)	−0.0013 (−0.80)	−0.0017 ** (−2.47)	0.0023 ** (2.46)
lnSpecial	−0.0018 (−0.23)	−0.0041 (−1.53)	−0.0156 (−1.55)	−0.0007 (−0.16)	−0.0056 (−1.41)
常数项	−0.2713 *** (−4.18)	−0.1325 *** (−3.26)	−0.0773 * (−1.94)	−0.0735 *** (−3.33)	−0.1688 *** (−4.94)
产业固定效应	是	是	是	是	是
时间固定效应	是	是	是	是	是

变量	两期倍差法	删除 2010 年后的样本	粮食作物	经济作物	动物产品
	(2)lnTFP	(3)lnTFP	(4)lnTFP	(5)lnTFP	(6)lnTFP
R^2	0.875	0.807	0.865	0.896	0.809
N	38	285	80	180	120

2. 机制检验

上述实证结果表明,贸易壁垒削减显著促进了中国农产品 TFP 的增长。本节进一步探讨贸易壁垒削减对生产率发挥作用的机制。根据 TFP 分解,生产效率、技术进步率和规模效率共同决定了 TFP 的提升。贸易壁垒削减可能通过影响生产效率、技术进步率和规模效率,间接促进农产品 TFP 的增长。为了探究这一影响机制,本文借鉴 Baron 和 Kenny(1986)、石大千等(2018)的方法构建中介效应模型进行检验。

要验证贸易壁垒削减可能通过生产效率、技术进步率和规模效率三大渠道对 TFP 产生影响,首先将倍差法估计量 $lnliber_{i,01} \times post$ 分别与生产效率、技术进步率和规模效率进行回归分析,若系数显著为正,则说明农产品进口贸易壁垒削减对生产效率、技术进步率和规模效率产生了显著的影响;然后将倍差法估计量 $lnliber_{i,01} \times post$ 与农产品 TFP 进行回归分析,若系数显著为正,则说明贸易壁垒削减促进了农产品 TFP 的提高;最后将倍差估计量 $lnliber_{i,01} \times post$ 和生产效率、技术进步率、规模效率分别与 TFP 进行回归,若 $lnliber_{i,01} \times post$ 系数不显著,则说明生产效率、技术进步率和规模效率为完全中介,若 $lnliber_{i,01} \times post$ 系数显著但系数降低,则说明生产效率、技术进步率和规模效率为部分中介。根据以上检验方法,分三步进行。

第一步,验证贸易壁垒削减对生产效率、技术进步率和规模效率的影响:

$$\ln Y_{it} = \beta_1 lnliber_{i,01} \times post + Control_{it} + \varepsilon_{it} 。 \tag{5.11}$$

第二步,验证贸易壁垒削减对 TFP 的影响:

$$\ln TFP_{it} = \beta_2 lnliber_{i,01} \times post + Control_{it} + \varepsilon_{it} 。 \tag{5.12}$$

第三步,将倍差项与生产效率、技术进步率和规模效率同时放入回归方程:

$$\ln TFP_{it} = \beta_3 lnliber_{i,01} \times post + \beta_4 \ln Y_{it} + Control_{it} + \varepsilon_{it} , \tag{5.13}$$

其中，Y_{it} 为生产效率（TEC）、技术进步率（TP）和规模效率（SE），控制变量（$Control_{it}$）与前面设置一致。机制检验结果见表 5-8。第一步回归结果表明，贸易壁垒削减在 1% 水平下显著促进了农产品生产效率和技术进步率的提高，在 1% 水平下显著降低了农产品规模效率。第二步回归结果显示，贸易壁垒削减显著提高了农产品 TFP。第三步回归结果显示，$lnliber_{i,01} \times post$ 系数仍显著但系数降低，表明生产效率、技术进步率和规模效率仅为部分中介。由于 β_2 和 β_4 都显著，根据中介效应原理，并不需要进行 Sobel 检验①。

表 5-8　机制检验

变量	lnTEC	lnTP	lnSE	lnTFP	lnTFP	lnTFP	lnTFP
DID	0.0038*** (8.36)	0.0146*** (10.84)	−0.0013*** (−5.05)	0.0170*** (11.18)	0.0070*** (4.89)	0.0013** (2.58)	0.0158*** (10.17)
lnEPU	0.0001 (0.11)	0.0008 (0.70)	−0.0004 (−1.40)	0.0005 (0.41)	0.0004 (0.45)	−0.0004 (−0.96)	0.0002 (0.16)
lnAGDP	0.0005** (2.30)	−0.0060*** (−8.26)	−0.0001 (−0.44)	−0.0056*** (−6.92)	−0.0068*** (−11.59)	0.0009*** (3.98)	−0.0056*** (−7.14)
lnScore	0.0025 (0.52)	0.0395** (2.44)	0.0086*** (3.09)	0.0501*** (2.72)	0.0435*** (3.39)	0.0076 (1.62)	0.0581*** (3.21)
lnKLR	0.0012*** (11.53)	0.0022*** (3.96)	0.0001 (0.05)	0.0034*** (5.61)	0.0003 (0.57)	0.0010*** (8.64)	0.0034*** (5.67)
lnYield	−0.0006*** (−7.42)	−0.0004 (−1.61)	0.0001* (1.89)	−0.0009*** (−3.11)	0.0007*** (3.74)	−0.0005*** (−6.33)	−0.0008*** (−2.84)
lnSpecial	0.0023*** (3.46)	0.0096*** (4.46)	−0.0003 (−0.41)	0.0114*** (4.43)	0.0054*** (3.07)	0.0012 (1.29)	0.0112*** (4.05)
lnTEC					2.6298*** (26.37)		
lnTP						1.0753*** (62.91)	
lnSE							−0.9321*** (−3.21)
常数项	−0.0051 (−0.26)	−0.0897 (−1.35)	−0.0329*** (−2.86)	−0.1259* (−1.67)	−0.1125** (−2.14)	−0.0294 (−1.54)	−0.1565** (−2.11)

① 如果自变量对中介变量的系数以及中介变量对因变量的系数中只有一个显著，而另一个不显著，就需要通过 Sobel 检验来判断中介效应是否显著。

变量	lnTEC	lnTP	lnSE	lnTFP	lnTFP	lnTFP	lnTFP
R^2	0.825	0.839	0.853	0.852	0.848	0.951	0.866
N	380	380	380	380	380	380	380

　　从表 5-7 和表 5-8 可知,贸易壁垒削减对农产品 TFP 的直接影响非常显著,且生产效率、技术进步率和规模效率的中介效应也很显著。这表明贸易壁垒削减对农产品 TFP 的提升不仅有直接的正向影响,而且通过生产效率、技术进步率和规模效率三大中介效应作用于 TFP。为了分析生产效率、技术进步率和规模效率这三个中介变量对农产品 TFP 提升的中介效应,需要进一步计算中介效应占总效应的比重①,结果见表 5-9。由表 5-9 可知,技术进步率的中介效应最大,生产效率次之,规模效率最小。

表 5-9　中介效应大小及其比重

变量	中介效应		直接效应		总效应
	均值	比重/%	均值	比重/%	
lnTEC	0.01013	59.10	0.00701	40.90	0.01714
lnTP	0.01582	92.35	0.00131	7.65	0.01713
lnSE	0.00119	6.99	0.01583	93.01	0.01702

第二节　贸易壁垒削减对农业结构的影响

　　提高 TFP 是实现农业现代化的重要途径,但 TFP 难以全面体现农业发展的结构性变迁。因此,还需要探讨贸易壁垒削减对农业结构调整和升级的影响。产业结构的优化、调整和升级也是发展中国家促进经济发展的有效途径(cherry 等,1989)。加入 WTO 以来,随着中国国内农业市场与国际市场的深度融合,农业结构也发生了显著变化,对实现"农业增效、农民增收"、解决"三农"问题有着重要作用。但农业结构调整是包括农业贸易壁垒削减在内

---

① 计算方法为 $\beta_2\beta_4/(\beta_3+\beta_2\beta_4)$。

的多重影响因素共同作用和推动的复杂过程,如人力资本、农业政策等。为了识别贸易壁垒削减对农业结构调整的贡献,本部分运用省级层面的面板数据,从农业结构变化、农业结构高级化和合理化方面,实证分析贸易壁垒削减对农业结构的影响。

一、农业产业结构调整的特征事实

2001 年以来,伴随着农产品贸易壁垒削减,中国农业经济发展成效显著,农产品供给能力稳步提升。如表 5-10 所示,农业总产值从 2001 年的 26179.7 亿元增至 2017 年的 109331.7 亿元,年均增长 8.77%。2017 年粮食总产量为 66160.7 万吨,是 2001 年粮食总产量 45263.7 万吨的近 1.5 倍。同时,2003—2015 年,中国粮食总产量实现了历史性十二连增,主要农产品如稻谷、小麦、玉米、棉花、油料、糖料、水果、蔬菜、肉类、禽蛋、水产等稳定增长,其中油料、棉花、肉类、水产品分别从 2001 年的 2864.9 万吨、532.4 万吨、6105.8 万吨、3795.9 万吨增至 2017 年的 3475.2 万吨、565.3 万吨、8654.4 万吨、6445.3 万吨。目前,中国粮食、肉类、水产品总量稳居世界第一,人均产量分别超出全球平均水平 122 千克、18 千克和 23 千克。中国用世界 9% 的耕地、6% 的水资源,有效解决了世界 20% 的人口吃饭问题,有力地回答了"谁来养活中国"的命题,为促进世界农业发展做出了重要贡献。

表 5-10　2001—2017 年中国农业发展情况

年份	农业总产值/亿元	粮食产量/万吨	油料产量/万吨	棉花产量/万吨	肉类产量/万吨	水产品产量/万吨
2001	26179.7	45263.7	2864.9	532.4	6105.8	3795.9
2002	27390.8	45705.8	2897.2	491.6	6234.3	3954.9
2003	29691.8	43069.5	2811.0	486.0	6443.3	4077.0
2004	36239.0	46947.0	3065.9	632.4	6608.7	4246.6
2005	39450.9	48402.2	3077.1	571.4	6938.9	4419.9
2006	40810.8	49804.2	2640.3	753.3	7099.9	4583.6
2007	48651.8	50413.9	2787.0	759.7	6916.4	4747.5
2008	57420.8	53434.3	3036.8	723.2	7370.9	4895.6
2009	59311.3	53940.9	3139.4	623.6	7706.7	5116.4

年份	农业总产值/亿元	粮食产量/万吨	油料产量/万吨	棉花产量/万吨	肉类产量/万吨	水产品产量/万吨
2010	67763.1	55911.3	3156.8	577.0	7993.6	5373.0
2011	78837.0	58849.3	3212.5	651.9	8023.0	5603.2
2012	86342.2	61222.6	3285.6	660.8	8471.1	5502.1
2013	93173.7	63048.2	3287.4	628.2	8632.8	5744.2
2014	97822.5	63964.8	3371.9	629.9	8817.9	6001.9
2015	101893.5	66060.3	3390.5	590.7	8749.5	6211.0
2016	106478.7	66043.5	3400.1	534.3	8628.3	6379.5
2017	109331.7	66160.7	3475.2	565.3	8654.4	6445.3

与此同时,农业结构从以粮为主的种植业结构发展为农林牧渔业全面协同发展的格局。随着中国农业快速发展和产出大幅提高,农林牧渔业四大产业部门有了全面发展。2001—2017年,农业产业结构总体变化不大(见图5-4)。从农林牧渔业各部门产值占农业总产值的比重看,种植业仍占有重要地位,林牧渔业所占比重一直停滞不前,并表现出下降趋势。种植业所占比重自2001年的55.2%急剧降至2008年的50.0%,随后逐步回升,2017年提升至55.8%。相反,畜牧业所占比重自2001年的30.4%提升至2008年的36.8%,随后则逐步下降,2017年已下降至28.2%。2001—2017年,林业和渔业所占比重稳中略有上升,分别保持在4%和10%左右。农业属性决定了产业结构调整和优化是一个长期的渐变过程。加入WTO以来,中国这种相对稳定的农业结构虽保证了国家粮食安全,对解决城乡居民粮食等日常消费增长具有重要作用,但难以满足人们消费升级需求。因此,需要大量进口农产品,满足国内多样化需求,解决中国供求短缺矛盾。

中国地域辽阔,各省间资源禀赋和区位条件差异显著,农业发展和产业结构变化在各省间有着显著差异。从表5-11可知,2017年,除江西省、福建省、海南省、青海省和西藏自治区外,其余各省种植业占比都在50%以上;畜牧业占比超过50%的省份有青海省和西藏自治区,河南省、四川省、吉林省和内蒙古自治区畜牧业占比超过30%;林业占比超过10%的省份有云南、北京和江西3省,超过20%的省份有福建、海南、浙江、广东和江苏5省。2001—

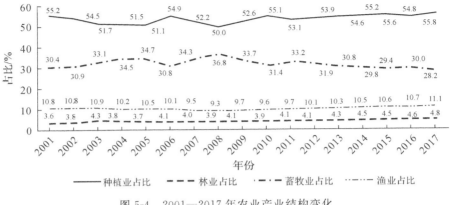

图 5-4　2001—2017 年农业产业结构变化

2017 年,种植业占比上升幅度超过 5% 的有上海市(11.2%)、宁夏回族自治区(10.4%)、河北省(10.3%)、甘肃省(8%)、山西省(7.7%)和广东省(5.1%),占比下降幅度超过 3% 的为吉林省(−10.4%)、黑龙江省(−4.6%)、西藏自治区(−3.9%)、云南省(−3.7%)、江西省(−3.7%)、安徽省(−3.4%)和湖北省(−3.2%),其余各省变化较小。林业比重上升幅度较大的有北京市(14.3%)、江西省(4.2%)和广西壮族自治区(3.5%);除海南省的林业占比下降了 4.4% 外,其余各省林业占比变化较小。畜牧业占比上升较快的省份较少,仅有吉林省(7.1%)、西藏自治区(5.3%)、辽宁省(3.5%)和黑龙江省(2.9%),占比下降幅度较大的主要有北京市(−10.9%)、上海市(−10.3%)、河北省(−10.1%)、山西省(−9.5%)、宁夏回族自治区(−9.2%)、天津市(−7.4%)、甘肃省(−7.3%)和湖南省(−6.6%)等。各省渔业占比变化都较小,占比上升较大的为天津市(5.6%)和湖北省(4.5%),占比下降较大的是上海市(−3.16%)。

表 5-11　2001 年和 2017 年各省(份)农业产业结构变动情况

单位:%

省份	2001 年占比				2017 年占比			
	种植业	林业	牧业	畜渔业	种植业	林业	畜牧业	渔业
甘肃	71.0	1.8	26.8	0.4	79.0	1.4	19.5	0.2
宁夏	63.5	3.2	31.0	2.2	73.9	1.7	21.8	2.6

省份	2001 年占比				2017 年占比			
	种植业	林业	牧业	畜渔业	种植业	林业	畜牧业	渔业
陕西	72.1	5.5	21.7	0.7	73.8	2.9	22.5	0.8
新疆	69.4	2.2	27.7	0.8	73.6	1.8	24.0	0.6
山西	63.0	3.6	32.8	0.6	70.7	5.3	23.3	0.7
黑龙江	75.0	1.4	21.5	2.1	70.4	3.6	24.4	1.7
河北	57.7	2.5	36.2	3.6	68.0	2.5	26.1	3.4
重庆	66.3	3.1	26.4	4.2	67.1	3.9	24.0	5.1
贵州	68.3	4.3	26.0	1.3	66.8	5.7	25.4	2.2
江苏	64.2	1.6	17.3	17.0	64.4	1.8	12.9	20.9
河南	64.7	3.3	30.9	1.1	64.3	2.0	31.8	2.0
湖南	59.9	5.1	28.4	6.6	63.9	7.0	21.8	7.2
四川	58.9	4.0	34.1	3.0	62.5	3.6	30.5	3.5
上海	49.5	1.5	28.7	20.4	60.7	3.6	18.4	17.3
云南	63.6	7.8	26.4	2.2	59.9	10.5	27.2	2.4
广东	53.2	4.3	19.9	22.7	58.3	6.6	15.1	20.0
山东	60.6	2.4	21.4	15.5	58.3	2.0	21.0	18.8
吉林	68.4	1.8	29.1	0.7	58.0	4.2	36.2	1.5
广西	55.1	5.7	26.4	12.8	57.6	9.2	21.9	11.3
内蒙古	55.1	5.4	38.3	1.3	57.3	4.2	37.2	1.3
浙江	54.3	8.7	13.6	23.4	56.3	6.0	10.4	27.3
天津	55.0	1.1	31.3	12.6	55.6	2.2	23.9	18.2
安徽	57.7	6.7	23.4	12.2	54.3	8.2	24.8	12.7
湖北	57.4	2.3	28.2	12.0	54.2	2.8	26.4	16.5
辽宁	53.2	2.5	23.3	21.0	50.8	3.6	26.8	18.7
北京	52.3	4.6	38.7	4.4	50.2	18.9	27.8	3.1
江西	52.7	8.2	23.4	15.7	49.0	12.4	22.0	16.6
福建	43.7	8.5	17.9	29.9	48.1	9.4	14.1	28.4

续　表

省份	2001 年占比				2017 年占比			
	种植业	林业	牧业	畜渔业	种植业	林业	畜牧业	渔业
海南	43.9	11.8	16.6	27.7	47.6	7.5	16.7	28.2
西藏	49.1	2.8	48.1	0.0	45.2	1.3	53.4	0.1
青海	39.0	3.0	57.7	0.2	41.0	2.2	55.8	1.1

二、实证模型设定、变量选取与数据处理

为了全面考察贸易壁垒削减对农业产业结构调整的影响,首先从种植业、林业、畜牧业和渔业层次上,建立省级面板数据模型,分析贸易壁垒削减对农业产业结构变化的影响。其计量模型设定为

$$\ln \text{Structure}_{cit} = \beta_1 \ln \text{liber}_{cit} + \beta_2 \text{Control}_{cit} + \delta_c + \eta_t + \varepsilon_{it}, \quad (5.14)$$

其中,c 为省份,i 分别代表种植业、林业、畜牧业和渔业,t 为年份,Structure_{cit} 表示 t 年 c 省 i 产业 GDP 占该省当年农业 GDP 的比重;liber_{cit} 为 t 年 c 省 i 产业贸易壁垒削减水平,用贸易限制指数与 c 省 i 产业进口值的加权平均计算得到。Control 为一系列影响农业产业结构变化的控制变量。由于影响农业结构的因素很多,考虑到数据获得性和关注的重点,控制变量有:各省经济发展程度(AGDP_{ct}),用人均 GDP 衡量;各省市场化程度(Market_{ct}),采用市场化水平衡量;各省城市化率(City_{ct}),用历年各省城镇人口占总人口的比重衡量;各省基础设施建设(Highway_{ct}),用历年各省人均公路长度衡量,计算方法为公路里程除以年末人口总数;专业化指数(Special_{cit}),用 c 省 i 产业产值占该省农业总产值的比重与全国 i 产业产值占全国农业总产值的比重的比值衡量;价格指数(PPI_{cit}),用 i 产业生产价格指数衡量,以 2001 年为基期;农业财政补贴(Sbsidy_{ct}),用各省财政支农占农业总产值的比重衡量;生产要素,用资本劳动比(KLR_{ct})和人均耕地面积(Area_{ct})衡量;生产效率(Laber_{ct}),用农业总产值除以农业就业人数衡量;技术水平(Techno_{ct}),用农业机械总动力(千瓦)除以农作物总播种面积(公顷)衡量。δ_c 为省份固定效应,用于控制省份不随时间变化的不可观测因素,η_t 为时间固定效应,用于控制年度宏观冲击带来的影响,ε_{it} 是随机误差项。

在此基础上,进一步考察贸易壁垒削减对农业结构调整的变迁效应,将

农业结构高级化和农业结构合理化指标作为因变量,将贸易壁垒削减作为核心自变量,由于农业结构调整是一个动态变迁过程,不仅受当前因素的影响,而且与过去因素相关,因此构建省级动态面板模型进行分析,其计量模型设定为

$$\ln\text{Adjust}_{ct} = \theta_1 \text{Adjust}_{ct-1} + \theta_2 \ln\text{liber}_{ct} + \theta_3 \text{Control}_{ct} + \delta_c + \eta_t + \varepsilon_{it},$$
$$(5.15)$$

其中,Adjust_{ct} 分别表示 t 年 c 省农业结构高级化(TS_{ct})和农业结构合理化(TL_{ct})。农业结构高级化反映了农业结构整体调整趋势,借用蓝庆新等(2013)的研究方法,对种植业、林业、畜牧业和渔业赋予不同权重,加权计算出农业结构高级化指数,计算式为 $\text{TS}_{ct} = S_1 \times 1 + S_2 \times 2 + S_3 \times 3 + S_4 \times 4$,其中 S_1、S_2、S_3 和 S_4 分别为种植业、林业、畜牧业和渔业产值占农业总产值的比重,其值越大,代表农业结构越高级。该指标展现了农业结构从种植业向林牧渔业转变的趋势,符合国内农产品消费升级。由于农业结构调整是在农业结构转换能力作用下推动的。农业结构调整的最直接动因在于不同产业发展快慢。因此,采用农业结构转换系数衡量农业结构合理化(TL_{ct}),反映各省农业结构转换速度和演变趋势,计算式为

$$\text{TL}_{ct} = \sqrt{\sum_{i=1}^{n} (x_{ci} - x_{cp})^2 R_{ci}/x_{cp}},$$
$$(5.16)$$

其中,TL_{ct} 为 c 省 t 年农业结构转换系数,x_{ci} 为 c 省 i 产业 GDP 年均增长速度,x_{cp} 为 c 省农业 GDP 年均增长速度,R_{ci} 为 c 省 i 产业产值占该省农业总产值的比重。其余控制变量都与式(5.14)的变量相同。

所需数据是 2002—2015 年中国除港澳台地区外 31 个省($N = 434$)的数据。各省农产品进口数据来自国务院发展研究中心信息网,各省市场化程度用市场化水平衡量,其他数据主要来自 2003—2016 年《中国农村统计年鉴》《中国农业统计资料》和《中国统计年鉴》,以及全国各省 2003—2016 年历年的统计年鉴和《新中国六十年统计资料汇编》等。

三、实证结果及分析

自 2002 年以来,根据《中国加入世界贸易组织协定书》,中国逐步下降农业关税和削减农业非关税,导致进口竞争的加剧,对中国农业结构带来了较大影响,实证研究贸易壁垒削减对中国农业结构调整的影响结果如下。

1. 基准回归结果

采用固定效应模型,同时控制省级固定效应和时间固定效应,实证分析贸易壁垒削减对农业结构变化的影响[①],然后采用动态面板系统 GMM 方法,实证检验贸易壁垒削减对农业结构高级化和合理化的影响,结果见表 5-12。实证结果显示,贸易限制指数对种植业结构影响的估计系数在 5% 水平上显著为正,说明贸易壁垒削减对种植业结构变化有显著负影响。贸易壁垒每削减 1%,种植业占比约下降 0.0043%。贸易限制指数对林业、畜牧业和渔业的估计系数在 10% 显著性水平下显著为负,表明贸易壁垒削减对林业、畜牧业和渔业结构变动有显著的促进作用。贸易壁垒每削减 1%,林业、畜牧业和渔业的占比分别约增加 0.0011%、0.0030% 和 0.0052%,而且贸易壁垒削减更能促进渔业占比的提高,畜牧业次之,林业最低。可见,贸易壁垒削减导致的进口竞争,在促进渔业、畜牧业和林业占比提升的同时,降低种植业占比。

表 5-12　基准回归结果

变量	固定效应				SYS-GMM	
	种植业占比	林业占比	畜牧业占比	渔业占比	农业结构高级化	农业结构合理化
被解释变量滞后一期					0.1090**	0.5100***
					(2.31)	(7.73)
lnLiber	0.0043**	−0.0011*	−0.0030*	−0.0052*	−0.0467**	−0.0871***
	(2.08)	(−1.37)	(−0.13)	(−1.67)	(−2.31)	(−2.92)
lnAGDP	−0.0040***	−0.0009	−0.0062**	0.0023	−0.0374**	−0.0080
	(−4.44)	(−0.30)	(−2.20)	(0.58)	(−2.30)	(−0.13)
lnCity	0.0093	−0.0069	−0.0089	−0.0197	−0.1870	−0.4470**
	(1.25)	(−0.28)	(−0.39)	(−0.60)	(−1.52)	(−2.43)
lnMarket	0.0003	0.0015	0.0008	0.0048*	−0.0164***	0.0030
	(0.40)	(0.71)	(0.43)	(1.81)	(−3.41)	(0.42)
lnHighway	0.0020***	0.0043***	−0.0011	0.0022	−3.0670	−11.4400*
	(4.16)	(2.61)	(−0.75)	(1.03)	(−0.87)	(−1.84)
lnSpecial	0.7290***	0.1130***	0.4220***	0.1850***	−0.0155	0.0555
	(336.04)	(63.38)	(94.56)	(107.93)	(−0.29)	(0.43)

[①]　在对面板数据进行回归时,首先采用固定效应模型和随机效应模型分析,然后用 Hausman 模型进行检验,根据检验结果选择固定效应回归方法。

续　表

变量	固定效应				SYS-GMM	
	种植业占比	林业占比	畜牧业占比	渔业占比	农业结构高级化	农业结构合理化
lnPPI	−0.0001 (−0.16)	0.0079 *** (3.18)	−0.0228 *** (−4.73)	0.0084 (1.47)	−0.0295 ** (−2.44)	0.1820 *** (9.17)
lnSubsidy	−0.0032 ** (−2.21)	0.0258 *** (5.98)	−0.0120 *** (−3.20)	0.0023 (0.44)	−0.0464 ** (−2.13)	−0.1060 (−1.05)
lnKLR	0.0001 (0.62)	−0.0001 (−0.12)	−0.0007 (−1.14)	0.0007 (0.82)	−0.0247 *** (−7.45)	0.0027 (0.39)
lnArea	−0.0004 (−0.34)	−0.0126 *** (−3.53)	−0.0007 (−0.21)	−0.0008 (−0.19)	−0.1330 *** (−4.42)	0.03810 (0.83)
lnLaber	0.0018 ** (2.22)	0.0077 *** (2.95)	0.0080 *** (3.05)	−0.0043 (−1.28)	0.1010 *** (5.25)	0.0163 (0.24)
lnTech	0.0009 * (1.81)	−0.0072 *** (−4.53)	0.0011 (0.75)	0.0001 (0.06)	0.0584 * (1.68)	0.0942 *** (3.47)
常数项	−0.0528 *** (−7.09)	−0.0691 *** (−2.79)	−0.0478 ** (−2.09)	−0.0270 (−0.87)	0.9870 *** (11.64)	−0.8560 *** (−5.48)
Sargan 检验					0.8031	0.8143
AR(1)检验					0.0215	0.0103
AR(2)检验					0.5847	0.9008
R^2	0.912	0.873	0.856	0.901		
N	434	434	434	434	434	434

注:固定效应模型回归,括号内为 t 统计量;系统 SYS-GMM 回归,括号内的数值为 Z 统计量。

采用系统 GMM 方法检验贸易限制指数对农业结构高级化和合理化的影响,首先对模型(5.15)进行 Arellano-Bond 差分检验。结果表明,AR(1)的结果在 5% 水平上显著拒绝了原假设,而 AR(2)的结果远高于 10% 的显著水平,不能拒绝原假设,说明经过差分后的残差存在一阶自相关,但不存在二阶自相关。可见,模型设定较为合理。同时,对模型进行 Sargan 过度识别约束检验,结果强烈地拒绝了原假设,表明工具变量选择是有效的。从估计结果看,滞后一期的农业结构高级化和农业结构合理化系数均显著为正,表明农业结构调整确实存在明显的惯性特征。贸易限制指数系数均显著为负,表明贸易壁垒削减有利于提高农业结构高级化和合理化。贸易壁垒每削减 1%,农业结构高级化约提升 0.047%,农业结构合理化约提升 0.087%。可见,贸易壁垒削减有效地推进了中国农业结构的优化升级。

2.内生性检验

基准回归采用的是系统 GMM 估计方法,通过控制时间固定效应和省级固定效应,降低了遗漏变量的内生性,修正了异方差及自相关问题。但农业结构调整可能具有反向因果关系,而且被解释变量滞后项与误差项可能存在相关性。因此,选取农业结构高级化和农业结构合理化滞后二期或二期以上作为工具变量,采用两阶段最小二乘估计法(2SLS)进行内生性检验,结果见表 5-13。2SLS 检验结果显示,采用弱工具变量检验发现,F 值均远大于 10,拒绝了弱工具变量原假设,选择的工具变量是有效的。从估计结果看,贸易限制指数的系数仍显著为负,表明贸易壁垒削减确实提高了农业结构高级化和合理化,与前面研究结论基本一致。

表 5-13　内生性检验和稳健性检验结果

变量	2SLS		进口渗透率		加权平均关税	
	农业结构高级化	农业结构合理化	农业结构高级化	农业结构合理化	农业结构高级化	农业结构合理化
被解释变量滞后一期	0.9690 *** (22.66)	0.9450 *** (45.15)	0.0898 ** (2.45)	0.4380 *** (6.39)	0.1040 ** (2.09)	0.5490 *** (10.38)
lnLiber	−0.0225 * (−0.65)	−0.0124 * (−0.40)	0.0290 *** (3.43)	0.0646 *** (4.47)	−0.0281 *** (−3.95)	−0.0203 * (−1.89)
lnAGDP	0.0393 ** (2.57)	−0.0132 (−0.86)	−0.0292 ** (−2.14)	−0.0441 (−0.79)	−0.0394 *** (−2.68)	−0.0629 (−1.52)
lnCity	0.2130 * (1.83)	−0.0243 (−0.21)	−0.0611 (−0.46)	−0.7290 *** (−2.94)	−0.3990 ** (−2.48)	−0.5660 *** (−2.88)
lnMarket	0.0276 (1.03)	0.0179 (1.14)	−0.0171 *** (−3.20)	−0.0112 (−1.52)	−0.0177 *** (−2.76)	0.0004 (0.05)
lnHighway	1.2500 (0.79)	0.9300 (0.72)	−2.734 (−0.79)	−6.5630 (−1.20)	−3.3490 (−1.02)	−6.4710 (−1.56)
lnSpecial	0.0973 *** (3.00)	−0.0108 (−0.39)	−0.0148 (−0.31)	−0.0383 (−0.23)	−0.0266 (−0.47)	−0.1440 (−1.26)
lnPPI	0.1150 *** (4.39)	0.2880 *** (7.78)	−0.0336 *** (−3.06)	0.1580 *** (6.55)	−0.0292 ** (−2.34)	0.1710 *** (6.52)
lnSubsidy	0.0633 ** (1.99)	0.0307 (0.85)	−0.0380 (−1.38)	−0.1160 (−1.37)	−0.0682 ** (−2.53)	−0.0887 (−1.26)

续　表

变量	2SLS		进口渗透率		加权平均关税	
	农业结构高级化	农业结构合理化	农业结构高级化	农业结构合理化	农业结构高级化	农业结构合理化
lnKLR	−0.0074 (−1.18)	0.0014 (0.29)	−0.0284*** (−7.11)	−0.0003 (−0.05)	−0.0261*** (−7.21)	−0.0016 (−0.29)
lnArea	0.0185* (1.79)	−0.0036 (−0.29)	−0.1470*** (−5.43)	−0.0016 (−0.03)	−0.1280*** (−3.92)	−0.0260 (−0.60)
lnLaber	−0.0409** (−2.33)	0.0135 (0.81)	0.0849*** (5.40)	0.0672 (1.06)	0.1170*** (6.73)	0.0812 (1.51)
lnTech	0.0154* (1.75)	−0.0052 (−0.45)	0.0520 (1.51)	0.1020*** (3.05)	0.0483 (1.56)	0.0994*** (3.35)
常数项	−0.7320*** (−4.65)	−1.3540*** (−7.18)	1.1100*** (9.55)	−0.5970*** (−3.26)	0.9410*** (9.92)	−0.5840*** (−3.22)
过度识别	9.21526***	7.75524***				
弱工具变量 （F 值）	212.098	1069.71				
Sargan 检验			0.8265	0.9615	0.9895	0.9910
AR(1)检验			0.0011	0.0003	0.0011	0.0012
AR(2)检验			0.3941	0.9311	0.8635	0.9474
N	434	434	434	434	434	434

3. 稳健性检验

进一步采用不同的贸易壁垒削减指标、农业结构高级化和农业结构合理化测量方法进行稳健性检验,对不同地区进行异质性检验。

(1)改换贸易壁垒削减指标。选取进口渗透率和加权平均关税作为贸易壁垒削减的衡量指标,检验贸易壁垒削减对农业结构高级化和合理化的影响。进口渗透率采用各省农业进口额除以当年该省农业 GDP,加权平均关税是进口关税税率与各省农业进口值的加权平均。从估计结果看,以进口渗透率衡量的贸易壁垒削减系数均显著为正,以加权平均关税衡量的贸易壁垒削减系数均显著为负,说明贸易壁垒削减确实促进了农业结构高级化和合理化。

(2)更换产业结构调整指标。采用畜牧业和渔业 GDP 占种植业 GDP 的比重(P)作为农业结构高级化的替代指标。选取结构偏离度(E)作为农业结构合理度的替代变量①,采用农业 GDP 占比与农业就业占比的比值衡量。如果比值大于 1,说明农业偏离度为正,农业相对劳动生产率较高,结构合理。采用进口渗透率、加权平均关税和贸易限制指数作为衡量贸易壁垒削减的指标,进行实证检验,回归结果见表 5-14。从估计结果看,加权平均关税、贸易限制指数的估计系数显著为负,进口渗透率的估计系数显著为正,与前面结果相似,表明实证研究结果具有一定的可靠性。

表 5-14　更换产业结构调整指标的回归结果

变量	进口渗透率		加权平均关税		贸易限制指数	
	P	E	P	E	P	E
被解释变量滞后一期	0.2560*** (5.53)	0.1180** (2.03)	0.2700*** (4.41)	0.1570*** (2.67)	0.2350*** (3.29)	0.0514 (0.59)
lnLiber	0.0196*** (5.94)	0.1020*** (5.03)	−0.0104 (−1.42)	−0.0908*** (−5.80)	−0.0437*** (−3.19)	−0.1030** (−1.98)
lnAGDP	−0.0304*** (−3.01)	0.2880*** (5.54)	−0.0248** (−2.07)	0.2120*** (3.11)	−0.0250 (−1.53)	0.3360*** (5.29)
lnCity	−0.1260 (−1.31)	0.0498 (0.15)	−0.2860*** (−2.72)	−0.0133 (−0.03)	−0.1860* (−1.92)	0.7250*** (2.58)
lnMarket	−0.0084* (−1.86)	−0.0155 (−1.27)	−0.0118** (−2.16)	−0.0261* (−1.81)	−0.0116** (−2.54)	−0.0152 (−0.97)
lnHighway	−0.6740 (−0.33)	27.8100*** (5.19)	−2.4580 (−1.31)	38.3300*** (6.39)	−2.7780 (−1.17)	36.1700*** (6.20)
lnSpecial	−0.0136 (−0.74)	−0.4200*** (−4.38)	−0.0253 (−0.75)	−0.4610*** (−2.75)	0.0188 (0.33)	−0.1460 (−0.99)
lnPPI	0.0115 (1.61)	−0.0302 (−1.41)	0.0130 (1.46)	−0.0493* (−1.70)	0.0159* (1.82)	−0.0284 (−0.93)
lnSubsidy	−0.0387 (−1.39)	−0.2190*** (−2.73)	−0.0358 (−1.07)	−0.1820** (−2.23)	−0.0141 (−1.19)	−0.3390*** (−3.02)
lnKLR	−0.0172*** (−7.03)	−0.0040 (−0.75)	−0.0144*** (−5.38)	−0.0120 (−1.40)	−0.0133*** (−4.17)	−0.0170** (−3.34)
lnArea	−0.0435*** (−3.12)	0.3870*** (6.45)	−0.0335* (−1.86)	0.2550*** (3.48)	−0.0415*** (−2.60)	0.5810*** (6.84)
lnLaber	0.0613*** (5.05)	−0.4240*** (−9.43)	0.0597*** (4.39)	−0.3040*** (−4.25)	0.0596*** (4.70)	−0.5200*** (−7.86)

---

① 结构偏离度是各产业增加值的占比与相应的劳动力占比的差异程度。

变量	进口渗透率		加权平均关税		贸易限制指数	
	P	E	P	E	P	E
lnTech	0.0406** (2.12)	0.1400** (2.20)	0.0448** (2.09)	0.0709 (1.02)	0.0394 (1.61)	0.2020*** (3.04)
常数项	0.0849 (1.58)	1.991*** (11.61)	0.0585 (0.99)	2.130*** (7.81)	0.0232 (0.28)	1.657*** (7.90)
Sargan 检验	0.7147	0.8473	0.9832	0.9706	0.9932	0.9999
AR(1)检验	0.0002	0.0091	0.0003	0.0089	0.0006	0.0760
AR(2)检验	0.5101	0.7090	0.9539	0.6811	0.5485	0.6087
N	434	434	434	434	434	434

注：固定效应模型回归，括号内的数值为 t 统。

（3）分地区检验。由于中国各省农业发展极不平衡，产业结构调整具有异质性，将全国 31 个省份分为东部地区、中部地区和西部地区，进行异质性分析①。实证结果见表 5-15。从分地区检验结果看，用贸易限制指数衡量的贸易壁垒削减水平显著推进了东部地区、中部地区和西部地区的农业结构高级化和合理化。地区检验结果与整体检验结果相似，进一步说明了实证结果具有较强的稳健性。贸易壁垒削减对中部地区的农业结构升级促进作用最大，对西部地区的农业结构合理化促进影响最大。

表 5-15　分地区检验结果

变量	东部地区		中部地区		西部地区	
	农业结构高级化	农业结构合理化	农业结构高级化	农业结构合理化	农业结构高级化	农业结构合理化
被解释变量滞后一期	0.4670 (1.16)	0.3490 (0.28)	1.8260** (2.28)	0.7830** (1.06)	0.6050* (1.91)	3.7260* (3.11)
lnLiber	−0.0263** (−0.32)	−0.1890** (−1.39)	−0.0792* (−0.96)	−0.1740* (−1.32)	−0.0174* (−0.57)	−0.0976** (−2.28)

① 东部地区为北京、天津、上海、江苏、浙江、福建、山东、广东、海南、河北、辽宁 11 个省，中部地区为湖北、湖南、安徽、江西、河南、山西、吉林、黑龙江 8 个省，西部地区为四川、重庆、贵州、云南、陕西、甘肃、青海、宁夏、广西、新疆、内蒙古、西藏 12 个省。

续　表

变量	东部地区		中部地区		西部地区	
	农业结构高级化	农业结构合理化	农业结构高级化	农业结构合理化	农业结构高级化	农业结构合理化
lnAGDP	0.0746 (1.57)	0.0808 (1.02)	0.2430*** (3.23)	−0.2920** (−2.44)	0.2010*** (4.74)	0.1330** (2.26)
lnCity	−0.5110 (−1.58)	−1.2520** (−2.32)	0.2630 (1.20)	−0.6900* (−1.98)	−0.9250* (−1.70)	−0.7260 (−0.96)
lnMarket	0.0542 (0.88)	0.2040** (1.98)	−0.0790 (−1.05)	−0.01260 (−0.11)	−0.0068 (−0.43)	−0.0016 (−0.07)
lnHighway	11.4700 (1.02)	16.7100 (0.89)	−49.9900*** (−2.91)	17.6300 (0.65)	−1.3060 (−0.40)	−0.0010 (−0.00)
lnSpecial	0.4780*** (5.02)	0.3110* (1.96)	0.5300*** (5.21)	−0.3960** (−2.45)	0.2720*** (4.87)	0.0500 (0.64)
lnPPI	−0.1750* (−1.91)	−0.1160 (−0.76)	0.03870 (0.59)	0.1420 (1.37)	−0.0082 (−0.17)	0.0618 (0.92)
lnSubsidy	0.0748 (1.05)	−0.0676 (−0.57)	0.7000*** (3.30)	0.5080 (1.51)	0.0462 (0.82)	0.0236 (0.30)
lnKLR	0.0066 (0.83)	−0.0021 (−0.16)	−0.0310** (−2.37)	−0.0999*** (−4.80)	0.0125* (1.69)	−0.0019 (−0.18)
lnArea	−0.0137 (−0.35)	0.0421 (0.65)	0.160*** (2.95)	−0.0198 (−0.22)	0.0658 (1.37)	−0.1670** (−2.49)
lnLaber	0.0196 (0.43)	0.1310* (1.75)	−0.252*** (−4.31)	0.1400 (1.51)	−0.1590*** (−4.27)	−0.0062 (−0.12)
lnTech	0.0613 (1.39)	0.2490*** (3.38)	0.0077 (0.32)	0.1430*** (3.76)	0.0064 (0.20)	−0.0770* (−1.76)
常数项	0.7310 (1.21)	−1.6740* (−1.67)	0.4070 (0.60)	1.8950* (1.76)	0.5100 (1.63)	−0.4230 (−0.97)
Sargan 检验	0.6136	0.8342	0.8531	0.8605	0.8932	0.8937
AR(1)检验	0.0011	0.0032	0.0043	0.0076	0.0035	0.0061
AR(2)检验	0.4213	0.7164	0.8537	0.6516	0.5276	0.6125
N	154	154	112	112	168	168

第三节 贸易壁垒削减对农村居民收入的影响

"三农"问题一直是中国经济发展面临的重点问题,其核心问题是农村居民,关键在于提高农村居民收入。中国农业供给侧结构性改革的主要目标就是要增加农村居民收入,乡村振兴的关键也是要让农村居民生活富裕起来。可见,如何千方百计、切实有效地促进农村居民增收一直是中国农业研究的重点,而贸易与收入是国际贸易探讨的重要命题。理论和经验研究证明,贸易壁垒削减能提高参与国的整体收入,但如何影响参与国内部收入分配,仍是需要研究的重大现实问题。加入 WTO 以来,中国在不断削减农业贸易壁垒的同时,实现农村居民人均收入稳步增长,城乡收入差距与地区间农村居民收入差距不断扩大。本节目的是揭示贸易壁垒削减对农村居民收入增长、城乡收入差距及地区间农村居民收入差距带来的影响程度,并从贸易壁垒削减对农村劳动力非农就业影响方面进一步考察其影响机制。

一、农村居民收入增长的特征事实

自 2001 年加入 WTO 以来,中国农业进入了以工促农、工业反哺农业的发展阶段。国家出台了一系列支农、强农、惠农和富农政策,尤其从 2004 年开始每年发布指导"三农"工作的中央一号文件。除 2011 年外,其余一号文件都剑指如何促进农民持续增收问题。2001—2017 年,农民收入在波动性增速中实现了持续增长的"奇迹",农村居民人均纯收入从 2001 年的 2047 元快速跨入 2009 的 5435 元和 2014 年的 10489 元,2017 年上升至 13432 元(见图 5-5),年均增长率为 12.48%。

由图 5-6 可知,从农村居民人均纯收入结构看,家庭经营性收入仍是农村居民收入核心来源,反映了农村小农经济鲜明特征,同时随着农村劳动力持续外流,工资性收入已成为农村居民收入的重要组成部分。2001—2017 年,伴随着农村居民收入水平大幅度提高,收入结构最为突出的变化是:家庭经营性收入所占比重持续下降,从 2001 年的 60.64% 降至 2017 年的 37.43%;同时,工资性收入占比逐年增长,并于 2015 年超过家庭经营性收入成为农村居民最主要的收入来源,2017 年占比为 40.93%。

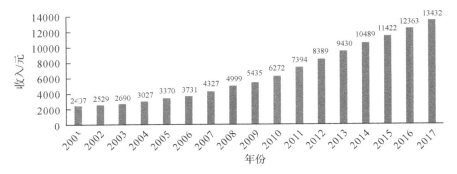

图 5-5　2001—2017 年中国农村居民人均纯收入

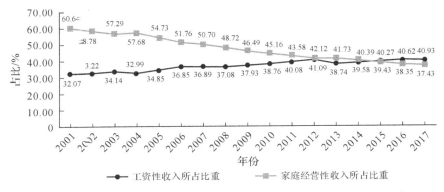

图 5-6　2001—2017 年中国农村居民经营性收入和工资性收入比重变化

　　尽管农村居民收入持续增加,但城乡收入差距仍较大。从图 5-7 可知,城乡居民收入比由 2001 年的 2.84 上升至 2007 年的 3.14 最高位后持续下降。2002—2009 年中国城乡居民收入差距都超过世界公认警戒线。自 2010 年开始,农村居民收入增速超越城镇居民收入增速,至 2017 年,城乡居民收入差距降到了新低,城乡居民收入比为 2.71,但仍处于高位,而且收入差距下降趋势在弱化。可见,加快缩小城乡居民收入差距仍是中国乡村振兴中必须破解的现实难题。

　　同时,中国区域间农村居民收入差距较大。东部经济发达地区农村居民收入最高,中部地区次之,西部经济落后地区农民收入最低。从农村居民人均纯收入看,上海市、北京市和浙江省三地农村居民收入领跑全国。上海市农村居民人均收入在 2007 年就超过 1 万元,2014 年超过 2 万元;北京市农村居民收入在 2008 年超过 1 万元,2015 年超过 2 万元;浙江省农村居民人均收入在 2009 年超过 1 万元,2015 年超过 2 万元。2014 年全国农村居民人均收

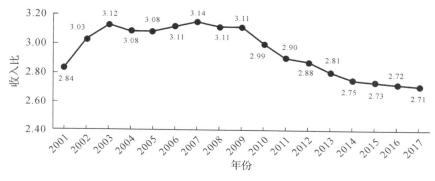

图 5-7　2001—2017 年中国城乡居民收入比

入超过 1 万元,同年吉林、江西、河北、湖北、湖南、黑龙江 6 省也刚超过 1 万元。2014 年,全国仅有 15 个省农村居民人均收入超过 1 万元。2015 年,海南、安徽、河南、四川、重庆和内蒙古 6 省农村居民人均收入超过 1 万元。但云南、宁夏、山西、广西、新疆、西藏、陕西、贵州、青海和甘肃 10 省农村居民人均收入少于 1 万元。特别是青海、贵州和甘肃 3 省农村居民人均收入最低,分别为 7933 元、7387 元和 6936 元。

二、模型设定与数据说明

1. 计量模型设定

由于农产品进口贸易壁垒削减与中国农村居民收入增长、城乡收入差距较大、区域间农户收入差距扩大同时发生,它们之间存在相关性和因果关系。农村居民家庭经营性纯收入来源是农、林、牧、副、渔收入,贸易壁垒削减促进农产品进口增加,从而直接影响家庭经营性纯收入。同时,贸易壁垒削减引起劳动力从农业部门向非农行业转移,进而影响农村居民以外出务工为主的工资性收入。为了更细致地检验贸易壁垒削减对农村居民收入的影响及其作用机制,本节不仅要考察贸易壁垒削减对农村居民总收入的影响,而且要讨论贸易壁垒削减对农村居民家庭经营性纯收入和工资性收入的影响,也会进一步探讨贸易壁垒削减对城乡收入差距、区域间农村居民收入差距的影响。在劳动力非农就业方面,分析贸易壁垒削减对它们的影响机制。本书借鉴国内外学者相关研究思路,利用省级面板数据,构建计量模型:

$$\ln Y_{ct} = \alpha_0 + \alpha_1 \ln liber_{ct} + \alpha_2 \ln Y_{ct-1} + \alpha_3 Control_{ct} + \eta_t + \delta_c + \varepsilon_{it},$$

(5.17)

其中,下标 c 和 t 分别表示省份和年份,Y 为农村居民人均收入(Rurin)、家庭经营性收入(Rurin1)、工资性收入(Rurin2)、城乡收入差距(Urban)和区域间农民收入差距(Cregion),α_0 是常数项,liber 表示贸易壁垒削减水平,Control 为影响收入及其差距的各个变量,η_t 为时间固定效应,用来控制年度宏观冲击带来的影响,δ_c 为省份固定效应,主要控制各个省份不随时间变化、难以观测因素的影响,ε_{it} 为随机误差项。为了进一步识别贸易壁垒削减是否能通过促进农村劳动力非农就业增加,进而影响农村居民收入、城乡收入差距、区域间农民收入差距的作用机制,引入贸易壁垒削减与农村劳动力非农就业交互项作为关键解释变量,模型设定为

$$\ln Y_{ct} = \alpha_0 + \alpha_1 \ln \text{Labort}_{ct} + \alpha_2 \ln \text{liber}_{ct} \times \ln \text{Labort}_{ct} + \alpha_3 Y_{ct-1}$$
$$+ \alpha_4 \text{Control}_{ct} + \delta_c + \eta_t + \varepsilon_{it}, \tag{5.18}$$

其中,Labort 为农村劳动力非农就业占农村劳动力就业总人数的比重。比重越大,说明劳动力从农业就业转向非农就业人数越多。liber×Labort 为贸易壁垒削减与非农就业交互项,如果交互项估计系数显著为负,说明贸易壁垒削减水平越高,农村劳动力非农就业对增加农村居民工资性收入效应越显著,从而减少农民家庭经营性收入,可能会降低农民总收入,也可能扩大城乡收入差距和区域间农民收入差距。由此可以说明,贸易壁垒削减水平的提高通过促进农村劳动力的非农就业而降低了农村居民收入、扩大了城乡收入差距和区域间农民收入差距。

2. 变量选取

(1)被解释变量。为了剔除价格波动对被解释变量(Y)的影响,以 2002 年为基期,采用省级农村消费价格指数,计算农民人均纯收入、家庭经营性收入(Rurin1)和工资性收入(Rurin2)实际值;城乡收入差距(Urban),采用城乡收入比衡量,计算方法为:通过省级城市消费价格指数,得到城镇居民人均可支配收入实际值,该实际值与农民人均纯收入实际值的比值,即为剔除价格影响的城乡收入比,比值越大,则城乡收入差距越大;区域间农民收入差距(Cregion),采用泰尔指数衡量,泰尔指数越大,说明区域间农民收入差距越大。泰尔指数测算方法为

$$\text{Theil}_{it} = \sum_{c=1}^{N} \frac{I_{ict}}{I_{it}} \log \left(\frac{\dfrac{I_{ict}}{I_{it}}}{\dfrac{P_{ict}}{P_{it}}} \right), \tag{5.19}$$

其中,Theil$_{it}$ 为 i 地区 t 年的泰尔指数,I_{it} 表示 i 地区 t 年农民人均纯收入总和,I_{ic} 为 i 地区 c 省 t 年农民人均纯收入总和,P_{it} 表示 i 地区 t 年农村居民数,P_{ict} 为 i 地区 c 省 t 年农村居民数,N 表示地区数,指东部地区、中部地区和西部地区。

(2)核心解释变量。贸易壁垒削减(liber)是核心解释变量,采用贸易限制指数衡量。由于贸易限制指数是全国 HS4 位数产品层面的数据,而各省农业经济发展水平不同,农业对外开放程度不同,如果直接采用贸易限制指数,忽视了各省农业贸易壁垒削减的差异性。对此,借鉴 Topalova(2007)类似方法,构建省级层面农业贸易限制指数,计算方法为

$$\text{TRI}_{ct} = \sum_f \gamma_{cj,2002} \times \text{Ind\_TRI}_{jt} , \qquad (5.20)$$

其中,j 分别代表种植业、林业、畜牧业和渔业,$\gamma_{cj,2002}$ 指 2002 年 c 省种植业、林业、牧业和渔业 GDP 占农业 GDP 的比重。首先按照 HS4 位数产品贸易限制指数和进口量计算 HS2 位数产品贸易限制指数;然后将 HS2 位数产品与种植业、林业、畜牧业和渔业进行匹配,加总各行业贸易限制指数除以各行业贸易量,得到种植业、畜林业、牧业和渔业的贸易限制指数;最后根据公式计算各省农业层面贸易限制指数。农村劳动力非农就业比重(Labort),用农村劳动力非农就业数量与农村总劳动力数量的比值衡量,比值越大,说明劳动力从农业中转出的数量越多,取对数尽可能消除异方差。

(3)控制变量。农村居民收入、城乡收入差距、区域间农民收入差距的影响因素较多,为了准确识别贸易壁垒削减的影响,需要剔除其他因素的影响。综合已有文献,引入控制变量:经济发展水平(AGDP),用各省人均 GDP 衡量;农业生产技术水平(Tech),用各省农业机械总动力(单位为千瓦)除以农作物播种总面积(单位为公顷)衡量;农村基础设施(Road),用各省公路里程除以年末总人口数表示;农业自然灾害强度(DS),用各省历年成灾面积占农作物播种面积的比重衡量;农村劳动力素质(EDU),用农村劳动力平均受教育年限表示;城镇化率(City),用历年各省城镇人口占总人口的比重衡量;市场化程度(Market$_{ct}$),用各省市场化水平衡量;农业财政支出(Subsidy$_{ct}$),用各省财政支农资金占农业产值的比重衡量;农业生产率(Prod),用农业总产值与农业就业人数的比值衡量。

3. 数据说明

中国除港澳台外 31 个省的农产品进口数据来自国务院发展研究中心信息网，各省市场化程度数据来自 2003—2016 年《中国农村统计年鉴》《中国农业统计资料》和《中国统计年鉴》，以及 2003—2016 年各省历年的统计年鉴和《新中国六十年统计资料汇编》等。各变量的描述性统计结果见表 5-16。

表 5-16　各变量的描述性统计结果 $(N=434)$

变量	样本均值	样本标准差	最小值	最大值
lnUrban	1.369	0.146	1.046	1.876
Theil	0.128	0.053	0.030	0.189
lnTRI	0.303	0.078	0.068	0.570
lnLabort	0.329	0.127	0.021	0.620
lnSubsidy	0.133	0.134	0.016	0.865
lnRoad	0.003	0.003	0.000	0.024
lnTech	1.821	0.425	0.919	3.239
lnProd	9.932	0.717	8.067	11.420
lnAGDP	10.040	0.742	8.089	11.590
lnMarket	1.893	0.353	−0.357	2.478
lnDS	0.215	0.113	0.003	0.661
lnCity	0.397	0.098	0.180	0.640
lnEDU	2.230	0.141	1.556	2.655

三、实证检验结果分析

考虑收入增长的刚性，前一期收入可能对下一期收入造成影响，需要引入滞后一期被解释变量。引入滞后项后可能存在内生性问题，考虑系统 GMM 对工具变量存在过度识别问题，采用差分 GMM 对省级层面动态面板数据进行估计。

1. 基本估计结果

使用 2002—2015 年省级层面动态面板数据，对式(5.17)进行差分 GMM 估计，结果见表 5-17。从估计结果看，家庭经营性收入的估计系数在 1% 水平下显著为正,说明贸易壁垒削减对家庭经营性收入有显著负影响,贸易壁垒每削减 1%,家庭经营性收入下降 0.0663%;工资性收入的估计系数在 5% 水平下显著为负,说明贸易壁垒削减对工资性收入有显著正影响,贸易壁垒每削减 1%,工资性收入下降 0.0455%;同时,农村居民人均纯收入的估计系数在 10% 水平下显著为正,说明贸易壁垒削减对人均纯收入有显著负影响,贸易壁垒每削减 1%,农村居民人均纯收入下降 0.0152%。主要原因在于,贸易壁垒削减对家庭经营性收入影响的弹性系数大于对工资性收入影响的弹性系数。这充分说明贸易壁垒削减导致家庭经营性收入降低的幅度大于工资性收入增长的幅度,最终贸易壁垒削减降低了农村居民总收入。由于贸易壁垒削减限制了农村居民收入增长,从而显著促进了城乡收入差距和区域间农民收入差距的扩大。贸易壁垒每削减 1%,城乡收入差距扩大 0.0093%,区域间农民收入差距扩大 0.0055%。

表 5-17　基准回归检验结果

变量	lnRurin	lnRurin1	lnRurin2	lnUrban	lnCregion
	(1)	(2)	(3)	(4)	(5)
lnTRI	0.0152*	0.0663***	−0.0455**	−0.0093*	−0.0055***
	(1.74)	(3.92)	(−2.14)	(−1.05)	(−12.68)
lnSubsidy	0.0012*	0.1410***	−0.0598*	−0.0601**	0.0018
	(0.04)	(2.73)	(−1.69)	(−2.28)	(1.17)
lnTech	−0.0284**	0.1930***	−0.0852**	0.0238	0.0041***
	(−2.46)	(4.86)	(−2.44)	(1.20)	(3.46)
lnProd	0.0284	0.0681***	−0.0112	−0.0277	0.0003
	(1.26)	(2.63)	(−0.53)	(−0.98)	(0.25)
lnCity	0.0341	2.8990***	1.3150***	−0.4140*	−0.0972***
	(0.12)	(6.13)	(4.00)	(−1.78)	(−16.93)
lnMarket	0.0334***	0.1450***	−0.0481***	0.0271***	−0.0025***
	(3.79)	(8.32)	(−5.59)	(5.23)	(−9.80)
lnDS	−0.0151*	−0.0640***	0.0409*	0.0280**	0.0008*
	(−1.76)	(−5.66)	(1.80)	(2.00)	(1.87)
lnEDU	0.0317	0.0353	0.1480***	0.0256	−0.0053***
	(1.37)	(0.62)	(3.55)	(1.30)	(−5.90)
lnroad	−9.0440***	−9.3120*	2.7620	15.8700***	−1.2860***
	(−5.15)	(−1.90)	(0.43)	(6.35)	(−17.34)

续　表

变量	lnRurin	lnRurin1	lnRurin2	lnUrban	lnCregion
	(1)	(2)	(3)	(4)	(5)
lnAGDP	0.1410*** (6.71)	−0.0010 (−0.03)	0.3340*** (12.56)	−0.0417* (−1.70)	0.0041*** (3.51)
L. lnRurin	0.8020*** (35.68)				
L. lnRurin1		0.2660*** (7.84)			
L. lnRurin2			0.5320*** (19.93)		
L. lnUrban				0.7920*** (36.83)	
L. lnCregion					0.4480*** (33.92)
_cons	−0.0526 (−0.48)	3.0830*** (12.93)	−0.3880*** (−2.95)	0.8870*** (12.31)	0.0412*** (16.65)
N	372	372	372	372	372
arm1	−4.356	−1.192	−3.903	−4.245	−3.208
arm2	−1.894	0.887	−1.233	−0.335	−2.293
Sargan 检验	27.10	23.00	29.12	29.83	30.09

　　同时,估计结果显示,滞后一期各被解释变量的系数都显著为正,表明家庭经营性收入、工资性收入、人均纯收入、城乡收入差距和区域间农民收入差距确实存在不同程度的惯性和持续效应。在各控制变量中,市场化程度、财政支农、经济发展水平也显著促进了农民收入的提高;农业生产技术、农村基础设施、农业自然灾害显著降低了农民收入;财政支农、农业生产技术、农业生产率和市场化程度对家庭经营性收入有显著正向影响;农业自然灾害和农村基础设施对家庭经营性收入有显著负向影响;城镇化、农业自然灾害、农村劳动力素质和经济发展水平显著提高了农民工资性收入,而农业财政支出、农业生产技术水平和市场化程度显著降低了农民工资性收入;市场化程度、农业自然灾害和农村基础设施也显著扩大了城乡收入差距,但经济发展水平、农业财政支出和城市化显著降低了城乡收入差距;农业生产技术水平、农业自然灾害和经济发展水平显著提高了区域间农民收入差距,而市场化程

度、城市化、农业自然灾害、农村劳动力素质和农村基础设施显著缩小了区域间农民收入差距。

2. 机制检验

为了检验贸易壁垒削减是否通过农村劳动力非农就业增加而影响农民总收入、城乡收入差距和区域间农民收入差距,对式(5.18)采用差分 GMM 方法进行回归估计,结果见表 5-18。从估计结果看,非农就业对家庭性经营收入和总收入影响的估计系数分别在 10% 和 1% 水平下显著为负,对工资性收入、城乡收入差距和区域间农民收入差距影响的估计系数在 1% 水平下显著为正,说明非农就业增加显著提高了农民工资性收入,显著降低了家庭性经营收入和农民总收入,显著增大了城乡收入差距和区域间农民收入差距。进一步从贸易壁垒削减与非农就业交互项的估计系数看,交互项对家庭经营性收入和总收入的估计系数分别在 1% 和 10% 水平下显著为正,对工资性收入的估计系数在 10% 水平下显著为负,这意味着贸易壁垒削减程度越大的地区,家庭经营性收入降低越显著,工资性收入增长越显著,农民总收入降低也越显著,进而导致城乡收入差距和区域间农民收入差距的扩大效应越显著。综上表明,贸易壁垒削减的确通过促进农民非农就业的增加,间接对农民总收入的降低,以及城乡收入差距和区域间农民收入差距的扩大产生了积极的负效应。

表 5-18 机制检验结果

变量	lnRurin	lnRurin1	lnRurin2	lnUrban	lnCregion
	(1)	(2)	(3)	(4)	(5)
lnLabort	-0.1970^{***}	-0.2636^{*}	0.1473^{***}	0.2580^{***}	0.0192^{***}
	(-4.69)	(-0.73)	(5.75)	(4.75)	(5.20)
lnTRI-Labort	0.0249^{*}	0.2190^{***}	-0.0366^{*}	-0.0929^{***}	-0.0192^{***}
	(0.74)	(4.24)	(-0.44)	(-2.81)	(-14.07)
lnSubsidy	0.0180	0.1190^{**}	-0.0379	0.0548^{**}	0.0028
	(0.68)	(2.39)	(-0.62)	(2.09)	(1.55)
lnTech	-0.0307^{***}	0.2040^{***}	-0.1000^{***}	0.0307	0.0048^{***}
	(-2.67)	(5.30)	(-2.75)	(1.54)	(3.83)
lnProd	0.0306	0.0600^{***}	-0.0100	-0.0383	0.0007
	(1.13)	(2.59)	(-0.39)	(-1.35)	(0.66)

续　表

变量	lnRurin	lnRurin1	lnRurin2	lnUrban	lnCregion
	(1)	(2)	(3)	(4)	(5)
lnCity	0.0860	2.9060***	1.2580**	−0.4000	−0.0822***
	(0.24)	(6.02)	(2.33)	(−1.58)	(−12.01)
lnMarket	0.0345***	0.1410***	−0.0478***	0.0232***	−0.0023***
	(3.72)	(8.61)	(−4.76)	(4.91)	(−5.52)
lnDS	−0.0122*	−0.0692***	0.0551**	−0.0237*	0.0007
	(−1.87)	(−5.93)	(2.38)	(−1.92)	(1.47)
lnEDU	0.0137	0.0441	0.1160***	0.0300	−0.0052***
	(0.66)	(0.81)	(3.04)	(1.35)	(−4.99)
lnRoad	−6.7290***	−7.4280	5.6980	13.1600***	−1.3970***
	(−3.20)	(−1.25)	(1.16)	(6.05)	(−15.74)
lnAGDP	0.1610***	0.0032	0.3890***	−0.0392	0.0024**
	(7.15)	(0.11)	(10.76)	(−1.49)	(2.22)
L. lnRurin	0.7690***				
	(28.87)				
L. lnRurin1		0.2600***			
		(7.24)			
L. lnRurin2			0.4830***		
			(20.48)		
L. lnUrban				0.7400***	
				(37.79)	
L. lnCregion					0.4350***
					(22.94)
_cons	0.07810	3.1460***	−0.3480**	0.9330***	0.0402***
	(0.66)	(12.35)	(−2.41)	(11.57)	(14.37)
N	372	372	372	372	372
arm1	−4.356	−1.192	−3.903	−4.245	−3.208
arm2	−1.894	0.887	−1.233	−0.335	−2.293
Sargan 检验	27.10	23.00	29.12	29.83	30.09

3.稳健性检验

为了进一步验证前文估计结果的可靠性和稳定性,通过更换贸易壁垒削减指标、改变收入及其差距的测算方法,采用不同的估计方法进行拓展分析,利用中介效应模型,进一步考察贸易壁垒削减的作用机制。

(1)更换贸易壁垒削减指标

基本回归采用贸易限制指数衡量贸易壁垒削减。进一步以农产品进口渗透率作为各省贸易壁垒削减的衡量指标,对式(5.17)进行稳健性检验。用各省农产品进口总额与各省农业总产值的比值表示进口渗透率,进口渗透率越大表明贸易壁垒削减水平越高。回归结果如表 5-19 所示,进口渗透率对家庭经营性收入和总收入的回归系数显著为负,对工资性收入、城乡收入差距和区域间农民收入差距的回归系数显著为正,说明以进口渗透率衡量贸易壁垒削减水平,显著降低了家庭经营性收入,提高了工资性收入,从而降低了农民总收入,扩大了城乡收入差距和区域间农民收入差距。这与基本回归结果相似,表明农业对外开放中的贸易壁垒削减确实降低了农民总收入,扩大了城乡收入差距和区域间农民收入差距。

表 5-19　更换贸易壁垒削减的回归结果

变量	lnRurin	lnRurin1	lnRurin2	lnUrban	lnCregion
	(1)	(2)	(3)	(4)	(5)
lnFree	−0.0404 ***	−0.0192 *	0.0143 ***	0.0492 ***	0.0016 *
	(−8.36)	(−1.48)	(5.18)	(4.91)	(1.69)
lnSubsidy	−0.0129	0.1480 ***	−0.1160 **	0.0797 ***	0.0014
	(−0.48)	(3.34)	(−2.24)	(3.30)	(1.10)
lnTech	−0.0275 **	0.1820 ***	−0.0819 **	0.0254	0.0040 ***
	(−2.49)	(5.35)	(−2.35)	(1.47)	(7.42)
lnProd	0.0223	0.0604 ***	−0.0249	−0.0240	0.0001
	(0.96)	(2.80)	(−0.98)	(−0.90)	(0.13)
lnCity	0.03440	2.7150 ***	1.0750 **	−0.3260	−0.1050 ***
	(0.13)	(9.91)	(2.24)	(−1.37)	(−12.10)
lnMarket	0.0349 ***	0.1340 ***	−0.0458 ***	0.0263 ***	−0.0022 ***
	(4.04)	(8.07)	(−5.85)	(6.43)	(−9.73)
lnDS	−0.0162 **	−0.0681 ***	0.0438 *	−0.0224	0.0011 **
	(−1.98)	(−5.55)	(1.93)	(−1.61)	(2.40)
lnEDU	0.0464 **	0.0550	0.2010 ***	0.0118	−0.0058 ***
	(2.00)	(1.06)	(4.51)	(0.63)	(−11.84)
lnRoad	−9.0870 ***	−13.3800 ***	4.4600	15.3100 ***	−1.3050 ***
	(−5.00)	(−3.06)	(0.89)	(7.10)	(−12.10)

续　表

变量	lnRurin	lnRurin1	lnRurin2	lnUrban	lnCregion
	(1)	(2)	(3)	(4)	(5)
lnAGDP	0.1470*** (6.91)	0.01770 (0.90)	0.3580*** (11.42)	−0.0485** (−2.12)	0.0045*** (5.59)
L. lnRurin	0.7990*** (38.73)				
L. lnRurin1		0.2900*** (18.55)			
L. lnRurin2			0.5240*** (20.66)		
L. lnUrban				0.7960*** (35.57)	
L. lnCregion					0.4550*** (30.43)
_cons	−0.0606 (−0.57)	2.8870*** (28.60)	−0.4620*** (−3.40)	0.8990*** (12.57)	0.0400*** (16.11)
N	372	372	372	372	372
arm1	−4.405	−1.236	−4.021	−4.355	−3.430
arm2	−2.046	0.898	−1.324	−0.683	−1.483
Sargan 检验	29.27	24.66	29.70	28.81	30.87

(2)SYS-GMM 检验法

在进行基本回归估计时,采用差分 GMM 对式(5.17)进行估计。SYS-GMM 能有效解决内生性、非时变遗漏变量及测量误差问题。对此,采用 SYS-GMM 方法对式(5.17)进行稳健性检验,估计结果如表 5-20 所示,与差分 GMM 估计结果类似,贸易限制指数对家庭经营性收入和农民总收入存在显著正影响,对农民工资性收入、城乡收入差距和区域间农民收入差距存在显著负影响。这进一步表明,贸易壁垒削减确实通过降低家庭经营性收入、增加工资性收入而导致农民总收入减少,从而扩大城乡收入差距和区域间农民收入差距。

表 5-20　SYS-GMM 的估计结果

变量	lnRurin	lnRurin1	lnRurin2	lnUrban	lnCregion
	(1)	(2)	(3)	(4)	(5)
lnTRI	0.0148*	0.0167***	−0.0272*	−0.0162*	−0.0048***
	(0.02)	(6.47)	(−0.21)	(−1.67)	(−5.98)
lnSubsidy	−0.0342	−0.1010	−0.0810	0.0267	0.0102***
	(−0.01)	(−1.45)	(−0.83)	(1.36)	(11.25)
lnTech	−0.0198	0.0620***	0.0085	0.0379*	0.0070***
	(−0.01)	(3.02)	(0.21)	(1.80)	(8.10)
lnProd	0.0442	0.1860***	−0.0765**	−0.0052	−0.0026**
	(0.03)	(5.95)	(−2.54)	(−0.37)	(−1.99)
lnCity	−0.2280	−2.0260***	1.6690***	0.0332	−0.0010
	(−0.02)	(−6.19)	(6.18)	(0.22)	(−0.18)
lnMarket	0.0279	0.0925***	−0.0729***	0.0620***	−0.0014***
	(0.02)	(9.36)	(−6.93)	(13.88)	(−3.58)
lnDS	−0.0190	−0.0509***	0.0144	0.00232	0.0010**
	(−0.02)	(−2.73)	(0.74)	(0.18)	(1.97)
lnEDU	0.0119	0.1200*	−0.1080**	0.1220***	−0.0134***
	(0.00)	(1.90)	(−2.14)	(4.97)	(−13.93)
lnRoad	−4.3290	−9.1260*	3.5900	6.4480***	−0.9350***
	(−0.01)	(−1.67)	(0.63)	(3.65)	(−10.07)
lnAGDP	0.1340	0.0474	0.2870***	−0.0732***	0.0008
	(0.04)	(1.48)	(7.15)	(−7.27)	(0.66)
L. lnRurin	0.8150				
	(0.27)				
L. lnRurin1		0.7400***			
		(46.91)			
L. lnRurin2			0.6280***		
			(16.58)		
L. lnUrban				0.8780***	
				(48.99)	
L. lnCregion					0.9420***
					(65.99)
_cons	−0.1060	−0.0796	0.3470**	0.4280***	0.0448***
	(−0.01)	(−0.40)	(2.53)	(5.95)	(14.25)
N	403	403	403	403	403
arm1	−0.376	−1.451	−3.960	−4.307	−4.241

续　表

变量	lnRurin	lnRurin1	lnRurin2	lnUrban	lnCregion
	(1)	(2)	(3)	(4)	(5)
arm2	−0.168	0.792	−0.357	−0.273	−2.961
Sargan 检验	28.32	27.16	28.97	28.07	30.54

（3）不同的测算方法

为了检测基本估计结果的稳健性，本书对被解释变量采用不同的测算方法。用家庭经营性收入、工资性收入占总收入的比重衡量农民收入结构，用农村居民人均纯收入作为总收入的衡量指标，借鉴龙海明等（2015）的方法，采用泰尔指数测算城乡收入差距，采用变异系数衡量区域间农民收入差距。泰尔指数和变异系数的计算方法分别为：

$$\text{Theil}_{ct} = \frac{Y_{ct}^1}{Y_{ct}} \ln\left(\frac{\dfrac{Y_{ct}^1}{Y_{ct}}}{\dfrac{P_{ct}^1}{P_{ct}}}\right) + \frac{Y_{ct}^2}{Y_{ct}} \ln\left(\frac{\dfrac{Y_{ct}^2}{Y_{ct}}}{\dfrac{P_{ct}^2}{P_{ct}}}\right), \text{CV} = \sigma/\mu, \tag{5.21}$$

其中，Theil_{ct} 是泰尔指数，用以衡量各省（c）不同年份（t）城乡收入差距，Theil_{ct} 越大，说明城乡收入差距越大；Y_{ct}^1 和 Y_{ct}^2 分别表示 c 省 t 年城市和农村居民总收入（即总人数乘以人均收入水平），1 表示城市，2 表示农村，Y_{ct} 表示 c 省 t 年总收入；P_{ct}^1 和 P_{ct}^2 分别表示 c 省 t 年城市和农村人口数，P_{ct} 表示 c 省 t 年总人数。CV 表示变异系数，其值越大，说明区域间农民收入差距越大，σ 为标准差，μ 为均值。

被解释变量均采用对数化处理，采用差分 GMM 方法进行检验，回归结果如表 5-21 所示。从表 5-21 可知，贸易限制指数对家庭经营性收入和农民总收入有显著正影响，对农民工资性收入、城乡收入差距和区域间农民收入差距有显著负影响，表明贸易壁垒削减确实通过降低家庭经营性收入、增加工资性收入而导致农民总收入减少，从而扩大城乡收入差距和区域间农民收入差距。

表 5-21　更换测算指标的检验结果

变量	lnRurin	lnRurin1	lnRurin2	lnTheil	lnCV
	(1)	(2)	(3)	(4)	(5)
lnTRI	0.0958*	0.0221***	−0.0248*	−0.0012*	−0.0122***
	(0.15)	(3.53)	(0.36)	(0.59)	(−6.38)
lSubsidy	−0.0625	0.0253	−0.0484***	0.0256***	0.0091**
	(−0.01)	(1.31)	(−4.04)	(5.24)	(2.35)
lnTech	−0.0588	−0.0228	0.0279***	−0.0020	0.0416***
	(−0.03)	(−1.44)	(3.36)	(−0.69)	(14.37)
lnProd	0.1170	0.0400***	−0.0267***	−0.0109**	−0.0043
	(0.10)	(5.48)	(−2.79)	(−2.11)	(−0.84)
lnCity	−0.8260	−0.2630***	0.0827	−0.0788***	0.0507***
	(−0.07)	(−4.68)	(1.10)	(−3.10)	(2.72)
lnMarket	0.0346	0.0048**	−0.0250***	0.0132***	0.0021***
	(0.03)	(2.38)	(−10.95)	(12.51)	(2.71)
lnDS	0.0102	−0.0123**	0.0271***	0.0001	0.0099***
	(0.02)	(−2.38)	(3.65)	(0.05)	(5.56)
lnEDU	0.2060	0.0275*	0.0068	0.0138***	−0.0277***
	(0.10)	(1.83)	(0.80)	(3.08)	(−5.43)
lnRoad	−5.5190	1.6380*	−2.2780	1.7920***	−1.7020***
	(−0.02)	(1.86)	(−1.30)	(3.69)	(−5.47)
lnAGDP	0.2260	−0.0495***	0.0248**	−0.0089**	−0.0102**
	(0.15)	(−7.28)	(2.31)	(−2.39)	(−2.29)
L. lnRurin	0.7160				
	(0.44)				
L. lnRurin1		0.6970***			
		(21.24)			
L. lnRurin2			0.7360***		
			(38.07)		
L. lnUrban				0.6650***	
				(60.56)	
L. lnCregion					0.9090***
					(47.66)
_cons	−1.0240	0.2790***	0.0579*	0.2060***	0.1280***
	(−0.12)	(8.04)	(1.83)	(10.03)	(22.21)
N	403	403	403	403	403
arm1	−1.004	−3.566	−3.921	−3.314	−5.172

续　表

变量	lnRurin	lnRurin1	lnRurin2	lnTheil	lnCV
	(1)	(2)	(3)	(4)	(5)
arm2	−0.109	−0.164	−1.405	0.284	−2.738
Sargan 检验		27.11	26.63	27.67	30.60

(4)中介效应模型

利用贸易壁垒削减与非农就业交互项,初步检验了贸易壁垒削减通过非农就业影响了农村居民收入、城乡收入差距和区域间农民收入差距的内在作用机制。为了更准确地识别贸易壁垒削减的直接影响作用和通过增加非农就业而产生间接影响作用,借鉴 Baron 和 Kenny(1986)和石大千等(2018)的方法,构建中介效应模型,步骤如下:

首先,检验贸易壁垒削减是否影响了农村居民家庭经营性收入、工资性收入、家庭纯收入、城乡收入差距和区域间农民收入差距。

$$\ln Y_{ct} = \alpha_0 + \alpha_1 \ln liber_{ct} + \alpha_2 Control_{it} + \delta_i + \eta_t + \varepsilon_{it}, \qquad (5.22)$$

如果回归系数 α_1 显著,则说明贸易壁垒削减对它们产生了影响。

然后,检验贸易壁垒削减是否影响了非农就业。

$$\ln labort_{ct} = \beta_0 + \beta_1 \ln liber_{ct} + \beta_2 Control_{ct} + \varepsilon_{it}, \qquad (5.23)$$

如果回归系数 β_1 显著,则说明贸易壁垒削减对非农就业产生了影响。

最后,将贸易壁垒削减和非农就业同时放入模型进行回归检验。

$$\ln Y_{ct} = \theta_0 + \theta_1 \ln liber_{ci} + \theta_2 \ln Labort_{ct} + \theta_3 Control_{ct} + \varepsilon_{it} , \qquad (5.24)$$

如果回归系数 θ_1 不显著,回归系数 θ_2 显著,则说明非农就业增加为完全中介,表明贸易壁垒削减通过促进非农就业增加而对农村居民收入、城乡收入差距和区域间农民收入差距产生影响;如果回归系数 θ_1 与 θ_2 都显著,且回归系数 θ_1 降低,即 $\theta_1 < \alpha_1$,说明非农就业增加为部分中介,表明贸易壁垒削减对它们的影响部分由促进非农就业增加导致。中介效应估计结果如表 5-22 所示。由于式(5.22)与式(5.17)完全相同,从基本估计结果可知,回归系数 α_1 都显著。从表 5-22 第(1)列可知,回归系数 β_1 在 5% 水平下显著为负,说明贸易壁垒削减确实增加了农村非农就业。从表 5-22 第(2)~(6)列可知,回归系数 θ_2 显著,第(2)列和第(5)列显示 θ_1 不显著,意味着非农就业增加扮演了完

全中介角色；第(3)列、第(4)列和第(6)列显示 θ_1 显著，且 $\theta_1 < \alpha_1$，这意味着非农就业增加扮演了部分中介角色。综上，中介效应模型验证了贸易壁垒削减通过促进非农就业增加对降低家庭经营性收入、增加工资性收入、减少农村居民总收入、扩大城乡收入差距和区域间农民收入差距产生了积极作用，其传导机制为农产品贸易壁垒削减提高→农村非农就业增加→家庭经营性收入降低、工资性收入增加→农村居民收入减少、城乡收入差距和区域间农民收入差距扩大。

表 5-22　中介效应估计结果

变量	lnLabort	lnRurin	lnRurin1	lnRurin2	lnUrban	lnCregion
	(1)	(2)	(3)	(4)	(5)	(6)
lnTRI	−0.0124** (−2.26)	0.0059 (0.49)	0.0510*** (3.60)	−0.0385** (−2.08)	−0.0066 (−0.69)	−0.0052*** (−10.09)
lnLabort		−0.2190*** (−5.91)	−0.0260* (−0.27)	0.4890*** (4.65)	0.2280*** (4.56)	0.0126*** (3.44)
lnSubsidy	−0.0066 (−0.65)	0.0241 (0.88)	0.1150** (2.56)	−0.0351 (−0.56)	0.0682** (2.23)	0.0021 (1.16)
lnTech	−0.0208*** (−4.46)	−0.0325*** (−3.12)	0.2060*** (5.63)	−0.1020*** (−2.93)	0.0191 (1.02)	0.0048*** (3.77)
lnProd	0.0032 (0.45)	0.0379 (1.64)	0.0526** (2.12)	−0.0099 (−0.36)	−0.0364 (−1.46)	0.0003 (0.29)
lnCity	−0.1480*** (−3.54)	0.2100 (0.60)	2.7450*** (6.49)	1.2640*** (2.77)	−0.3730 (−1.60)	−0.0851*** (−13.55)
lnMarket	−0.0106*** (−4.01)	0.0323*** (3.09)	0.1430*** (8.37)	−0.0502*** (−4.67)	0.0224*** (4.01)	−0.0023*** (−6.23)
lnDS	0.0102*** (2.84)	−0.0110 (−1.62)	−0.0702*** (−5.69)	0.0482** (2.03)	−0.0244** (−2.38)	0.0007 (1.58)
lnEDU	−0.0640*** (−7.13)	0.0115 (0.62)	0.0339 (0.52)	0.1130*** (2.78)	0.0314* (1.67)	−0.0044*** (−4.90)
lnRoad	2.9440*** (2.71)	−7.4060*** (−2.96)	−6.9470 (−1.15)	6.9590 (1.17)	14.9900*** (5.20)	−1.2980*** (−24.57)
lnAGDP	0.0182*** (3.48)	0.1580*** (8.42)	0.0107 (0.35)	0.3880*** (9.86)	−0.0436 (−1.62)	0.0027** (2.40)
L. lnLabort	0.6770*** (23.40)					
L. lnRurin		0.7590*** (27.27)				

续 表

变量	lnLabort	lnRurin	lnRurin1	lnRurin2	lnUrban	lnCregion
	(1)	(2)	(3)	(4)	(5)	(6)
L. lnRurin1			0.2740*** (8.48)			
L. lnRurin2				0.4850*** (20.83)		
L. lnUrban					0.7440*** (38.56)	
L. lnCregion						0.4270*** (23.64)
_cons	0.1490*** (4.87)	0.1000 (0.87)	3.0930*** (11.93)	−0.3260** (−2.14)	0.9580*** (13.60)	0.0425*** (14.37)
N	372	372	372	372	372	372
arm1	−2.477	−4.324	−1.225	−3.888	−4.256	−3.263
arm2	−0.994	−2.067	0.871	−1.614	−0.421	−2.195
Sargan 检验	23.02	27.45	23.41	29.05	28.87	30.27

第四节　本章小结

农业是中国经济发展的压舱石、稳压器和蓄水池,如何有效解决农业发展中日益凸显的短板,是当前全面对外开放、深度融入全球化时期,深化农业供给侧结构性改革的关键所在。本章基于进口自由化视角,探讨了贸易壁垒削减对农产品生产率、农业结构调整和农民收入及其差距的影响及其作用机制,研究主要发现:

(1)采用随机前沿分析法和超越对数 C—D 生产函数,测算了 19 种农产品的 TFP,结果表明,平均 TFP 增长率呈下降趋势,从 1996 年的 2.399% 降至 2015 年的 2.107%;技术进步增长速度较快,平均技术进步率为 1.803%;技术效率水平稳步提升,从 1996 年的 0.476 升至 2015 年的 0.554;规模效应变化率除了 1998—2000 年为正值外,其余年份小于 0,平均值只有 −0.061%,反映规模效应的变化抑制了 TFP 生产率的增长,农业生产中存在无效率的规模扩张。

（2）采用 DID 和分位数 DID 方法，分析了加入 WTO 对中国农产品生产率的影响，结果表明，加入 WTO 显著促进了中国农产品 TFP 的提高。贸易壁垒每削减 1％，TFP 提高 0.0034％，而且贸易壁垒削减更能显著促进 TFP 较高行业生产率的提升。关税削减夸大了贸易壁垒削减对生产率的促进作用，农产品进口非关税不容忽视。通过一系列假设检验和稳健性检验，证明了结论成立。采用中介效应模型进行机制检验发现，贸易壁垒削减对农产品 TFP 的提升不仅有显著的直接影响，还通过生产效率、技术进步率和规模效率作用于 TFP，技术进步率的中介作用最大，生产效率次之，规模效率最小。

（3）加入 WTO 以来，中国农业结构从以粮为主的种植业结构发展为农林牧渔业全面协同发展的格局。采用固定效应模型，检验了贸易壁垒削减对农业结构变动的影响，发现贸易壁垒削减对种植业结构有显著负影响，对林业、畜牧业和渔业的结构有显著促进作用。采用 SYS－GMM 方法，实证检验了贸易壁垒削减对农业结构高级化和合理化的影响，发现贸易壁垒削减有利于促进中国农业结构高级化和合理化，贸易壁垒每削减 1％，农业结构高级化提升 0.047％，农业结构合理化提升 0.087％。

（4）加入 WTO 以来，中国农村居民收入持续增长，从 2001 年的 2047 元升至 2017 年的 13432 元。其中，家庭经营性收入仍是收入的核心来源，但所占比重持续下降，从 2001 年的 60.64％降至 2017 年的 37.43％；随着农村劳动力持续外流，工资性收入日益成为农民收入的重要组成部分，所占比重逐年增长，于 2015 年超过经营性收入，成为农民收入最主要的来源，2017 年为 40.93％。同时，中国城乡居民收入比由 2001 年的 2.84 升至 2007 年的 3.14 最高位后稳步下降，2017 年为 2.71。另外，中国区域间农民收入差距也较大，经济发达的东部地区农民收入最高，中部地区次之，经济落后的西部地区最低。采用差分 GMM 方法，检验了贸易壁垒削减对农户收入及其差距的影响，研究发现，贸易壁垒削减在降低家庭经营性收入的同时，促进了工资性收入的增长，但贸易壁垒削减导致家庭经营性收入降低的幅度大于工资性收入增长的幅度，最终贸易壁垒削减显著降低了农民总收入，进而显著促进了城乡收入差距和区域间农民收入差距的扩大，贸易壁垒每削减 1％，农民总收入降低 0.0152％，城乡收入差距扩大 0.0093％，区域间农民收入差距扩大 0.0055％。同时，贸易壁垒削减主要通过促进农村劳动力非农就业的增加而降低家庭经营性收入和增加工资性收入,最终导致农民总收入减少、城乡收入差距增大和区域间农民收入差距扩大。以上结论均通过多种稳健性检验。

第六章　贸易壁垒削减下的
消费者福利与社会福利

贸易福利是国际贸易理论研究的热点议题。传统贸易理论认为,贸易利得源自价格变动,而新贸易理论认为,产品种类增长也是贸易福利的重要渠道(Krugman,1979)。自 Feenstra(1994)、Broda 和 Weinstein(2006)利用 CES 效用函数测算出进口种类增长的福利效应后,从微观产品层面探究贸易福利的经验估算成为研究重点。经典国际贸易理论与大量经验研究表明,贸易壁垒削减通过促进一国的进口增加而增加消费者福利。同时,贸易壁垒削减能减少生产者扭曲和消费者扭曲,带来无谓损失降低,从而提升一国福利。中国自改革开放,尤其是加入 WTO 以来,积极践行自由贸易理念,不断拓展农业对外开放广度和深度,农产品进口种类随之快速增长,从 1995 年的 6811 种增至 2015 年的 11338 种,增幅高达 66.47%。那么,进口种类增长带来的贸易利得有多大,贸易壁垒削减在多大程度上降低了无谓损失?本章首先采用 Feenstra(1994)、Broda 和 Weinstein(2006)的方法,估算 1995—2015 年中国农产品进口种类增长带来的福利水平变化。借鉴 Benkovskis 和 Woerz(2014)的方法,进一步考虑产品质量变化在进口福利中的重要作用,分析价格、种类与质量对贸易福利影响的差异性,识别不同类型农产品进口对价格指数变化的贡献度。利用 Kee 等(2008)的方法,测算进口需求弹性,分析贸易壁垒削减对无谓损失(生产者扭曲和消费者扭曲)的降低程度。

第一节　进口种类增长的福利效应

进口种类增长不仅会满足消费者的多样化需求,还能降低一国进口价格指数,改善消费者福利水平。为了精确度量中国农产品进口种类增长引致的消费者福利变化,采用 Feenstra(1994)、Broda 和 Weinstein(2006)的方法,基于中国 1995—2015 年 CEPII-BACI 数据库 HS6 位数层面上农产品进口数据,构建一个包含新增和消失进口种类加总的价格指数,分析进口种类增长对传统价格指数向下偏误,测度消费者愿意为进口农产品支付的 GDP 份额。

一、估算方法

由于各国农业生产要素禀赋、环境等都不同,生产相同农产品也不一样。本书采用 Armington(1969)产品及其种类界定方法,将农产品定义为 HS6 位数的进口农产品,农产品种类定义为从不同国家进口 HS6 位数农产品。目前国内外在测算进口种类增长的福利时,大多采用该种定义方法(Cabral 和 Manteu,2010;陈勇兵等,2011;魏浩和付天,2016)。利用 Broda 和 Weinstein (2006)的进口福利估算方法,分别构建加总产品和单一产品下传统进口价格指数和种类变化后精确进口价格指数,并在此基础上,考察进口种类增长引起的价格偏误,测算进口总类调整下的福利。

1. 传统的进口价格指数

根据 CES 效用函数,每个产品(i)的传统进口价格指数(P_i)定义为

$$P_i(I_i) = \prod_{k \in I_i} \left(\frac{p_{ikt}}{p_{ikt-1}} \right)^{w_{ikt}} , \tag{6.1}$$

其中,P_{ikt} 是 i 产品 k 种类 t 时期的价格;I_i 是 t 时期和 $t-1$ 时期进口 i 产品共有的种类集合;w_{ikt} 是 t 时期和 $t-1$ 时期种类份额水平(s_{ikt} 和 s_{ikt-1})的理想对数变换权重,计算方法为

$$w_{ikt} = \left(\frac{s_{ikt} - s_{ikt-1}}{\ln s_{ikt} - \ln s_{ikt-1}} \right) / \sum_{k \in I_i} \left(\frac{s_{ikt} - s_{ikt-1}}{\ln s_{ikt} - \ln s_{ikt-1}} \right) , \ s_{ikt} = \frac{p_{ikt} q_{ikt}}{\sum_{k \in I_i} p_{ikt} q_{ikt}} 。$$

如果将单个进口种类相加得到进口产品,并将这些进口产品相加得到复合产品,就可以得到复合产品传统价格指数 $\pi(J)$,计算式为

$$\pi(J) = \prod_{i \in J} P_i(I_i)^{w_{it}} , \tag{6.2}$$

其中,J 是在 t 时期和 $t-1$ 时期共有进口产品集合,w_{it} 是 t 时期和 $t-1$ 时期产品份额水平(s_{it} 和 s_{it-1})的理想对数变换权重,计算式为

$$w_{it} = \left(\frac{s_{it} - s_{it-1}}{\ln s_{it} - \ln s_{it-1}} \right) \Big/ \sum_{k \in I_i} \left(\frac{s_{it} - s_{it-1}}{\ln s_{it} - \ln s_{it-1}} \right), s_{it} = \frac{\sum_{k \in I} p_{ikt} q_{ikt}}{\sum_{i \in J} \sum_{k \in I} p_{ikt} q_{ikt}}。$$

2.精确的进口价格指数

传统价格指数仅计算固定不变种类的进口价格指数。为了能估算出新增种类或消失种类对价格指数的影响,Feenstra(1994)在传统价格指数基础上,推导了种类变化的单个产品精确进口价格指数 $P_i(I_{it}, I_{it-1})$:

$$P_i(I_{it}, I_{it-1}) = P_i(I_i) \left(\frac{\lambda_{it}}{\lambda_{it-1}} \right)^{\frac{1}{\sigma_i - 1}}, \tag{6.3}$$

其中,$P_i(I_i)$ 为传统的进口价格指数,I_{it} 为 t 年 i 产品全部种类,σ_i 是 i 产品种类间替代弹性,λ_{it} 是 t 时期 i 产品共有种类消费支出占所有种类支出的比重,新产品种类及其占比越大,则 λ_{it} 降低;原有产品种类消失及其占比越小,则 λ_{it-1} 降低。λ_{it} 及 λ_{it-1} 的计算式为

$$\lambda_{it} = \sum_{k \in I_i} p_{ikt} q_{ikt} \Big/ \sum_{k \in I_{it}} p_{ikt} q_{ikt}, \lambda_{it-1} = \sum_{k \in I_i} p_{ikt-1} q_{ikt} \Big/ \sum_{k \in I_{it}} p_{ikt-1} q_{ikt-1},$$

从式(6.3)可知,精确价格指数是传统价格指数乘以一个调整项。调整项反映了产品种类变化对价格指数的影响,由 λ 和 σ_i 两个因素决定。在 σ_i 既定不变条件下,调整项随着新种类的出现而降低,随着原有种类的消失而上升。式(6.3)仅是单个产品的价格指数,Broda 和 Weinstein(2006)在此基础上,将其拓展为产品加和后所得复合产品的精确进口价格指数 $\pi(I_{it}, I_{it-1}, J)$,计算式为

$$\pi(I_{it}, I_{it-1}, J) = \prod_{i \in J} \left[P_i \left(\frac{\lambda_{it}}{\lambda_{it-1}} \right)^{\frac{1}{\sigma_i - 1}} \right]^{w_{it}} = \mathrm{KIPI} \prod_{i \in J} \left(\frac{\lambda_{it}}{\lambda_{it-1}} \right)^{\frac{w_{it}}{\sigma_i - 1}}, \tag{6.4}$$

其中,KIPI 为复合产品的传统价格指数,调整项 $\prod_{i \in J} (\lambda_{it}/\lambda_{it-1})^{w_{it}/(\sigma_i-1)}$ 反映了产品种类变化影响价格指数的程度,也就是精确价格指数与传统价格指数的比值,即进口价格偏误指数:

$$\mathrm{Bias}_v = \frac{\pi(I_{it}, I_{it-1}, J)}{KIPI} = \prod_{i \in J} (\lambda_{it}/\lambda_{it-1})^{\frac{w_{it}}{\sigma_i - 1}}, \tag{6.5}$$

该式可估算进口种类增长对精确进口价格指数的影响,但并没有考虑从 $t-1$ 时期到 t 时期质量变动和数量变动对进口价格的影响。如果偏误指数小于 1,则传统价格指数会高估进口价格,意味着低估了贸易福利。因此,增加进

口产品种类会促进传统进口价格指数下降,从而提高贸易福利水平。

3.进口种类调整下的福利估算

如果将一国 CES 效用函数的总产品分为复合的国内产品和复合的进口产品,则一国加总的价格指数(Ⅱ)的计算式为

$$\Pi = \left(\frac{p_t^H}{p_{t-1}^H}\right)^{w_t^H} (\pi^F)^{w_t^F}, \tag{6.6}$$

其中,P_t^H 是 t 年复合国内产品的价格,w_t^H 是 t 年国内生产部门相应权重,π^F 是复合产品精确进口价格指数,w_t^F 是 t 时期和 $t-1$ 时期进口占 GDP 比重的对数平均,计算式为

$$w_t^F = \frac{s_{Ft} - s_{Ft-1}}{\ln s_{Ft} - \ln s_{Ft-1}}, s_{Ft} = \frac{\sum\limits_{i \in J} \sum\limits_{k \in I_i} p_{ikt} q_{ikt}}{GDP_t},$$

可见,一国进口种类调整引致的贸易福利(GFV)可表示为

$$GFV = \frac{\prod^{konv} - \prod^{konr}}{\prod^{konr}} = \left(\frac{1}{Bias_v}\right)^{w_t^F} - 1, \tag{6.7}$$

其中,Π^{konv} 是传统复合产品进口价格指数,Π^{konr} 是进口种类增加的复合产品精确进口价格指数;GFV 是消费者在基期消费所获得的效用水平与报告期效应水平相等时的补偿变化,也就是消费者愿意为进口产品支付的 GDP。

二、农产品进口种类增长的特征事实

自改革开放以来,中国逐步走上了贸易壁垒削减之路,尤其是农产品市场对外开放,使农业实现了从几乎完全封闭状况进入融合世界经济,农产品进口总值逐年增长,进口种类也稳步增加。

1.进口种类增长情况

自 1995 年以来,中国农产品进口数增长空间较小,除少数几年比上一年略有增长外,总体呈现逐年减少之势。从表 6-1 可知,中国农产品进口数由 1995 年的 729 种减少为 2015 年的 693 种。然而,农产品进口来源地数、总进口种类数和平均进口种类数除受 2008 年金融危机的影响,在 2008 年或 2009 年有所降低外,基本上呈现出逐年增长趋势。进口来源地数、总进口种类数、平均进口种类数分别从 1995 年的 130 个、6811 种和 9.343 种增至 2015 年的 177 个、11338 种和 16.361 种,具体详见表 6-1。可见,进口来源地数逐步拓

展、平均进口种类数不断增长,这是中国农产品进口种类在 1995—2015 年间
实现大幅度增加(增加了 66.47%)的最直接原因,从而为增加消费者需求多
样化,降低进口价格指数奠定了基础。

表 6-1 1995—2015 年中国农产品进口产品种类数

年份	进口产品数	进口来源地数	总进口种类数	平均进口种类数
1995	729	130	6811	9.343
1996	716	132	6930	9.679
1997	733	141	7263	9.909
1998	733	131	7306	9.967
1999	738	146	7514	10.182
2000	731	152	7663	10.483
2001	733	148	7772	10.603
2002	715	154	7833	10.955
2003	710	156	7859	11.069
2004	715	157	8216	11.491
2005	719	162	8637	12.013
2006	723	162	9078	12.556
2007	711	167	9461	13.307
2008	705	170	9447	13.400
2009	702	165	9269	13.204
2010	701	174	9864	14.071
2011	689	178	10234	14.853
2012	694	174	10338	14.896
2013	690	169	10620	15.391
2014	696	177	10799	15.516
2015	693	177	11338	16.361

资料来源:根据 CEPII-BACI 的数据计算。

　　表 6-2 展示了 1995 年和 2015 年中国进口农产品种类变化情况。从中可见,1995—2015 年,中国农产品进口种类增长速度快,进口种类从 6811 种增至 11338 种,增长了 66.45%。进口种类净增长主要来自进口产品地理方向多元化。同时,1995 年和 2015 年的共有进口农产品数为 667 种,进口比重都超过了 97.00%。在共有产品中,产品种类增加了 4709 种。相对于 1995 年,2015 年消失的产品为 293 种,占 1995 年农产品进口总额的 0.39%,2015 年新增产品 111 种,占 2015 年中国进口总额的 2.56%。这表明忽视产品种类的增减会低估进口种类的变化。

表 6-2　1995 和 2015 年中国进口农产品种类变化情况

	产品数	平均种类数	中位数	种类总数	进口总额/亿美元	进口份额/%
1995 年	729	9.343	8	6811	128.57	100
2015 年	693	16.361	15	11338	1091.72	100
1995 年共有	667	9.77	8	6518	128.07	99.61
2015 年共有	667	16.83	15	11227	1063.83	97.44
1995 年有 2015 年无	62	4.73	4	293	0.5	0.39
2015 年有 1995 年无	26	4.27	4	111	27.89	2.56

　　2.进口来源地种类变化情况

　　为了进一步了解农产品进口来源地情况,分析 1995—2015 年进口种类排前 20 位的进口来源地变化情况。1995 年,农产品进口产品种类超过 100 种的来源地有 21 个,2001 年上升至 25 个,2015 年攀升至 38 个。从进口来源地进口农产品种类前 20 名变化看,2001 年的排名相较 1995 年变化不大,但 2015 年的排名相较 2001 年变化很大,具体详见表 6-3。美国、中国香港、澳大利亚一直排在前 6 名,而且从美国进口农产品种类一直超过 500 种以上;从进口种类超过 300 种的来源地看,1995 年和 2001 年仅有 4 个,而 2015 年有 12 个;进入前 20 名的门槛一直在提高,2015 年第 20 名是俄罗斯,进口种类有 208 种。可见,前 20 名进口来源地对中国农产品进口种类有着重要作用。

表 6-3　1995—2015 年农产品种类前 20 的国家

进口来源地	1995 年进口种类	进口来源地	2001 年进口种类	进口来源地	2015 年进口种类
香港	589	美国	562	美国	527
美国	502	香港	534	德国	372
日本	439	日本	395	中国台湾	365
澳大利亚	326	澳大利亚	339	中国香港	364
韩国	297	韩国	295	法国	361
新加坡	278	泰国	270	澳大利亚	341
台湾	275	法国	268	韩国	331
泰国	239	加拿大	260	英国	327
德国	204	台湾	254	泰国	318
加拿大	203	德国	250	日本	316
西班牙	202	英国	237	加拿大	314
英国	199	新加坡	221	意大利	302
法国	196	印度尼西亚	218	西班牙	298
荷兰	191	荷兰	206	荷兰	284
马来西亚	189	马来西亚	189	越南	267
新西兰	170	新西兰	178	马来西亚	243
印度尼西亚	169	意大利	172	新西兰	239
澳门	158	西班牙	161	比利时、卢森堡	229
意大利	136	印度	158	印度	228
丹麦	103	比利时、卢森堡	138	俄罗斯	208

3. 进口种类增长的贡献度

为了进一步分析农产品进口种类增长的特征事实，表 6-4 展示了 1995—2001 年、1995—2015 年两阶段主要进口来源地对中国农产品进口种类增长的贡献度。可知，1995—2001 年间，贡献度排名前 20 的进口来源地虽然贡献度较高，但没有一个进口来源地的产品种类增长超过 100 种。1995—2015 年间，西班牙虽然贡献度降低，但产品种类增长较快，故成为中国进口种类增长最大的贡献国。农产品进口最重要的美国、日本、中国香港等贸易伙伴没有进入种类增长贡献度前 20 名。这表明农产品进口种类日益多样化,并不完全依靠传统进口贸易伙伴,还来自新兴经济体,如越南、土耳其等。同时,欧盟国家对中国进口种类增长也有着较大的贡献,如西班牙、德国、法国、英国、波兰、瑞士、荷兰等都进入了进口种类增长贡献度前 20 名。总体看,中国进口来源地较集中,进口种类多元化程度不断加深。

表 6-4 1995—2001 年与 1995—2015 年中国农产品种类增长贡献度前 20 的进口来源地

进口来源地	1995—2001 年		进口来源地	1995—2015 年	
	贡献数量	贡献度/%		贡献数量	贡献度/%
西班牙	93	9.68	西班牙	230	5.08
法国	72	7.49	越南	170	3.76
智利	69	7.18	德国	168	3.71
印度	60	6.24	意大利	166	3.67
美国	60	6.24	法国	165	3.64
加拿大	57	5.93	波兰	149	3.29
瑞典	53	5.52	比利时、卢森堡	141	3.11
比利时、卢森堡	50	5.20	印度	130	2.87
印度尼西亚	49	5.10	英国	128	2.83
德国	46	4.79	俄罗斯	125	2.76
南非	45	4.68	土耳其	113	2.50
英国	38	3.95	加拿大	111	2.45
意大利	36	3.75	葡萄牙	108	2.39
丹麦	34	3.54	澳大利亚	96	2.12
土耳其	34	3.54	荷兰	93	2.05
挪威	32	3.33	智利	91	2.01
爱尔兰	31	3.23	中国台湾	90	1.99
泰国	31	3.23	墨西哥	89	1.97
瑞士	29	3.02	希腊	85	1.88
墨西哥	24	2.50	瑞典	82	1.81

三、福利估算结果及其分解

使用的数据主要来自 CEPII-BACI 数据库,包括对中国出口农产品的所有经济体。以 1995 年为基期,根据 Broda 和 Weinstein(2006)的方法,估算 2015 年中国农产品进口种类增加带来的福利效应。估算步骤主要为:(1)计算进口产品种类多样化程度;(2)估算种类增长导致的偏误;(3)测算福利效应。在此基础上,为了鉴别不同产品、产业和进口来源地对进口价格偏误指数的影响,进一步揭示中国总体福利的产业结构特征和国别特征,对进口种类增长的贸易利益进行产业和国别分解。

1. 福利估算结果

估算进口农产品差异化种类的替代弹性(σ_i)。根据式(6.3),σ_i 越高,$1/(\sigma_i-1)$ 越接近零,进口农产品多样化程度(即比率 λ)越接近 1,进口农产品种类变化对价格指数的影响减小。采用 Feenstra(1994)的方法估算替代弹性,结果见表 6-5。结果表明,农产品不同种类间替代弹性最小值为 1.4775,符合式(6.3)中替代弹性必须大于 1 的假设前提。替代弹性中位数和平均值分别为 4.0837 和 5.5501。从比率 λ 的计算结果可知,其中位数和平均值分别为 0.8558 和 0.9263,说明进口农产品种类分别增长了 14.42% 和 7.37%,明显小于表 6-1 中用数量衡量的进口种类增长幅度(66.47%)。主要原因在于比率 λ 衡量的是进口份额权重的种类变化。虽然新增进口种类较多,但进口值所占比重较小,导致进口农产品种类增长幅度较小。可见,为了提高消费者福利水平,不仅要提高进口农产品种类数量,更需要提高农产品种类的进口值。

根据进口农产品种类的替代弹性 σ_i、比率 λ 和理想对数变换权重 w_{ikt},对全部分析对象,由式(6.5)计算的进口价格偏误指数(Bias)为 0.9850。偏误指数小于 1,表明忽视进口种类增长将高估进口价格。2001—2015 年,忽视进口种类增长,导致进口价格指数累计向上偏误 1.4989%,平均每年向上偏误 0.0710%。根据式(6.7)计算种类增长引致福利增加的结果,2001—2015 年农产品进口种类增长导致实际进口价格下降,中国消费者因此获得的福利相当于 2015 年农业 GDP 的 1.5134%,即获得福利为 147.91 亿美元,中国消费者平均每年可以从进口商品种类增长中获得 7.043 亿美元的福利。

1995—2015 年,中国经历了 2001 年加入 WTO 和 2008 年全球金融危机。这两次较大的经济冲击对农产品进口种类增长带来了较大变化,对消费者的福利水平带来了较大影响。表 6-5 显示,相对于 1995 年,2001 年农产品进口种类增长的福利为 2001 年农业 GDP 的 0.3688%。然而,相对于 2001 年,2004 年农产品进口种类增长的福利为 2004 年农业 GDP 的 1.1492%。可见,2001—2004 年的福利效应大于 1995—2001 年的福利效应。而且,相对于 1995 年,2004 年进口种类增长的福利为 2004 年农业 GDP 的 1.2013%。这说明中国加入 WTO 后,不仅增加了农产品进口种类数目,也使农产品进口种类增长的福利迅速提升。相对于 1995 年,2008 年农产品进口种类增长的福利为 2008 年农业 GDP 的 0.7183%,小于 1995—2004 年的福利水平。这说明金融危机确实损害了中国消费者的福利。相对于 2008 年,2015 年进口种类增长的福利为 2015 年农业 GDP 的 1.3865%,这表明中国已摆脱金融危机的负面影响,提高了农产品进口种类的福利水平。

表 6-5　进口农产品种类的替代弹性、比率 λ 和福利测算结果

替代弹性测算结果					
年份	观察值	平均值	中位数	最大值	最小值	标准差
1995—2015 年	592	5.5501	4.0837	93.3019	1.4775	8.6656

比率 λ 计算结果					
年份	观察值	平均值	中位数	5%	95%	标准差
1995—2015 年	592	0.9263	0.8558	0.0389	36.6277	14.1893

种类增长的福利测算结果					
年份	观测值	偏误指数	偏误项/% 百分比	偏误项/% 年均百分比	进口农产品占农业 GDP 份额/%	CFV/%
1995—2015 年	4014	0.9850	1.4989	0.0710	11.1707	1.5134

加入 WTO 的影响					
时期	观测值	偏误指数	偏误项/% 百分比	偏误项/% 年均百分比	进口农产品占农业 GDP 份额/%	CFV/%
1995—2001 年	4138	0.9945	0.5437	0.0906	6.0218	0.3688
2001—2004 年	5335	0.9937	0.6245	0.2082	9.8543	1.1492
1995—2004 年	4063	0.9836	1.6337	0.1815	9.8543	1.2013

续 表

年份	观测值	偏误指数	偏误项/%		进口农产品占农业 GDP 份额/%	CFV/%
			百分比	年均百分比		
1995—2008 年	3977	0.9958	0.4183	0.0322	10.8305	0.7183
2008—2015 年	6634	0.9722	2.7719	0.3960	11.1696	1.3865

数据来源：根据 CEPII-BACI 数据库的数据计算得到。

2.价格偏误的产品分解

表 6-6 列出了进口价格偏误指数贡献度前 15 种和后 15 种 HS6 位数农产品。从表 6-6 可知，贡献度最大的农产品是玉米（100590），贡献度高达 55.33%；其次是原豆油（150710），然后是大米、半精米或全精米（100630）。以上 3 种农产品对进口价格偏误指数的贡献度为 79.25%。然而，贡献度位于末位的 3 种农产品分别为原糖、甘蔗（170111）、未梳理的棉花（520100）和整块的生貂皮（430110），这 3 种农产品的贡献度为－61.4%。前 15 种农产品的贡献度为 130.19%，后 15 种农产品的贡献度为－94.44%，可见，农产品进口对降低进口价格指数表现出显著的集中趋势。从生产阶段看，贡献度前 15 种农产品大约有一半以上是消费品，但贡献度后 15 种农产品绝大多数是中间产品，可见，消费品进口种类的增加更有利于提升消费者福利水平。

表 6-6 中国基于 HS6 位数贡献度前 15 种与后 15 种农产品

HS6 位数编码	贡献度前 15 种农产品			HS6 位数编码	贡献度后 15 种农产品		
	名称	类型	贡献度/%		名称	类型	贡献度/%
100590	玉米（种子除外）	中间品	55.33	170111	原糖、甘蔗	中间品	－35.39
150710	原豆油	中间品	15.86	520100	未梳理的棉花	中间品	－14.92
100630	大米、半精米或全精米	消费品	8.06	430110	整块的生貂皮	中间品	－11.09
150790	精制大豆油（未经处理）	消费品	6.69	110814	木薯淀粉	中间品	－5.14
180100	可可豆	中间品	5.80	151190	棕榈油	中间品	－4.95
30360	鳕鱼（冷冻、整体）	消费品	4.71	150200	牛、绵羊和山羊的脂肪	中间品	－4.69

续 表

HS6 位数编码	贡献度前 15 种农产品			HS6 位数编码	贡献度后 15 种农产品		
	名称	类型	贡献度/%		名称	类型	贡献度/%
230120	动物饲料	中间品	4.44	410121	牛皮革	中间品	−3.37
20230	去骨牛肉(冷冻)	消费品	4.36	20329	猪肉	消费品	−2.76
170199	精制糖	消费品	4.31	10511	家禽	中间品	−2.41
510111	高脂肪的羊毛	中间品	4.28	30192	活鳗鱼	消费品	−1.97
190110	婴儿食品	消费品	3.74	520300	精梳的棉花	中间品	−1.71
170490	糖果	消费品	3.55	151329	棕榈核和巴巴苏油	中间品	−1.59
120500	油菜或菜籽	中间品	3.32	410110	整个生的牛皮	中间品	−1.58
140420	棉短绒	中间品	3.15	100300	大麦	中间品	−1.45
120740	芝麻	中间品	2.58	510210	细的动物毛	中间品	−1.43

数据来源:根据 CEPII-BACI 数据库的数据计算得到。

为了比较贸易利得贡献度的产品结构,先根据 HS2 位数编码对农产品进行分类,再将农产品分为动物性产品(HS01—05)、植物性产品(HS06—14)、动植物油脂(HS15)、饮料及烟酒等产品(HS16—24)和其他产品进行分析。首先,将 HS6 位数产品的价格偏误指数相加,得到产业 c 的价格偏误指数,计算式为

$$\text{Bias}_c = \prod_{i \in c} (\lambda_{it} / \lambda_{it-1})^{\frac{w_{it}}{\sigma_i - 1}}, \tag{6.8}$$

将所有产业的 Bias_c 连乘,得到总 Bias,则产业 c 的贡献度为$(1 - \text{Bias}_c)/(1 - \text{Bias})$。HS2 位数的各类农产品的贡献度见表 6-7。由表 6-7 可知,1995—2015 年,进口价格偏误指数贡献度最大的农产品是谷物类产品(HS10),贡献度为 63.48%;贡献度较高的农产品有含油种子(HS12)、可可及其制品(HS18)和鱼、甲壳类等水产品(HS03),贡献度分别为 11.44%、9.87% 和 9.28%。贡献度为负的农产品有其他产品、糖及食糖(HS17)、棉花(HS52)和人造毛皮(HS43),贡献度分别为 −30.15%、−27.23%、−15.53% 和 −12.52%。

表 6-7 中国进口价格偏误的产业分解

HS2 位数编码	农产品名称	贡献度/%	HS2 位数编码	农产品名称	贡献度/%
HS01	活动物	1.03	HS18	可可及其制品	9.87
HS02	肉及食用杂碎	5.50	HS19	谷物等的制造品	5.71
HS03	鱼、甲壳类等水产品	9.28	HS20	蔬菜、水果、坚果等加工品	8.74
HS04	奶制品、蛋类、蜂蜜、其他食用动物产品	2.74	HS21	杂项食品	1.37
HS05	动物源性产品	1.06	HS22	饮料、酒及醋	0.60
HS01—05	动物性产品	19.58	HS23	食品工业的残渣及废料，配制的动物饲料	4.71
HS06	活植物	−0.62	HS24	烟草及其制品	1.21
HS07	蔬菜	0.29	HS16—24	饮料及烟酒等加工产品	5.73
HS08	水果及坚果	0.81	HS33	精油	1.27
HS09	咖啡、茶、香料	3.01	HS35	蛋白质、淀粉、明胶等	0.41
HS10	谷物类产品	63.48	HS38	整理剂、其他山梨醇	0.03
HS11	制粉工业产品、麦芽、淀粉、菊粉、面筋	−3.02	HS41	生皮	−7.06
HS12	含油种子	11.44	HS43	人造毛皮	−12.52
HS13	虫胶、树胶	0.05	HS50	生丝、丝绸	−0.18
HS14	编织用植物	3.06	HS51	羊毛、毛条	3.47
HS06—14	植物性产品	78.34	HS52	棉花	−15.53
HS15	动植物油脂	26.64	HS53	亚麻、大麻	1.98
HS16	鱼等的加工品	0.67		其他产品	−30.15
HS17	糖及食糖	−27.23			

　　五大类农产品的贡献度见图 6-1。从图 6-1 可知，贡献度最高的是植物性产品，贡献度高达 78.34%；其次是动植物油脂，贡献度为 26.64%；再次是动物性产品，贡献度为 19.58%；饮料、烟酒等加工农产品的贡献度较小，仅有 5.73%；贡献度最小的是其他产品，贡献度为 −30.15%。

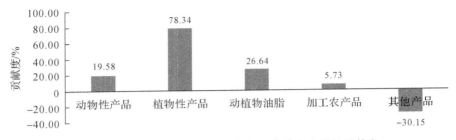

图 6-1　1995—2015 年种类增加的五大类农产品的贡献度

3.价格偏误的国别分解

对进口种类增长的贸易利得进行国别分解,进一步揭示贸易利得贡献较大的进口来源地。按照不同进口来源地对每种产品的比率 λ 重新赋予权重,得到每个国家的价格偏误指数,计算式为

$$\text{Bias}_j = \prod_i (\lambda_{it}/\lambda_{it-1})^{\frac{w_{it}}{(\sigma_i-1)} \times W_{jit}}, \tag{6.9}$$

其中,W_{igt} 为进口来源地 j 有关产品 i 的理想对数变换权重,其次将所有来源地的 Bias_j 连乘得到总 Bias,则来源地 j 的贡献度为 $(1-\text{Bias}_j)/(1-\text{Bias})$。

贡献度前 20 名的进口来源地见表 6-8。从表 6-8 可知,美国是中国农产品进口贸易利得贡献度最大的国家,高达 53.52%。贡献度较高的进口来源地还有泰国、中国香港和阿根廷,其贡献度分别为 10.08%、8.59% 和 8.52%。这 4 个进口来源地的总贡献度为 80.71%。在贡献度前 20 的进口来源地中,不仅有欧盟成员德国、法国、英国、荷兰、比利时—卢森堡,也有东盟的泰国、马来西亚、越南、印度尼西亚、新加坡和菲律宾,还有与中国签订 FTA 的新西兰、韩国、智利。1995—2015 年,贡献度前 20 的进口来源地对贸易利得的总贡献度为 109.53%。可见,进口来源地对进口价格的降低作用也表现出极为显著的集中趋势。

表 6-8　贸易利得的进口来源地分解

进口来源地	贡献度	排名	进口来源地	贡献度	排名
美国	53.52	1	越南	1.31	11
泰国	10.08	2	印度尼西亚	1.28	12
中国香港	8.59	3	新加坡	1.09	13

进口来源地	贡献度	排名	进口来源地	贡献度	排名
阿根廷	8.52	4	德国	0.99	14
法国	6.62	5	韩国	0.52	15
加拿大	4.50	6	英国	0.39	16
马来西亚	4.27	7	比利时—卢森堡	0.27	17
新西兰	3.21	8	秘鲁	0.26	18
荷兰	2.70	9	菲律宾	0.21	19
日本	1.40	10	智利	0.19	20

第二节　产品质量变化下的进口贸易利得

在借鉴 Broda 和 Weinstein(2006)的方法测算农产品进口种类增长的贸易利得时,忽略了农产品进口质量变化的影响。现有文献认为,价格、种类和质量都是影响消费选择和福利效应的重要因素,忽略进口质量变化会造成福利测算上的偏误(陈勇兵等,2014)。对此,进一步借鉴 Benkovskis 和 Woerz(2014)的方法,构建包含进口种类变化、质量调整的精确价格指数,估算农产品进口质量变化下的贸易利得,识别产品质量变化对进口福利带来的影响,比较种类、数量和质量对贸易福利影响的差异性。

一、估算方法

本节在 Feenstra(1994)、Broda 和 Weinstein(2006)方法的基础上,进一步借鉴 Benkovskis 和 Woerz(2014)的分析方法,考察农产品进口质量的提高对消费者福利水平的影响。

1.进口产品数量影响下的福利

农产品进口数量会影响进口福利,产品种类和数量的变化,会引起价格指数变化,进而影响消费者福利。Broda 和 Weinstein(2006)在计算精确价格指数时考虑变化的农产品数量,得到数量调整后的精确进口价格指数。

$$\pi\left(I_{it}, I_{it-1}, J_t, J_{t-1}\right) = \prod_{i \in G} \pi\left(I_{it}, I_{it-1}, J\right)\left(\frac{\Lambda_t}{\Lambda_{t-1}}\right)^{\frac{1}{\theta-1}}$$

$$= \mathrm{KIPI}_1\left(\frac{\Lambda_t}{\Lambda_{t-1}}\right)^{\frac{1}{\theta-1}}, \tag{6.10}$$

其中，J 表示所有进口农产品种类，θ 表示不同农产品种类间的替代弹性，KIPI_1 为精确价格指数。$(\Lambda_t/\Lambda_{t-1})^{1/(\theta-1)}$ 是额外项，表示农产品进口数量的变化，Λ_t 是新增进口农产品数量的变化，Λ_{t-1} 是消失进口农产品数量的变化。新产品数量增加导致额外项减小，已有产品数量消失导致额外项增大，其中 Λ_t 和 Λ_{t-1} 的计算式分别为

$$\Lambda_t = \frac{\sum\limits_{i \in J_t} \sum\limits_{k \in I} p_{ikt} x_{ikt}}{\sum\limits_{i \in J_t} \sum\limits_{k \in I} p_{ikt} x_{ikt}}, \Lambda_{t-1} = \frac{\sum\limits_{i \in J} \sum\limits_{k \in I} p_{ikt-1} x_{ikt-1}}{\sum\limits_{i \in J_{t-1}} \sum\limits_{k \in I} p_{ikt-1} x_{ikt-1}}。$$

同理，对应于数量变化引起的价格偏误指数（Bias_n）和贸易利得（GFN）分别为

$$\mathrm{Bias}_n = \left(\Lambda_t/\Lambda_{t-1}\right)^{\frac{1}{\theta-1}}, \tag{6.11}$$

$$\mathrm{GFN} = \left(\frac{1}{\mathrm{Bias}_n}\right)^{w_t^F} - 1。 \tag{6.12}$$

2. 进口产品质量的测算

产品质量在国际贸易中有着重要作用，但质量不可观察性是国际贸易研究中普遍存在的难题。借鉴 Benkovskis 和 Woerz（2014）的方法，测算进口农产品质量变化对福利的影响。将不同农产品种类的相对质量函数，用种类间替代弹性、相对进口价格和相对进口数量表示：

$$\ln\left(\frac{d_{ikt}}{d_{iht}}\right) = \sigma_i \ln\left(\frac{p_{ikt}}{p_{iht}}\right) + \ln\left(\frac{x_{ikt}}{x_{iht}}\right)。 \tag{6.13}$$

为了计算不同产品种类间的相对质量，须选取一个基准种类。在式（6.13）中，h 为基准种类，并将 t 时期内产品 i 中基准种类 h 的质量参数设定为 1，即 $d_{iht} = 1$。为了便于计算，将种类间相对质量拓宽到产品间相对质量，其函数表示为

$$\frac{\left(\sum\limits_{k \in I_{it}} d_{ikt}^{\frac{1}{\sigma_i}} x_{ikt}^{\frac{\sigma_i-1}{\sigma_i}}\right)^{\frac{\sigma_i}{\sigma_i-1}}}{\left(\sum\limits_{k \in I_{it}} d_{jkt}^{\frac{1}{\sigma_j}} x_{jkt}^{\frac{\sigma_j-1}{\sigma_j}}\right)^{\frac{\sigma_j}{\sigma_j-1}}} = \left(\frac{\left(\sum\limits_{k \in I_{it}} d_{ikt} p_{ict}^{1-\sigma_i}\right)^{\frac{1}{1-\sigma_i}}}{\left(\sum\limits_{k \in I_{it}} d_{jkt} p_{jkt}^{1-\sigma_j}\right)^{\frac{1}{1-\sigma_j}}}\right)^{-\theta}。 \tag{6.14}$$

在测算不同产品所有种类不同时期的相对质量时，须选取某种产品中的一个种类作为基准，并假定其质量不变，即 $d_{jht} = d_{jht-1} = 1$。为了减少测算误差，在实际选择时，考虑以从不同国家进口相同产品组的平均质量保持不变作为基准组，并假设基准组的产品质量恒为 1。基准组产品质量的选择方法为

$$\prod_{i \in G_c} \left\{ \left[\prod_{k \in I_i} \left(\frac{d_{ikt}}{d_{ikt-1}} \right)^{w_{ikt}} \right]^{\frac{1}{\sigma_i - 1}} \right\}^{w_{it}}, \tag{6.15}$$

其中，G_c 是基准产品组 c 的产品集。

3. 进口产品质量变化下的福利

将质量参数 d_{ikt} 和 d_{ikt-1} 代入数量调整的精确价格指数，可得

$$\pi(I_i, _{it-1}, \Delta d_{it}, J_t, J_{t-1}) = \prod_{i \in J} \pi(I_i, I_{it-1}, J_t, J_{t-1}) \Delta d_{it}^{\frac{w_{it}}{1-\sigma_i}}$$

$$= \mathrm{CIPI}_2 \prod_{i \in J} (\Delta d_{it}^{\frac{1}{1-\sigma_i}})^{w_{it}}, \tag{6.16}$$

其中，$\Delta d_{it} = \overset{k \in I_i}{\Pi} (d_{ikt}/d_{ikt-1})^{w_{ikt}}$ 表示产品 i 的质量变化情况，是产品 i 全部种类在各个时期质量变动的和。额外项 $\underset{i \in J}{\Pi} (\Delta d_{it}^{\frac{1}{1-\sigma_i}})^{w_{it}}$ 反映了所有进口农产品质量变化，产品内种类间替代弹性的变化会引起质量变化，替代弹性越大，质量变化对进口价格指数和福利的影响越小。对应质量变化的价格偏误指数（Bias_q）和贸易利得（GFQ）分别为

$$\mathrm{Bias}_q = \prod_{i \in J} \Delta d_{it}^{\frac{w_{it}}{1-\sigma_i}}, \tag{6.17}$$

$$\mathrm{GFQ} = \left(\frac{1}{\mathrm{Bias}_q} \right)^{w_t^H} - 1。 \tag{6.18}$$

二、纳入产品质量的进口贸易利得

为了揭示农产品进口种类增长、数量变化和质量提高对消费者福利的改变，利用 Benkovskis 和 Woerz（2014）的方法，估算产品质量变化对进口贸易利得的影响。

1. 数据处理与基准产品的选择

数据仍来自 CEPII-BACI 数据库，包括 1995—2015 年对中国农产品出口

的所有经济体。产品内种类间替代弹性的估算仍然沿用 Feenstra(1994)的方法。产品间替代弹性的估算采用 Romer(1994)、Benkovskis 和 Woerz(2011)和陈勇兵等(2014)的方法,将产品间替代弹性确定为 2[①]。挑选结果最接近 1 的农产品作为基准产品。陈勇兵等(2014)认为,HS2 位数编码产品质量变化比 HS6 位数产品质量更为稳定。因此,采用 HS2 位数编码农产品,根据式(6.15)估算出每种农产品的相对质量,结果详见表 6-9。从表 6-9 可知,生丝、丝绸(HS50)的相对质量为 1.0003,最接近于 1,可作为基准产品[②]。

表 6-9　1995—2015 年 HS2 位数编码农产品的相对质量变化情况

HS2 位数编码	农产品名称	相对质量	HS2 位数编码	农产品名称	相对质量
HS12	含油种子	35.2676	HS13	虫胶、树胶	1.0196
HS10	谷物类产品	8.4869	HS16	鱼等的加工品	1.0121
HS03	鱼、甲壳类等水产品	4.6029	HS11	制粉工业产品、麦芽、淀粉、菊粉、面筋	1.0103
HS51	羊毛、毛条	2.2711	HS20	蔬菜、水果、坚果等加工品	1.0080
HS23	动植物饲料	1.6588	HS33	精油	1.0078
HS52	棉花	1.5560	HS14	编织用植物	1.0068
HS21	杂项食品	1.2942	HS09	咖啡、茶、香料	1.0068
HS22	饮料、酒及醋	1.2894	HS41	生皮	1.0052
HS08	水果及坚果	1.2489	HS05	动物源性产品	1.0020
HS04	奶制品、蛋类、蜂蜜、其他食用动物产品	1.1785	HS50	生丝、丝绸	1.0003
HS19	谷物等的制造品	1.1522	HS06	活植物	0.9996
HS17	糖及食糖	1.1050	HS38	整理剂、其他山梨醇	0.9990
HS07	蔬菜	1.0954	HS01	活动物	0.9985
HS02	肉及食用杂碎	1.0943	HS43	人造毛皮	0.9784
HS18	可可及其制品	1.0345	HS15	动植物油脂	0.3631

---

①　Benkovskis 和 Woerz(2011)认为,产品间替代弹性的中位数小于产品内种类间替代弹性的中位数。中国农产品间的替代弹性中位数为 4.0837。

②　这种选择标准有一定的主观性,并不能完全保证其质量不随时间发生变化。

HS2 位数编码	农产品名称	相对质量	HS2 位数编码	农产品名称	相对质量
HS35	蛋白质、淀粉、明胶等	1.0219	HS53	亚麻、大麻	0.1528
HS24	烟草及其制品	1.0211			

2.估计结果分析

不同时期中国农产品因进口种类、数量、质量变化导致消费者福利水平改善的情况见表 6-10。由表 6-10 可知,1995—2015 年,由进口种类、数量和质量变化导致的进口价格指数分别为 0.9851、0.9737 和 0.6474,这表明,忽略进口种类、数量和质量会高估进口价格指数,导致精确价格指数向上偏误分别为 1.4989%、2.6282% 和 35.2552%;消费者因进口种类、数量和质量增加所获得的福利分别相当于 2015 年农业 GDP 的 1.5134%、0.2672% 和 4.4481%。可见,进口产品质量提高使消费者获得的贸易利得最高,产品种类增加获得的福利次之,产品数量提高获得的福利最低,消费者愿意支付 2015 年农业 GDP 的 4.4481% 和 1.5134% 获取比 1995 年更高质量产品和更多种类的产品。

以 2001 年为界,比较加入 WTO 前后消费者获得福利情况。1995—2001 年,由忽略种类、数量和质量的变化导致的传统价格指数向上偏误分别为 0.5437%、0.1808% 和 24.5762%。由进口农产品种类增加、数量变化和质量提高导致的贸易利得分别为 2001 年农业 GDP 的 0.3688%、0.0141% 和 2.6827%。2001—2004 年入世后的 3 年内,由忽略种类、数量和质量的变化导致的传统价格指数向上偏误分别为 0.6245%、−0.3128% 和 43.7067%。由进口农产品种类增加、数量减少和质量提高导致的贸易利得分别为 2004 年农业 GDP 的 1.1492%%、−0.0243% 和 4.5725%。可见,2001—2004 年进口农产品种类增加和质量提高的贸易利得比 1995—2001 年的贸易利得要大,这表明加入 WTO 不仅增加了农产品进口种类,还提高了农产品进口质量,让中国消费者从中获得了更多的贸易福利。1995—2004 年,由忽略进口农产品种类、数量和质量的变化导致的传统价格指数向上偏误分别为 1.6337%、0.4017% 和 26.9824%。由农产品种类增加、数量增加和质量提高导致的贸易利得分别为 2004 年农业 GDP 的 1.2013%、0.0387% 和 2.9945%。1995—2004 年与 1995—2001 年相比,1995—2004 年由于种类增加、数量减少和质量提高,消费者获得的福利水平更高,这进一步表明加入 WTO 后中国农产品进口种类增加和质量提高的福利效应迅速提升。

2008 年爆发的全球金融危机对我国农产品贸易带来了极大的负面冲击，从而影响了消费者的贸易利得。1995—2008 年，由于忽略进口农产品种类、数量和质量的变化，传统价格指数向上偏误分别为 0.4183%、−0.6732% 和 14.3881%。由进口农产品种类增加、数量减少和质量提高导致的贸易利得分别为 2008 年农业 GDP 的 0.7183%、−0.0663% 和 2.2193%。远远小于 1995—2004 年中国农产品进口种类增加、数量减少和质量提高的福利效应。这表明金融危机确实导致了中国消费者贸易利得下降。近年来，随着全球金融危机阴霾的逐渐散去，2008—2015 年，进口种类增加和质量提高给消费者带来了显著的贸易利得。相对于 2008 年，2015 年进口种类增长和质量提高的福利效应分别为 2015 年 GDP 的 1.3865% 和 6.0324%。这表明中国迅速走出了金融危机的阴影，而且进口农产品质量的提高对增进消费者福利水平更为显著。与 1995—2008 年相比，1995—2015 年因种类增加、数量减少和质量提高，消费者获得的福利水平更高，这表明全球金融危机对中国的影响时间较短，消费者因进口种类增长、数量变化和质量提高获得的福利效应超过加入 WTO 的负面影响。

表 6-10　种类、数量和质量变化导致价格指数偏误和福利改变

类 别		1995—2001 年	2001—2004 年	1995—2004 年	1995—2008 年	2008—2015 年	1995—2015 年
进口价格指数	种类变化	0.9945	0.9937	0.9836	0.9958	0.9722	0.9851
	数量变化	0.9981	1.0031	0.9959	1.0067	1.0012	0.9737
	质量变化	0.7542	0.5629	0.7301	0.8561	0.5871	0.6474
进口价格偏误/%	种类变化	0.5437	0.6245	1.6337	0.4183	2.7719	1.4989
	数量变化	0.1808	−0.3128	0.4017	−0.6732	−0.1163	2.6282
	质量变化	24.5762	43.7067	26.9824	14.3881	41.2879	35.2552
福利变化/%	种类变化	0.3688	1.1492	1.2013	0.7183	1.3865	1.5134
	数量变化	0.0141	−0.0243	0.0387	−0.0663	−0.0128	0.2672
	质量变化	2.6827	4.5725	2.9945	2.2193	6.0324	4.4481
进口总额占农业 GDP 的比重/%		6.0218	9.8543	9.8543	10.8305	11.1696	11.1707

数据来源：根据 CEPII-BACI 数据库的数据计算得到。

3.稳健性分析

在测算 1995—2015 年质量提高引致的贸易利得时,以 HS50(生丝、丝绸)作为基准产品,并将产品间替代弹性确定为 2。为了检验估计结果的稳定性,在此采取三种不同方式重新测算 1995—2015 年进口价格指数偏误和福利变动:(1)改变基准组,以动物源性产品(HS05)作为基准组;(2)改变替代弹性,将产品间替代弹性确定为 3;(3)同时改变基准组和替代弹性,以活植物(HS06)作为基准组,将产品间替代弹性确定为 3,估计结果见表 6-11。从表 6-11 可以看出,在三种测算方式下,消费者福利水平并没有因质量变化、产品间替代弹性的改变而发生实质性改变。以动物源性产品(HS05)作为基准组,由忽视进口农产品质量提高导致的精确价格指数向上偏误 36.4713%,由进口农产品质量提高导致的消费者得到的福利水平为 2015 年农业 GDP 的 4.5824%;将产品间替代弹性确定为 3,精确进口价格指数向上偏误 31.2518%,消费者获得的福利相当于 2015 年农业 GDP 的 4.2637%;以 HS06 作为基准组,将替代弹性改为 3,精确进口价格指数向上偏误 28.3751%,消费者获得的福利水平相当于 2015 年农业 GDP 的 3.9762%。

表 6-11　采用不同方式进行稳健性检验结果

类别		HS05	改变基准组	改变替代弹性	基准组和替代弹性都改变
进口价格偏误/%	种类变动	1.4989	1.4989	1.4989	1.4989
	数量变动	2.6282	2.6282	2.6282	2.6282
	质量变动	35.2552	36.4713	31.2518	28.3751
福利变化/%	种类变动	1.5134	1.5134	1.5134	1.5134
	数量变动	0.2672	0.2672	0.2672	0.2672
	质量变动	4.4481	4.5824	4.2637	3.9762

三、产品分解

为了全面把握质量变动对消费者福利水平的改善,揭示农产品进口质量增长引致的贸易利得在产品、产业上的结构特征,进一步考察质量变动的价格偏误指数在不同农产品层面上的分解,并分析其贡献度。

1. 基于 HS6 位数编码产品的分解

表 6-12 是进口质量增长对价格偏误指数贡献度前 15 种和后 15 种 HS6 位数编码农产品情况。从表 6-12 可知,贡献度最大的是大豆(HS120100),达 59.17%;其次是动物饲料(HS230120)、木薯(HS71410)和制作食品的杂物(HS210690),贡献度都超过了 10%,分别为 10.96%、10.95% 和 10.17%,这四种农产品的贡献度累计高达 91.25%。对于贡献度为负的 HS6 位数农产品,贡献度最大的是小麦(HS100190),贡献度为 -32.30%;位居第二的是原大豆油(HS150710),贡献度为 -20.72%。同时,大麦(HS100300)、未梳理的棉花(HS520100)、硬质小麦(HS100110)、原糖和甘蔗(HS170111)的贡献度为负,均低于 -10%,贡献度后 15 种农产品的累计贡献度为 -151.56%。由此可见,HS6 位数编码农产品进口质量变化对降低进口价格表现出极为显著的集中趋势。从生产阶段看,贡献度前 15 种农产品中有 9 种农产品是消费品,消费品的贡献度累计为 67.65%,贡献度后 15 种农产品中有 12 种农产品都是中间产品,中间产品的负贡献度累计为 -139.43%。

表 6-12 贡献度为前 15 种和后 15 种 HS6 位数编码农产品

HS6 位数编码	贡献度前 15 名的农产品			HS6 位数编码	贡献度后 15 名的农产品		
	名称	类型	贡献度/%		名称	类型	贡献度/%
120100	大豆	中间品	59.17	100190	小麦(不含硬质小麦)	中间品	-32.30
230120	动物饲料	中间品	10.96	150710	原大豆油	中间品	-20.72
071410	木薯	消费品	10.95	100300	大麦	中间品	-17.16
210690	制作食品的杂物	消费品	10.17	520100	未梳理的棉花	中间品	-16.92
190110	婴儿食品	消费品	9.55	100110	硬质小麦	中间品	-15.34
120500	油菜或菜籽	中间品	8.83	170111	原糖、甘蔗	中间品	-12.16
081090	新鲜的水果	消费品	8.57	150200	牛、绵羊和山羊的脂肪	中间品	-7.72
410121	牛皮革	中间品	7.98	100590	玉米(种子除外)	中间品	-7.19
020230	去骨牛肉(冷冻)	消费品	7.39	151620	植物脂肪、油脂	中间品	-3.91
430110	整块的生貂皮	中间品	6.70	510121	脱脂的剪羊毛	中间品	-2.37
020649	猪的内脏(不含猪肝)	消费品	6.45	080300	香蕉和芭蕉	消费品	-2.34

续　表

HS6 位数编码	贡献度前 15 名的农产品			HS6 位数编码	贡献度后 15 名的农产品		
	名称	类型	贡献度/%		名称	类型	贡献度/%
040221	不加糖的牛奶和奶粉，脂肪<1.5%	消费品	5.83	151190	棕榈油	中间品	−1.96
510111	高脂肪的羊毛	中间品	5.27	151490	菜籽油、油菜	消费品	−1.87
030379	鱼	消费品	4.82	151110	棕榈油	中间品	−1.69
220820	葡萄酒后的剩余物	消费品	3.92	150790	精制的大豆油	消费品	−1.66

数据来源：根据 CEPII-BACI 数据库的数据计算得到。

2. 基于 HS2 位数编码产品的分解

表 6-13 是 HS2 位数编码农产品对进口价格偏误指数的分解结果。从结果看，1995—2015 年，对进口价格偏误指数贡献度最大的是含油种子（HS12），达 70.26%。肉及食用杂碎（HS02）的贡献度位居第二，为 20.65%。贡献度排第三位的是水果及坚果（HS08），为 19.27%。这三种农产品进口质量的提高显著提升了消费者贸易利得。对进口价格偏误指数贡献度最小的是谷物（HS10），为 −76.50%。贡献度较小的还有动植物油脂（HS15）、棉花（HS52）、糖及食糖（HS17），分别为 −34.04%、−17.22% 和 −12.49%。对进口价格偏误指数贡献度为正的农产品共有 25 种，贡献度累计为 239.79%。贡献度为负的农产品有 8 种，贡献度累计为 −142.52%。

表 6-13　HS2 位数农编码产品质量变动导致进口价格偏误的贡献度

HS2 位数编码	农产品名称	贡献度/%	HS2 位数编码	农产品名称	贡献度/%
HS01	活动物	−0.13	HS18	可可及其制品	2.45
HS02	肉及食用杂碎	20.65	HS19	谷物等的制造品	17.40
HS03	鱼、甲壳类等水产品	16.21	HS20	蔬菜、水果、坚果等加工品	3.15
HS04	奶制品、蛋类、蜂蜜、其他食用动物产品	13.94	HS21	杂项食品	11.56
HS05	动物源性产品	2.14	HS22	饮料、酒及醋	9.63

续 表

HS2位数编码	农产品名称	贡献度/%	HS2位数编码	农产品名称	贡献度/%
HS06	活植物	0.84	HS23	动植物饲料	11.76
HS07	蔬菜	12.34	HS24	烟草及其制品	−1.43
HS08	水果及坚果	19.27	HS33	精油	1.26
HS09	咖啡、茶、香料	1.46	HS35	蛋白质、淀粉、明胶等	3.38
HS10	谷物类产品	−76.50	HS38	整理剂、其他山梨醇	−0.03
HS11	制粉工业产品、麦芽、淀粉、菊粉、面筋	3.42	HS41	生皮	9.36
HS12	含油种子	70.26	HS43	人造毛皮	6.89
HS13	虫胶、树胶	1.14	HS50	生丝、丝绸	0.00
HSI4	编织用植物	−0.68	HS51	羊毛、毛条	0.15
HS15	动植物油脂	−34.04	HS52	棉花	−17.22
HS16	鱼等的加工品	0.69	HS53	亚麻、大麻	0.44
HS17	糖及食糖	−12.49			

3.基于五大类产业的分解

将农产品进一步分为动物性产品(HS01—05)、植物性产品(HS06—14)、动植物油脂(HS15)、饮料及烟酒等加工农产品(HS16—24)和其他产品,这五大类农产品对进口价格偏误指数的贡献度如图6-2所示。从图6-2可以看出,进口质量提高对进口价格偏误指数的影响在不同类别农产品上差异较大。动物性产品、植物性产品和饮料及烟酒等加工农产品的贡献度分别为49.54%、47.34%和40.95%。其他产品的贡献度较小,仅为4.94%;动植物油脂的贡献度为−34.04%。

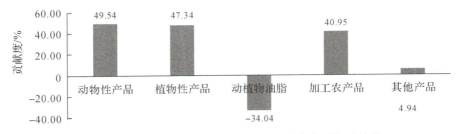

图6-2 1995—2015年质量变动对五大类农产品的贡献度

第三节 贸易壁垒削减与进口无谓损失

中国农产品的贸易壁垒削减导致进口产品价格下降,这不仅增加了产品种类,提高了产品质量,提高了消费者福利水平,还导致进口无谓损失降低。无谓损失是国民福利的净损失。若要知道贸易壁垒削减在多大程度上提升了国民福利水平,首先要计算贸易量对价格变化的反应程度,从微观层面估算进口需求弹性。本书利用学界广泛应用的 Kee 等(2008)的进口需求弹性测算方法,测算中国 HS6 位数编码农产品进口需求弹性,并在此基础上,估算农产品贸易壁垒削减引致无谓损失的降低程度。

一、理论模型与计算方法

弹性分析法是国际贸易经验研究中常用的分析工具,广泛用于分析贸易政策变化对贸易流量的影响。Kee 等(2008)的进口需求弹性测算方法采用半弹性超越对数 GDP 模型,在测算自身价格效应的基础上,设定 GDP 函数是价格齐次函数,一国 GDP 函数内生于该国生产率水平[①]。GDP 函数设定为

$$\ln G^t(p^t,v^t)=a_{00}^t+\sum_{n=1}^N a_{0n}^t\ln p_n^t+\frac{1}{2}\sum_{n=1}^N\sum_{k=1}^N a_{nk}^t\ln p_n^t\ln p_k^t$$
$$+\sum_{m=1}^M b_{0m}^t\ln v_m^t+\frac{1}{2}\sum_{m=1}^M\sum_{l=1}^M b_{ml}^t\ln v_m^t\ln v_l^t$$
$$+\sum_{n=1}^N\sum_{m=1}^M c_{nm}^t\ln p_n^t\ln p_k^t, \tag{6.19}$$

其中,$G^t(p^t,v^t)$ 表示价格(p^t)和要素禀赋(v^t)的函数,n 和 k 表示产品,m 和 l 表示要素种类,a、b 和 c 是参数。由于 GDP 函数是价格齐次性和对称性的,将参数 a 和 c 设定为

$$\sum_{n=1}^N a_{0n}^t=1,\quad \sum_{k=1}^N a_{nk}^t=\sum_{n=1}^N c_{nm}^t=0,$$
$$a_{nk}^t=a_{kn}^t,n,k=1,2,\cdots,N,m=1,2,\cdots,M, \tag{6.20}$$

---

① 详细的推导和计算过程可参见 Kee 等(2008)的研究。

对式(6.19)中对 $\ln p_n^t$ 求一阶导数,得到 t 期 n 产品进口值占 GDP 进口份额的方程:

$$
\begin{aligned}
s_n^t(p^t,v^t) &= \frac{\partial \ln G^t(p^t,v^t)}{\partial \ln p_n^t} = \frac{p_n^t q_n^t(p^t,v^t)}{G^t(p^t,v^t)} \\
&= a_{0n}^t \sum_{k=1}^N a_{nk}^t \ln p_k^t + \sum_{m=1}^M c_{nm}^t \ln v_m^t \\
&= a_{0n}^t + a_{nn}^t \ln p_n^t + \sum_{k \neq n} a_{nk}^t \ln p_k^t + \sum_{m=1}^M c_{nm}^t \ln v_m^t, \\
&\quad n = 1,2,\cdots,N,
\end{aligned}
\tag{6.21}
$$

其中,s_n^t 为均衡时农产品进口值占农业 GDP 的份额,a_{nn}^t 表示自身价格效应,a_{nk}^t 表示交叉替代价格效应,c_{nm}^t 表示产出份额的要素禀赋弹性。根据需求弹性定义,结合式(6.19),进口需求弹性公式为

$$
\varepsilon_{nn}^t = \frac{\partial q_n^t(p^t,v^t)/q_n}{\partial p_n^t/p_n^t} = \frac{a_{nn}^t}{s_n^t} + s_n^t - 1 \leqslant 0, s_n^t < 0,
\tag{6.22}
$$

其中,ε_{nn}^t 表示产品 n 的进口需求弹性。由于 s_n^t 为自身价格效应 a_{nn}^t 的函数,测算进口需求价格弹性需要得到 a_{nn}^t。Kee 等(2008)结合了 Diewert 和 Wales(1988)的方法,将全弹性超越对数转换为半弹性对数,式(6.19)改写为

$$
s_n^t(p^t,v^t) = a_{0n} + a_{nn} \ln \frac{p_n^t}{p_k^t} + \sum_{m \neq l, m=1}^M c_{nm} \ln \frac{v_m^t}{v_l^t}, n = 1,2,\cdots,N,
\tag{6.23}
$$

这样,参数由 $N+M$ 个缩减为 M 个。$\overline{\ln p_k^t}$ 为除 n 外其他农产品价格的加权平均对数,用除产品 n 外其他农产品价格指数的平均价格来衡量。除产品 n 外所有其他农产品的价格采用加权平均份额衡量:

$$
\ln p_{-n} = \sum_{k \neq n} \frac{\overline{s_k^t}}{\sum_{k \neq n} \overline{s_k^t}} \ln p_k^t, \overline{\ln p_k^t} = \ln p_{-n}^t + \mu_n^t,
\tag{6.24}
$$

其中,$\overline{s_k^t} = 1/2 \ast (s_k^t + s_k^{t-1})$,是产品在 t 时期和 $t-1$ 时期的加权平均份额。M_n^t 为随机误差项,是 $\overline{\ln p_k^t}$ 与 $\ln p_{-n}^t$ 的测量误差。除产品 n 外其他农产品的进口加权价格($\ln p_{-n}^t$)采用 Caves 等(1982)的方法,用 GDP 平减价格指数减去产品 n 的进口加权价格:

$$
\ln p_{-n}^t = \frac{\ln p^t - \overline{s_n^t} \ln p_n^t}{1 - \overline{s_n^t}}, n = 1,2,\cdots,N。
\tag{6.25}
$$

由于进口需求弹性在国家间存在差异，为了消除国家层面的异质性偏差和时间趋势带来的影响，结合式(6.23)和式(6.24)，进口市场份额方程可表示为

$$s_{nc}^t(p_{nc}^t, p_{-nc}^t, v_c^t) = a_{0n} + a_{nc} + a_n^t + a_{nn}\ln\frac{p_{nc}^t}{p_{-nc}^t}$$

$$+ \sum_{m\neq l, m=1}^M c_{nm}\ln\frac{v_{mc}^t}{v_{lc}^t} + u_{nc}^t, \tag{6.26}$$

该式为估计价格效应参数的基本方程。$M_{nc}^t \sim N(0, \sigma_n^2)$，$a_{nc}$ 为国家个体效应，a_n^t 为时间个体效应。通过式(6.26)，可得组内估计量 α_{nn}，再结合式(6.22)，估算进口需求弹性 ε_{nn}。

二、进口需求弹性估计结果

1.变量选取与数据来源

农产品进口数据来自 CEPII-BACI 数据库。研究时间跨度为 1995—2015 年，研究对象为从 165 个国家或地区进口的 733 种 HS6 位数编码农产品。

通过式(6.26)和式(6.22)计算进口需求弹性。在式(6.26)中，s_n^t 是中国进口农产品(n)占当年农产品进口总额的比重，除产品 n 以外的农产品的进口加权价格(p_{-n}^t)通过式(6.25)计算得到。v 表示农业生产要素禀赋，l 为从事农业的劳动力数量，m 为农业用地面积或资本投入量，采取永续盘存法对农业投资进行调整，折旧率取 5%，缺失数据用拟合值替代，数据来自世界发展指标(WDI)。

采用双因素固定效应模型，得到组内估计量 α_{nn} 的一致估计。由于产品价格的变化可能与误差项相关，产品价格与进口份额间有可能存在相关性，会引起偏误，低估进口需求弹性。对此，采用 Kee 等(2008)、陈勇兵等(2014)的方法，用世界其他国家或地区产品价格的平均、反向距离加权平均和贸易加权平均距离作为工具变量，并在式(6.26)中加入滞后一期进口份额 s_{nc}^{t-1}，处理进口份额与产品价格变动之间可能存在的滞后效应，对式(6.26)采用系统 GMM 方法进行回归分析，并用稳健标准误控制异方差。

2.进口需求弹性的总体状况

对式(6.26)回归得到每种 HS6 位数编码农产品的组内估计量 α_{nn}，再根据

式(6.24)计算出进口需求弹性平均值。其中需求弹性为正数的有 7 个,所占比例为 0.955%。图 6-3 为中国从 165 个国家或地区进口的 733 种 HS6 位数编码农产品进口需求弹性的分布情况。从图 6-3(a)可知,进口要求弹性集中分布在一2 到 0 区间,主要分布于单位弹性附近,富有弹性的产品有 325 种,占比为44.34%;缺乏弹性的产品有 401 种,占比为 54.71%[1]。可见,缺乏弹性的农产品较多,降低这些缺乏弹性的进口农产品价格会缩小其贸易规模。

对估计结果进行统计分析可知,733 种农产品的简单平均弹性为一0.9752,标准差为 0.5746,中位数为一0.9974,最小值为一9.7253,最大值为 9.0641。因此,各种农产品间的需求弹性差异不大,总体缺乏弹性。以进口比重为权重,得到每年农产品进口加权平均弹性,与农产品进口市场份额进行比较,如图 6-3(b)所示,进口市场份额从 1995 年的 2.48%下降至 1999年的 1.57%,然后稳步上升至 2015 年的 7.62%。进口加权平均弹性基本保持不变,在一1.02 和一1.05 之间。

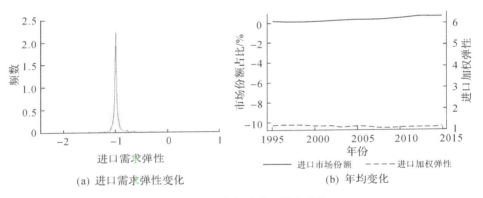

(a) 进口需求弹性变化 　　　　　　　(b) 年均变化

图 6-3　中国农产品进口需求弹性

表 6-14 为富有弹性和缺乏弹性各 10 种 HS6 位数编码农产品进口情况。其中,最有弹性的农产品是新鲜或冷冻的鹅肝、鸭肝等(HS020731),进口需求弹性为一9.7253,年均进口份额仅有 $4.6×10^{-8}$,主要从法国和美国进口。然后是棉籽油饼等固体残渣(HS0230610)和黑麦(HS100200),进口需求弹性分别为一3.5361 和一2.7047,年均进口份额相对较小,分别为 $9.58×10^{-7}$ 和

8.16×10^{-6}，前者主要从美国、印度和巴基斯坦进口，后者主要从德国、丹麦和荷兰进口。富有弹性产品因市场竞争激烈，产品间替代性较强，因此进口份额不大。最缺乏弹性的农产品是菊苣和其他咖啡替代品（HS210130），进口需求弹性为-0.0911，年均进口份额为1.336×10^{-6}，主要从法国、韩国、马来西亚进口。其次是盐渍的、未晒干或熏制的鲱鱼（HS030561）和活鳟鱼（HS030191），进口需求弹性分别为-0.2429和-0.2925，年均进口份额为6.7×10^{-8}和6.6×10^{-8}，前者进口来源地主要集中于英国、巴基斯坦和俄罗斯，后者进口来源地主要集中于澳大利亚和美国。由于缺乏弹性的产品价格对需求的影响较小，因此农产品进口价格变化对农产品进口额的影响不大。

表 6-14　前 10 种富有弹性和缺乏弹性的农产品进口情况

	前 10 种富有弹性的农产品			
HS6 位数编码	产品名称	进口需求弹性	年均进口份额① /10^{-5}	主要进口来源地
020731	新鲜或冷冻的鹅肝、鸭肝等	−9.7253	0.0046	法国、美国
230610	棉籽油饼等固体残渣	−3.5361	0.0958	美国、印度、巴基斯坦
100200	黑麦	−2.7047	0.8160	德国、丹麦、荷兰
010392	大于 50 公斤的活猪，种猪除外	−2.2655	0.1567	越南、美国、加拿大
040811	蛋黄干	−1.9867	0.0045	印度、美国
030231	新鲜或冷冻的整条金枪鱼	−1.8328	0.0991	加拿大、斐济、美国
120760	红花种子	−1.5195	0.1272	哈萨克斯坦、印度、美国
010420	活山羊	−1.5189	0.0884	新西兰、澳大利亚、南非
030233	新鲜或冷冻的整条鲣鱼	−1.5027	0.0066	墨西哥、印度尼西亚、日本
020441	冷冻的羊肉	−1.4826	1.2286	新西兰、澳大利亚、乌拉圭
530210	新鲜的或干的大麻纤维	−0.5629	0.0138	法国、韩国、荷兰
030222	新鲜或冷冻的整条欧鲽鱼	−0.5118	0.0263	俄罗斯、美国、荷兰
121410	紫花苜蓿的粉和球团	−0.4922	0.3046	美国、西班牙、加拿大

①　年均进口份额是指某种农产品进口额占当年该国农产品进口总额的平均比重，以 10^{-5} 计。

续　表

	前 10 种富有弹性的农产品			
HS6 位 数编码	产品名称	进口需 求弹性	年均进 口份额 ×10⁻⁵	主要进口来源地
120926	提摩太草的种子	−0.4381	0.0114	美国、加拿大、尼日利亚
100820	小米	−0.3586	0.0155	中国香港、美国、新加坡
071030	冷冻的、生的或蒸煮的菠菜	−0.3345	0.0059	日本、美国、德国
130214	除虫菊、鱼藤酮的根和提取物	−0.3027	0.0093	美国、奥地利、日本
030191	活鳟鱼	−0.2925	0.0066	澳大利亚、美国
030561	盐渍的、未晒干或熏制的鲱鱼	−0.2429	0.0067	英国、巴基斯坦、俄罗斯
210130	菊苣和其他咖啡替代品	−0.0911	0.1336	法国、韩国、马来西亚

3. 进口需求弹性分行业情况

为了考察不同农产品的进口需求弹性，对农产品按照 HS2 位数编码进行结构分析，结果详见表 6-15。从进口需求弹性看，除少数农产品外，大多数农产品的进口需求弹性相差不大，分布也相对均匀和稳定。富有弹性的农产品主要有活动物（HS01）、谷物类产品（HS10）、肉及食用杂碎（HS02），平均弹性分别为 −1.0938、−1.0609、−1.0439。最缺乏弹性的农产品为奶制品、蛋类、蜂蜜、其他食用动物产品（HS04），平均弹性为 −0.8429。从市场份额看，进口份额最高的农产品为含油种子（HS12），市场份额为 30.532%，其平均弹性为 −0.9844，主要从美国、巴西、阿根廷等国家进口；其次是动植物油脂（HS15），市场份额为 12.326%，平均弹性为 −0.9983，主要进口来源地为马来西亚、印度尼西亚和阿根廷。将农产品进一步分为动物性产品（HS01—05）、植物性产品（HS06—14）、动植物油脂（HS15）、饮料及烟酒等加工农产品（HS16—24）和其他产品看，它们的平均弹性也相差不大，分别为 −0.9917、−0.9666、−0.9983、−0.9841 和 −0.9883，市场份额最高的是植物性产品（42.38%），其次是其他产品（16.21%），然后是动物性产品（15.2%），市场份额相对较低的是动植物油脂（12.33%）和饮料及烟酒等加工农产品（13.88%）。

表 6-15　基于 HS2 位数的农产品进口需求弹性

HS2位数编码	平均弹性	年均进口份额/%	主要进口来源地	HS2位数编码	平均弹性	年均进口份额/%	主要进口来源地
01	−1.0938	0.389	澳大利亚、新西兰、美国	18	−0.9941	0.603	马来西亚、印度尼西亚、意大利
02	−1.0439	4.197	美国、中国香港、澳大利亚	19	−0.9919	1.790	荷兰、新加坡、新西兰
03	−0.9913	6.632	美国、俄罗斯、加拿大	20	−0.9874	0.612	美国、巴西、泰国
04	−0.8429	3.139	新西兰、美国、澳大利亚	21	−0.9405	1.136	美国、日本、韩国
05	−0.9865	0.843	美国、新西兰、荷兰	22	−1.0044	2.666	法国、新加坡、中国香港
06	−1.0013	0.193	荷兰、日本、韩国	23	−1.0161	3.622	秘鲁、美国、智利
07	−0.9755	1.828	泰国、越南、加拿大	24	−0.9579	1.306	巴西、津巴布韦、美国
08	−0.7722	3.650	中国香港、越南、泰国	33	−0.9685	0.232	美国、印度、新加坡
09	−1.0044	0.268	越南、印度尼西亚、印度	35	−1.0093	0.586	泰国、美国、新西兰
10	−1.0609	4.646	美国、澳大利亚、加拿大	38	−1.0257	0.018	泰国、新加坡、马来西亚
11	−0.9883	0.760	泰国、越南、中国香港	41	−0.9956	3.225	美国、澳大利亚、中国香港
12	−0.9844	30.532	美国、巴西、阿根廷	43	−0.9885	1.342	中国香港、丹麦、加拿大
13	−0.9176	0.271	印度、美国、法国	50	−0.9925	0.027	印度、韩国、乌兹别克斯坦
14	−0.9944	0.232	印度尼西亚、马来西亚、印度	51	−0.9980	3.302	澳大利亚、新西兰、南非
15	−0.9983	12.326	马来西亚、印度尼西亚、阿根廷	52	−0.9925	7.142	美国、印度、澳大利亚
16	−0.9879	0.306	秘鲁、美国、中国香港	53	−0.9241	0.336	法国、荷兰、比利时
17	−0.9768	1.841	巴西、古巴、泰国				

三、贸易壁垒削减引起无谓损失降低

无谓损失(dead weight loss,DWL)是社会福利的净损失,指市场尚未处于最优状态时产生的社会成本。社会整体福利的变化可以用生产者剩余和消费者剩余的变化来衡量。提高贸易壁垒削减水平,会导致消费者剩余增加和生产者剩余减少,进而导致无谓损失的增减。借鉴 Kee 等(2008)的方法,估算中国农产品贸易壁垒削减引致的无谓损失。无谓损失的计算式为

$$\text{DWL}_t = \frac{1}{2}\bar{t}_t^2 \text{IMP}_t\bar{\varepsilon}_t + \frac{1}{2}\sigma_t^2 \text{IMP}_t\bar{\varepsilon}_t + \frac{1}{2}\rho_t \text{IMP}_t\bar{\varepsilon}_t, \tag{6.27}$$

其中,IMP 为农产品进口总额,t 为年份,$\bar{t}$ 为农产品进口贸易壁垒削减水平,用贸易限制指数衡量,σ^2 为贸易限制指数方差,计算式为 $\sigma^2 = \sum_n s_i(t_i - \bar{t})^2$,$s$ 是产品 i 的进口份额。ρ 为贸易限制指数与进口加权相对需求弹性的协方差,计算式为 $\rho = \text{Cov}(\bar{\varepsilon}_i, t_i^2)$,其中$\bar{\varepsilon}$ 为进口加权相对需求弹性,计算式为 $\bar{\varepsilon} = \frac{\varepsilon_i}{\varepsilon}$;$\bar{\varepsilon}$ 是进口加权需求弹性,计算式为 $\bar{\varepsilon} = \sum_n s_i \varepsilon_i$。

1995—2015 年中国农产品贸易壁垒削减引致的无谓损失见表 6-16,可知,在 2007 年以前,贸易限制指数是造成无谓损失的主要因素;从 2007 年开始,贸易限制指数方差是造成无谓损失的主要因素。由贸易限制指数与进口需求弹性间的协方差引致的无谓损失最小。如果仅仅考虑由贸易限制指数引致的无谓损失,则低估了 120%。入世前无谓损失有所回升,入世后大幅度下降,从 2001 年的 1942.23 百万美元急剧下降至 2002 年的 472.72 百万美元,随后波动上升。从 2008 年起,呈现快速上升的态势,说明金融危机对中国造成的福利损失较大。近年来,无谓损失在波动中不断下降,2015 年无谓损失为 1795.22 百万美元,占农业 GDP 的 0.18%。在农业快速发展的背景下,无谓损失占农业 GDP 的比重呈现出下降趋势,从 2002 年开始,无谓损失占农业 GDP 的比重下降至 1% 以下,福利损失下降幅度较大。至 2015 年,由贸易壁垒削减引起的无谓损失占农业 GDP 的 0.18%,相比于 1995 年的 1.14%,入世后由贸易壁垒削减引致的无谓损失占农业 GDP 的比重大幅下降。

表 6-16　**1995—2015 年中国农产品贸易壁垒削减引致的无谓损失及其分解**

年份	总无谓损失/百万美元	由贸易限制指数引致的无谓损失/百万美元	由贸易限制指数方差引致的无谓损失/百万美元	由贸易限制指数协方差引致的无谓损失/百万美元	无谓损失占农业 GDP 的比重/%
1995	1642.12	1022.69	635.7	16.27	1.14
1996	3001.20	1784.27	1236.21	19.28	1.80
1997	1866.38	916.74	948.18	1.45	1.08
1998	1894.77	1019.65	871.26	3.86	1.07
1999	1054.95	586.01	469.94	1.00	0.60
2000	1727.15	929.18	792.61	5.36	0.97
2001	1942.23	1010.96	931.77	0.49	1.04
2002	472.72	279.14	195.95	2.37	0.24
2003	622.45	362.79	262.78	3.12	0.30
2004	1328.26	726.84	605.36	3.93	0.53
2005	413.05	254.82	164.50	6.27	0.16
2006	781.60	398.41	389.51	6.32	0.27
2007	924.91	443.16	492.36	10.61	0.25
2008	1033.84	440.15	610.48	16.79	0.22
2009	1000.47	430.95	583.96	14.44	0.20
2010	1988.11	801.00	1200.64	13.53	0.34
2011	2446.18	1113.79	1346.44	14.05	0.34
2012	3800.48	1685.52	2137.37	22.42	0.47
2013	3660.91	1474.67	2219.65	33.41	0.41
2014	1778.96	798.72	1022.59	42.34	0.19
2015	1795.22	792.11	1038.67	35.56	0.18

第四节　本章小结

　　贸易福利是国际贸易持续研究的热点议题之一。贸易壁垒削减会促进进口产品种类的增加、提高进口产品质量、降低无谓损失,进而提升一国福利水平。基于此,本章研究了农产品进口贸易壁垒削减的福利效应,研究结果表明:

　　(1)进口来源地逐步拓展、进口种类不断增长,是中国农产品进口种类大幅度增加的直接原因。1995—2015 年,进口种类从 6811 种增至 11338 种,进口来源地从 130 个增至 177 个,平均进口种类从 9.343 种增至 16.361 种。中国从美国进口农产品种类一直超过 500 种以上。进口种类增长日益多样化,西班牙成为中国进口种类增长最大的来源地。

　　(2)采用 Feenstra(1994)、Broda 和 Weinstein(2006)的方法,得到比率 λ 的中位数和均值分别为 0.8558 和 0.9263,用进口份额权重衡量的种类增长分别为 14.42% 和 7.37%,明显小于用数量衡量的进口种类增长幅度(66.47%)。因此,改善消费者福利,不仅要增加进口种类,更需要提高新种类进口份额。2001—2015 年,由忽视中国进口农产品种类增加导致的进口价格指数累计向上偏误为 1.4989%;进口农产品种类增加使中国消费者获得的福利相当于 2015 年农业 GDP 的 1.5134%。加入 WTO 后,中国不仅增加了农产品进口种类,也迅速提升了进口种类增加的贸易利得。对进口价格偏误指数贡献度排在前三位的产品为玉米、原豆油和大米,贡献度累计为79.25%;贡献度较低的三种产品为原糖与甘蔗、未梳理的棉花和整块的生貂皮,贡献度累计为 −61.4%。贡献度最大是谷物类产品,为 63.48%,贡献度最小的是糖及食糖,为 −27.23%。美国是中国农产品进口贸易利得贡献最大的来源地,贡献度为 53.52%。贡献度较高的还有泰国、中国香港和阿根廷,分别为 10.08%、8.59% 和 8.52%。

　　(3)借鉴 Benkovskis 和 Woerz(2014)的方法,用生丝、丝绸作为基准产品,由种类、数量和质量变化导致的中国农产品进口价格指数分别为 0.9851、0.9737 和 0.6474,表明忽略产品种类、数量和质量会高估进口价格指数;忽略产品种类、数量和质量变化引致的价格指数向上偏误分别为 1.4989%、

2.6282%和35.2552%,中国消费者获得的福利分别相当于2015年农业GDP的1.5134%、0.2672%和4.4481%。可见,质量变化带来的贸易福利最大,种类增加导致的贸易利得次之,数量变化促进的贸易利得较少。加入WTO给中国消费者带来了可观的进口贸易利得,尤其是农产品进口质量的提高对提高消费者福利水平更为显著。大豆、动植物饲料、木薯和制作食品的杂物4种农产品的贡献度分别为59.17%、10.96%、10.95%和10.17%。贡献度最小的是小麦,为－32.30%,其次是原大豆油,为－20.71%。含油种子的贡献率最大,达70.26%。谷物类产品的贡献度最低,为－76.50%。

(4)利用Kee等(2008)的方法,测算了中国733种HS6位数编码农产品进口需求弹性,得到进口需求弹性集中在－2到0区间,主要分布于单位弹性附近,富有弹性的产品有325种。最富有弹性的产品是新鲜或冷冻的鹅肝、鸭肝等,进口需求弹性为－9.7253,年均进口份额为$4.6×10^{-8}$,主要从法国和美国进口。最缺乏弹性的产品是菊苣和其他咖啡替代品,进口需求弹性为－0.0911,年均进口份额为$1.336×10^{-6}$,主要从法国、韩国、马来西亚进口。2007年以前,贸易限制指数是造成无谓损失的主要因素,2007年以后,贸易限制指数方差是造成无谓损失的主要因素。加入WTO后,由贸易壁垒削减引致的无谓损失占农业GDP的比重大幅减少,2001年的无谓损失为1942.23百万美元,占农业GDP的1.04%,而2015年无谓损失为1795.22百万美元,占农业GDP的0.18%。

第七章　结论与政策建议

本书在总结已有研究成果的基础上,结合新新贸易理论研究框架,以中国加入 WTO 以来的农产品进口贸易壁垒削减为背景,通过理论分析和实证研究,深入探讨了农产品进口贸易壁垒削减的经济效应。

第一节　主要结论

通过理论分析和计量检验,本书得到的主要结论如下:

第一,基于 Melitz(2003)的模型,采用 Demidova 和 Rodriguez-Clare (2009)的分析框架,在 CES 假设和生产率为帕累托分布的条件下,将本国需求拓展为国内农产品消费和国外农产品消费,从理论上刻画了进口贸易壁垒削减的经济效应。通过理论模型分析发现,进口贸易壁垒削减,不仅增加了进口扩展边际,降低了进口集约边际,而且促进了本国生产率的增长、产业结构的调整、劳动力的流动,降低了农业生产者的劳动报酬,还促进了农产品进口种类的增加,存在着社会总福利最大化。这些结论也是经验研究的问题,需要利用中国农产品贸易壁垒削减数据进行计量检验。

第二,以中国农产品关税削减和非关税减少作为衡量贸易壁垒削减指标,将非关税进行关税等价后构建产品层面的贸易限制指数。研究发现,2002 年以来中国全面履行加入 WTO 承诺,已成为全球农产品市场最开放的国家之一;贸易限制指数在入世后逐年下降,一直持续到 2009 年,受美国金融危机的影响,在 2010 年和 2011 年有所提高,随后不断降低,2001—2015 年农产品贸易壁垒削减了 69.48%;贸易限制指数比加权平均关税和简单平均关税都高,用关税衡量贸易壁垒削减明显高估了中国农产品贸易壁垒削减水平;不同类别的农产品贸易壁垒削减程度差异较大,许多农产品如谷物类产品、其他动物产品、虫胶树胶等贸易壁垒削减水平还有较大提升空间。

第三,采用 Hummels 和 Klenow(2005)的三元边际分析法,在考察扩展边际、数量边际和价格边际对农产品进口增长的贡献基础上,利用引力模型实证检验了贸易壁垒削减对进口增长及其三元边际的影响。研究发现,加入 WTO 以来,中国农产品进口增长强劲,数量边际作用最大,价格边际在波动中缓慢增长,扩展边际贡献最少;贸易壁垒削减显著增加了农产品进口扩展边际、提高了数量边际和价格边际。通过 DID 和 PSM-DID 方法证明了,中国贸易协定的签订显著促进了农产品进口总量、扩展边际、数量边际和价格边际增加。

第四,采用超越对数 C—D 生产函数和随机前沿分析法发现,中国农产品全要素生产率的增长率呈下降趋势,技术进步速度较快,技术效率水平稳步提升,但农业规模效应为负,农业生产中存在无效率的规模扩张。利用 DID 和分位数 DID 方法进行了实证研究,结果表明,加入 WTO 显著地提高了中国农产品生产率,从而显著促进了生产率较高行业全要素生产率的提升,这一结论通过了一系列假设条件识别检验和稳健性检验。采用中介效应模型进行机制检验发现,加入 WTO 对农产品生产率的提升不仅有直接正影响,还通过生产效率、技术进步率和规模效率间接作用于生产率,其中技术进步率的中介作用最大,生产效率次之,规模效率最小。采用固定效应模型分析表明,贸易壁垒削减降低了种植业的比重,提升了养殖业、畜牧业和林业的比重。同时,利用 SYS—GMM 方法检验发现,贸易壁垒削减提高了农业结构的高级化和合理化,并通过了内生性检验和稳健性检验。采用差分 GMM 方法进行了实证检验,结果表明,贸易壁垒削减对家庭经营性收入的降低程度显著高于对工资性收入的增长程度,从而显著降低了农民的总收入、扩大了城乡收入差距和区域间农民收入差距,同时发现,其通过促进农村劳动力非农就业增加而产生影响。

第五,采用 Broda 和 Weinstein(2006)的方法估算了进口价格指数,结果表明,忽视进口种类增长会高估进口价格指数,进口种类增长使消费者获得的福利相当于 2015 年农业 GDP 的 1.5134%。采用 Benkovskis 和 Woerz(2014)的方法估算结果显示,忽略产品种类、数量和质量会高估进口价格指数,产品种类、数量的增加和质量的提高,使消费者获得的福利分别相当于

2015 年农业 GDP 的 1.5134％、0.2672％和 4.4481％,质量提高带来的贸易利得最大,种类增加导致的贸易利得次之,数量增加促进的贸易利得较少。借鉴 Kee 等(2008)的方法测算出中国农产品进口需求弹性分布在－2 到 0 的区间。贸易壁垒削减引致的无谓损失占农业 GDP 的比重大幅下降,2007 年以前,贸易限制指数是造成无谓损失的主要因素,2007 年以后,贸易限制指数方差是造成无谓损失的主要因素。

第二节　政策建议

根据上述研究结论,结合当前我国农业发展的实际,本书提出了有针对性的政策建议。

一、继续推进农产品贸易自由化战略

我国的改革开放经验表明,对外开放显著改变了中国,也深刻影响了世界;中国经济与世界经济已深度融合,中国的发展离不开世界,世界的发展也需要中国。我国不仅是经济全球化积极的参与者和主要的受益者,而且是坚定的支持者和重要的建设者。在当前世界百年未有之大变局加速演进,经济全球化遭遇逆流,贸易保护主义愈演愈烈,多边贸易体制面临严峻挑战之时,我国积极维护多边主义和自由贸易,以更高水平、更高层次的对外开放,应对全球经济新变局,为全球经济一体化提供了助力。农业作为我国对外开放的重要组成部分,也必然要顺应高质量发展、全方位对外开放的趋势,深入推进农产品贸易自由化战略,满足人民日益增长的美好生活需要。

1. 在 WTO 框架下继续推进农产品贸易自由化

WTO 作为全球经济体系的三大支柱之一,成员贸易总额占全球的 98％,在促进全球经济与贸易增长方面发挥着至关重要的作用。加入 WTO 后,我国农业对外开放处于全球领先地位,农产品贸易限制指数逐年下降至 2015 年的 24.08％,但远高于 9.8％的加权平均关税。农产品平均关税虽然远低于成员国平均水平,却高于美国、日本、欧盟等发达国家和地区的关税水平。可见,在 WTO 框架下,我国农产品贸易壁垒削减的空间仍较大,尤其在非关税措施上,尚有进一步削减的余地。对此,我国应继续推进差异化的农产品贸易壁垒削减政策,这虽然对农民家庭的经营性收入有一定的负面影响,但能提高农业生产率、促进农业结构调整和升级、增进消费者福利。尤其在当前单边主义、保护主义、反全球化趋势和多边贸易体制边缘化以及中美贸易摩擦不断升级之时,农产品贸易壁垒进一步削减,不仅表明了中国坚持均衡、包容、共赢的开放态度,也是旗帜鲜明地支持 WTO 多边贸易体制、抵制贸易保护主义的最有力的武器,而且也展现出全球开放的利益担当。因此,在 WTO 框架下,我国应改变加入 WTO 时对敏感农产品的界定范围,仅将关系国计民生的农产品作为重点保护的敏感产品。借鉴日本、韩国、欧盟的做法,降低玉米、棉花等农产品的关税,对奶类、肉类等畜产品实行较高非关税措施。对粮食产品继续采取进口关税配额制度,以防止过度进口,危害粮食安全。但需要对农产品进口配额进行市场化改革,破除国有贸易进口垄断权利。要进一步下调高关税的农产品,尤其是农产品消费品关税,如虫胶树胶、其他动物产品等,这样能更好地服务于人民日益增长的美好生活需要。继续削减我国具有比较优势的劳动密集型农产品的非关税壁垒,如蔬菜、水果、茶叶、水产品等农产品,放宽它们的市场准入,让更多种类的外国农产品参与市场竞争,以提高我国农产品的生产效率。

2.在自由贸易协定下进一步扩大农业对外开放

自由贸易协定也是促进全球一体化、贸易自由化的重要力量。尤其在WTO 多哈回合谈判陷入困境时,自由贸易协定因谈判对象可选、进程可控,是各国实现自由贸易的不二选择。我国在全面履行入世承诺的同时,也着手实践"以周边国家为基础,加快实施自由贸易协定战略"的外贸政策。至 2022 年底,我国已签署了 19 个自由贸易协定,尤其是 2020 年《区域全面经济伙伴关系协定》(RCEP)的签署,标志着我国高水平、高标准、高质量的自由贸易协定建设迈出了坚实的步伐。但在自由贸易协定深度上,不仅与美国、欧盟等农产品强国的差距大,而且与日本、韩国农产品竞争力弱的国家差距也在加大。本书实证结果也表明,自由贸易协定的实施对我国农产品进口总量、扩展边际、数量边际和价格边际都有显著的促进作用。然而,在双边自由贸易协定谈判中,农产品市场准入是谈判的难点,对一般产品实行贸易自由化,同时对敏感产品采取例外安排,以此守住产业安全底线和保护产品竞争力(吕建兴,2021)。这就需要根据我国粮食安全战略和农业高质量发展的实际,结合我国与成员方各自农产品的竞争力,在把农产品划分为核心敏感的农产品、高度敏感的农产品、一般敏感的农产品、不敏感的农产品的基础上,采取灵活方式对不同的农产品设计出降税(包括关税和非关税)模式,对核心敏感的农产品采取以非关税为主、关税为辅的例外安排,对高度敏感的农产品采取以关税为主、非关税为辅的例外安排,通过较长降税过渡期、"截断式"非线性降税、部分削减关税、增设国别关税配额等不同方式降低关税,对一般敏感的农产品在3~5年内将关税降为0,对不敏感的农产品生效时采取零关税。多种降税模式既有利于提升现有自由贸易协定水平,打造自由贸易协定的升级版,也有利于促成有意向的国家与中国签订自由贸易协定,不断提高我国自由贸易试验区的广度与深度,让自由贸易协定产生"多米诺骨牌效应"。这样不仅会提高农产品进口的集约边际,更能增加扩展边际,增进消费者福利,满足消费者的多样化需求,也会降低农产品进口风险,提升农业生产率,更好地服务于乡村振兴和农业发展。在自由贸易协定谈判中,我国农业的市场准入措施可借鉴日本的经验,在具体细节上多下功夫,更多地利用关税削减配套措施争取谈判利益。对关税削减的敏感农产品,采用关税以外的配套措施,如设立特保措施、对关税削减进行中期审议、采用原产地规则限制第三方货物"搭便车"等作为"后手"。

3. 单方面采取积极的农产品贸易自由化政策

单方面降低贸易壁垒比多边和双边谈判更能有效地促进一国贸易自由化水平(Bhagwati,2002),这是衡量一国政府对贸易自由化的真正承诺。我国在全面履行完入世关税减让承诺后,并未止步于此,而是积极、主动地单方面自主降低关税,平均关税水平已降至7.5%,贸易加权税率降至4.4%,接近欧美国家的关税水平。然而,我国农产品关税尚未达到欧美国家的水平,自主降税的空间还较大。而且,通过关税限制进口的效果日益下降。因此,我国应在确保农业产业安全的前提下,根据我国国内农业发展和供需情况的变化,更加自主、积极、主动单方面地对高关税的农产品,尤其是高质量的农产品和农产品消费品,进一步降低关税和削减非关税,尽量增加农产品中消费品的进口,扩大消费者对商品的选择范围,不仅能服务于人民群众日益增长的美好生活的需要,而且也能展现我国全球开放的利益担当,打造农业贸易自由化的强国之路,有利于更好地拓展与其他国家的农产品贸易关系。与此同时,以自贸区、自由贸易港为代表的自由贸易园区是当今世界最高水平的单方面开放形态之一,是各国融入国际市场的有效载体,为推动世界开放、促进全球贸易等方面发挥着重要作用。对此,我国要充分发挥已设立的 18 个自由贸易试验区的作用,尤其对农产品的中间品及其加工品、投资设备等的进口采取零关税、零壁垒制度,降低服务提供商的成本、提高服务效能竞争优势。同时在非关税方面,制订自贸区内限制进出口农产品清单,对清单以外的农产品可自由进出。与此同时,我国应进一步扩大内陆地区的对外开放水平,根据内陆地区各自的发展优势,提升农产品贸易自由化水平,尤其要让中西部地区参与农产品贸易自由化进程,共享贸易自由化成果。

二、进一步改善农产品贸易的便利化和营商环境

除了关税降低和非关税削减能有效推动对外开放和降低贸易成本外,贸易的便利化措施和良好的营商环境也能有效降低制度性贸易成本,提高进出口贸易的效益与效率。WTO 在促进成员方降低贸易壁垒的同时,也致力于推动其改善营商环境和提高贸易便利化。我国在履行入世承诺过程中,也在不断提高贸易便利化和改善营商环境。当前,我国正在推进制度开放,是从贸易大国转向贸易强国的必由之路,也是对外贸易高质量发展的内在要求。这就需要进一步提高贸易便利化和持续改善营商环境,解决农产品贸易中存在的非效率问题,以此显著降低农产品贸易成本,发挥贸易自由化和贸易便利化与营商环境的协同功效。

1. 继续推进基础设施建设

基础设施建设是提高我国农产品流通效率的关键。为了进一步提升我国农产品贸易便利化水平,需要继续推进基础设施建设。要对航空、公路、铁路、港口和仓储等基础设施进行一体化建设,确保农产品贸易中的物流、信息和通道的畅通。要积极促进互联网技术、现代化仓储、冷藏保鲜、冷链运输等设施在农村的建设与使用,降低农村的运输成本,应对农产品季节性和易损坏带来的挑战,让农民也能享受到农产品贸易自由化带来的福利。要加快基础设施的数字化建设,建立农村农业大数据中心,推进物联网、大数据、区块链、人工智能、第五代移动通信网络、智慧气象等现代信息技术在农业领域中的应用。与此同时,要促进农村电子商务的快速发展,充分发挥电子商务促进小农户与现代农业有机衔接的作用,全面落实电子商务进农村综合示范、信息进村入户、跨境电子商务示范区等重大工程的顺利实施,建立农户与电商平台的利益联结机制,让国外优质农产品走进农村,让农村特色农产品走

向世界,帮助农民共享贸易自由化与互联网的发展红利。

2.持续优化营商环境

营商环境既是一国市场投资兴业的土壤,又是衡量一国国际竞争软实力的重要指标。良好的营商环境是我国新发展格局下最重要的核心竞争力,不仅有利于我国农产品质量的提档升级,也有利于我国农产品深度参与国际外循环。入世以来,虽然我国营商环境不断优化,但与先进国家仍有一定差距。因此,还需采取有力措施持续优化营商环境,尤其是要制定和落实中性竞争原则来改善营商环境。中性竞争原则是促进自由竞争、维护公平竞争、确保市场繁荣和提升社会福利的重要手段。在深化农业市场经济改革过程中,不仅要落实竞争中性规则,放宽市场准入,促进公平竞争,进一步完善和优化农业负面清单制度,不断明晰政府与市场的边界,而且要进一步规制垄断,根据反垄断法和反不正当竞争法,全面落实公平审查制度,降低市场准入门槛,建立健全的负面清单制度,扶持中小微企业,有效解决国有垄断等问题。在当前以美国为首的发达国家主张所有国家实施零贸易保护之时,中国可以选择竞争力强的农产品,试点"零关税、零壁垒、零补贴"措施,倒逼农产品市场化改革,也可以广泛借鉴美国、欧盟等制定的中性竞争规则,不断改进和完善我国竞争中性规则。与此同时,要积极参与国际经贸规则的制定,积极参与WTO的改革,参与农产品标准、生物安全、气候变化等国际议题,提出建设性观点,贡献更多中国倡议、中国方案。此外,反对粮食的禁运与出口限制,推进国际规则更加公平、公正、合理。

3.加强区域性贸易便利化建设

贸易便利化能有效协调和简化国际贸易制度、程序和规则。提升贸易便利化水平能促进区域内要素的自由流动,能显著降低农产品贸易成本,对贸易成员方都是双赢的举措。因此,在不断提高我国贸易便利化水平的同时,也需要重视和加强区域性农产品贸易便利化建设,尤其要推进我国与"一带一路"合作伙伴间农产品贸易便利化建设。为了提高区域内各国农产品贸易的便利化水平,要以海关便利化为突破口,各方海关应加强自身改革,简化通关流程,减少通关手续,降低通关时间,规范口岸收费,推进农产品贸易"单一窗口"建设,加快区域内物流运输、现代化仓储、农产品检验检疫、农产品跨境电子商务等贸易便利制度的一体化建设,构建区域内海关间的互联互通,不断提高通关效率,降低通关成本。同时,为了共建"一带一路"农产品贸易畅

通通道,应充分发挥亚洲基础设施投资银行、丝路基金和金砖国家新开发银
行等平台的作用,促进我国与"一带一路"合作伙伴在港口、铁路、公路、海上
和内河运输、航空等领域的务实合作,实现农产品物流节点与国际铁路、水
路、公路、航空等运输的有效衔接,稳步提高"一带一路"合作伙伴贸易便利化
合作的整体水平,促进要素的跨境流动。

三、打造安全稳定的农产品全球供应链

现代农业产业链、供应链贯穿于整个农业生产供应端与市场消费端全过
程。确保粮食安全和农产品有效供给是我国农业农村工作永恒的主题,构建
安全、持续、稳定和广泛的全球农产品进口供应网络是关键支撑,也是我国畅
通农业外循环的重要保障。为了更好地促进产品供给,我国积极搭建各类开
放合作平台,如"一带一路"倡议、中国国际进口博览会、中国进出口商品交易
会、中国国际服务贸易交易会、中国国际消费品博览会等,成为我国畅通国内
国际双循环的生动实践。在当前逆全球化思潮、保护主义与新冠病毒感染疫
情相互交织,极端天气、物流不畅等不利因素的冲击下,世界范围内农产品供
应链阻断的潜在风险增加,我国农产品进口面临着巨大挑战(陈志钢等,
2020;黄群慧,2020)。为此,我国应积极打造持续安全稳定的农产品全球供
应链,确保粮食安全和农产品有效供给。

1.进一步实施农产品进口市场多元化和种类多样化战略

由于我国农业生产面临资源环境强约束、成本高企等问题,国内生产供
给潜力有限,而农产品在经济发展、人口增加、收入提高、城镇化推进中呈刚
性增长,农产品进口种类增长,进口需求多样化增加,农业对外依存度也长期
持续提高。事实上,农产品进口已成为我国利用国际市场和国际资源,缓解
国内耕地资源紧张及农产品供需矛盾的重要渠道和必然选择(倪洪兴,
2019)。当前,虽然我国农产品进口市场集中度有所下降,但市场高度集中的
格局没有得到根本改善。同时,农产品进口增长主要以量取胜,数量边际贡
献最大,扩展边际贡献较小,而且进口种类增长带来的贸易利得高度集中在
少数产品、产业和国家上。这种高度集中的进口特点,使得天然脆弱的农业
和大国小农经济的生产方式在遭受外部冲击时,不仅会影响中国农产品安
全,也会引致福利增长机制的脆弱性。因此,在识别我国农产品供需求结构
性矛盾的基础上,要考虑各个进口来源地的农产品生产和出口增长潜力,以

及运输通道、地缘政治等因素,进一步实施农产品进口市场多元化和种类多样化战略。为了更好地增加农产品进口种类的多样化,不断丰富人们的餐桌,最大化地提升我国居民幸福感,不仅要增加进口种类数量,更要提高新产品种类的进口值,扩大农产品加工品和替代品的进口,如促进油菜籽、花生和芝麻等油料产品和菜籽油、花生油、大豆油等油脂产品的进口,以替代大豆进口,而且要扩大猪肉、牛肉、鸡肉、羊肉等各类肉类产品及其制品进口,以替代玉米等饲料用粮的进口,还需要鼓励进口优质农资、先进农机和引进高新技术,提升我国农业全产业链的竞争力,以优质进口促进我国农产品的出口。为了更好地促进我国农产品进口市场多元化,需要大力开拓农产品新兴市场,尤其是要加大对"一带一路"合作伙伴和已签订自由贸易协定国家农产品的进口,实现农产品市场的多元化,促进我国与新兴市场国家的农产品贸易对接,通过优势互补实现双赢。对于"进口过度集中"的国家,要控制好其进口农产品的速度与进口配额,规避国际市场波动、降低贸易中断、避免丧失定价权产生的风险。对于"进口不足"的国家,要进一步推动对该国农产品的进口,扩大农业技术交流,使进口不足发展成为适度进口,让更多的消费者享受到农产品进口增加带来的福利水平的提高。

2.有效推进农业对外投资

农业对外投资是积极、主动的全球农业资源配置行为,不仅可以有效解决全球各国尤其是发展中国家的农业资金短缺问题,而且可以在全球范围内生产和掌控更多的农产品资源,保障国内农产品的稳定供给。推进农业对外投资,有利于提高我国农业对外合作的话语权与影响力,也是我国构建农业开放新格局的重要依托。2008年以来,我国农业对外投资蓬勃发展,2013年,对外投资规模超过农业引进外资规模,但对外投资以种植业为主,尚未形成投资与贸易一体化的全球农产品供应链体系。因此,还需要进一步有效推进农业对外投资,促进农业合作的可持续性,保障农产品进口的稳定性、可靠性,提高对国外农业资源和农产品市场的掌控能力,拓展我国农产品参与全球化的广度,增加其深度。因此,不仅需要深耕我国既有的分布在东南亚、中亚、中欧、东欧等地的农业对外投资市场,也需要进一步扩大对非洲、拉丁美洲的农业合作力度,还需要加大对新西兰、澳大利亚、乌克兰等国家的农业投资,减少对乳制品、牛肉、玉米等农产品的进口依赖,更需要依托"一带一路"倡议,促进与"一带一路"合作伙伴开展深度的国际合作,与农产品进口市场多元化和种类多样化战略有机结合，以此构建稳定、安全的全球性农产品供给体系。在此过程中，要注重对农业重点领域和产业链关键环节的对外投资，借鉴国际大粮商的投资经验，加强对种子、农药、化肥、农产品收购、精深加工、仓储物流等重要环节的合理布局，以此提高全产业链的掌控能力，切实提升农业对外投资项目的效果。与此同时，也要注重发挥农业企业的主体作用，鼓励涉农企业利用其在管理、技术等方面的优势积极地"走出去"对外投资，鼓励农垦企业在境外投资建设农业园区或生产基地，鼓励中粮集团、中远集团等大型企业建立境外农业全产业体系和全球农产品供应链体系，切实提高我国在主要东道国农产品进出口渠道的控制能力，全面提升我国农产品的国际竞争力。

3. 积极促进农业科技的国际合作与交流

农业科技的国际合作与交流是我国运用国外科技实现农业产业振兴的重要途径，是我国提高农业在全球范围内的话语权的重要途径，也是有效推进我国农业科技进步的重要手段。这就需要我国积极促进农业科技的国际合作与交流，在原有合作交流渠道的基础上，拓宽农业国际科技合作交流渠道，积极开展多边、双边和民间的国际合作交流，通过引进国外农业前沿技术、先进管理经验和优质农业种质资源等，推进我国农业科技的发展，逐步提高我国农产品的有效供给，稳定增加农民收入水平。为了更好地促进农业科技的国际合作交流，要建立农业海外科研中心，及时跟踪和监测国外先进的农业科技，为我国涉农企业对外投资提供参考。要加强农业科技的国际合作交流平台的建设，为我国和参与国农业科技合作提供智囊决策与信息技术支撑。要推进国际间农业高科技合作园区的建设，密切加强农产品深加工等方面的技术合作，使我国农业科技真正扎根于国外农产品市场。要创新农业对外技术供给方式，建立"产研互动"模式，为农业技术需求国提供与市场相吻合的技术供给，有效解决他国农业技术"落地难"问题。在此过程中，更应关注"一带一路"合作伙伴的农业科技需求，注重对农产品研发、种植技术、农机设备、精深加工、运输等方面的综合援助，促进我国与"一带一路"沿线各国农业科技的协同发展。

四、促进贸易政策与产业政策协调

制定贸易政策和产业政策的目的是提高本国的国际竞争力。我国是世界最大的农产品生产国和消费国,农业在国民经济中有着极为重要的基础地位。为了克服农业发展面临的资源、环境和市场的约束,贸易政策与农业产业政策仍将继续发挥关键作用,但是,虽然贸易壁垒削减在提高农产品生产率、促进农业结构调整与升级、增加农民工资性收入、加速劳动力的流动等方面有着重要的促进作用。为了降低农业生产成本、提高农产品国际竞争力,促进生产、进口与需求的动态平衡,必须在贸易政策与农业产业政策上相互协调。另外,本书研究发现,贸易壁垒削减只是影响农业发展的主要因素之一,在促进农业增效、农民增收、农村繁荣方面,农业产业政策同等重要,甚至发挥更为重要的作用。因此,在实施贸易壁垒削减政策的同时,更要发挥农业产业政策的作用,形成互补,要多措并举解决"三农"问题、促进乡村振兴。

1.建立农产品贸易政策与农业政策的协调机制

在我国管理农产品贸易的相关机构主要有商务部、进出口银行、海关等部门,而农业产业的管理机构主要有发展和改革委员会、财政部、科学技术部、生态环境部、农业农村部、技术标准局、商品检验与检疫局、专利与商标局、知识产权局等。由于贸易政策与产业政策分属同级别不同国家机关制定和管理,彼此在法律上并没有固定且有效的政策协调机制。在实践中,我国贸易政策与产业政策的协调主要通过商务部和其他有关政府部门联合发布政策的方式进行。为了更好地对农产品贸易和农业发展进行有效管理,应建立农产品贸易政策与农业政策的协调机制,使各管理部门的权责更加明确,政策执行力度强。部际协调机制能有效解决一对一的政策协调问题,但不适合一对多的政策协调问题。因此,可以在国务院内部建立政策协调办公室,赋予其政策协调权力和责任;也可以借鉴美国、日本的方法,减少行政性机构设置特征,提升商务部的政策协调功能,增强其在贸易政策与产业政策上的协调性职能;也可以尝试建立以行业协会为主体的多元化政策协调机制,增强其对政策协调"自下而上"的参与性,可以疏解各政府部门在政策协调机制中政策供给与需求主体的不对称矛盾,增强政策协调的有效性和针对性。

2.重塑农业支持政策

我国只是农业大国·还不是农业强国。加入 WTO 以来,我国建立了强农惠农富农政策体系,使农业经受住了进口竞争、粮食危机、金融危机等多重考验。当前,我国农业仍继续对外开放,农业发展还面临诸多挑战,因此国家仍要继续发挥农业支持政策功效,加强对农业合理支持。这就需要综合考虑

WTO农业改革走向、农产品国际竞争力、农业产业安全等因素,在WTO《农业协定》的约束下,重塑我国农业支持政策,用足、用好所允许的农业补贴空间,继续为农业可持续发展创造良好的环境。在坚守入世争取到的"黄箱"政策空间下,调整现有"黄箱"政策措施。一是继续在低水平、宽范围内实施特定产品的"黄箱"措施。我国向WTO申报的特定产品"黄箱"措施涉及的农产品种类远低于欧美国家,如2016年,我国仅有10种,欧盟有30种,美国高达85种。因此,借鉴欧盟、美国的经验,在不超过WTO规定8.5%补贴上限的"黄箱"措施内,对更多产品实施特定产品"黄箱"措施。二是对部分产品从"黄箱"转"蓝箱"。要严格按照WTO"蓝箱"政策标准,完善我国省区以下玉米生产者补贴和棉花目标价格的具体操作办法,选择部分"保收入"比"保产能"更迫切的产品实施"蓝箱"措施。三是尽量用足非特定产品的"黄箱"政策空间。我国向WTO申报的非特定产品的"黄箱"措施空间很大,当前仅有农机具购置补贴一项。在增加农机具补贴范围和补贴力度的同时,应重启农资购置补贴与农业社会化服务作业补贴,降低农业生产经营者的费用支出。与此同时,也要调整"绿箱"政策措施。一是要尽可能增加"绿箱"的补贴总量。当前,我国"绿箱"补贴总量占农业总产值的比重远低于美国、日本、欧盟等发达国家和地区,如2016年,我国的比重为13.07%,美国、日本和欧盟的比重分别为33.6%、20.0%和17.0%。可见,我国"绿箱"政策措施的补贴总量投入不够。因此,在国家财力许可下,应尽可能增加"绿箱"支持补贴投入力度。二是要根据WTO《农业协定》中"绿箱"措施,对我国"绿箱"政策进行结构性调整。与美国、日本、欧盟的"绿箱"措施相比,我国在粮食安全、公共储备等方面支出过多,而在营销和促销服务、国内粮食援助等方面支出较少,对WTO《农业协定》附件中的"收入保险和收入安全网计划中的政府资金参与""通过生产者退休计划提供的结构调整援助"和"通过投资援助提供的结构调整援助"三类措施没有任何投入。因此,我国"绿箱"措施的重点应转为高标准农田建设、病虫害防治、生产结构调整、农业收入保险、农业科研与推广等。

3.增强农业产业安全保障能力

农业生产周期较长,在对外开放进程中,不仅面临着较高的自然风险与市场风险,还面临着地缘政治竞争、国际经贸规则重塑、不确定性事件频发等风险。现阶段,我国农业产业风险保障水平比较低,难以满足农业产业振兴的需要,亟待提高农业风险防范意识,加强风险保障能力建设。一是要完善农产品监测预警机制,增强不确定性因素的应对能力。要依托大数据、云计算和人工智能等信息技术,及时发布国际、国内重要农产品生产、流通、交易、消费等全产业链各环节信息,构建应对突发事件及不确定性因素的应急预警预案,增设应对突发事件的临时性、过渡性、特殊性政策,确保政策制定者、生产者和消费者进行科学决策。也要建立农产品进口与国内农业产业安全的预警体系,探索建立农产品国内生产与进口稳定衔接机制,密切跟踪全球农产品市场供求波动、世界主要国家的农业与贸易政策调整等变化趋势,科学研判这些变化对我国农产品进口、国内农业产业的影响,避免农产品过度进口对国内生产和市场带来严重冲击,防止对我国农业各相关利益主体造成严重损害。二是要健全以农业保险为核心的农业风险保障体系。要通过建立统一的协调管理机构、制定严格清晰的制度规则、规范市场秩序等措施,构建适应现代农业发展需要的农业保险制度,按照乡村振兴战略要求,加快农业保险扩面、增品、提标等事项的推进。三是要完善产业损害预警系统和快速反应机制。在自由贸易与公平贸易原则下,充分运用反倾销、反补贴、保障措施等贸易救济手段和措施,加强与农业产业的协调,合理保护相关产业的利益,维护我国农业安全,为调控粮食等重点农产品的进口保留空间。同时,也要将应对贸易摩擦与贸易救济有机结合,全方位、多途径应对相关问题,防止不公平农产品贸易损害我国农业安全。

五、推进农业高质量发展

党的十九大是我国经济发展转折关口提出的引领现代化建设的重大转变。农业是立国之本、强国之基。推动农业高质量发展,是我国新阶段的重点任务,是满足人民日益增长的美好生活需要的重要举措,是深化农业供给侧结构性改革和实现乡村振兴的核心内容,是推进农业农村现代化建设的必然选择。

1.促进农业科技创新

科技创新是经济社会循环的根本动力,是夯实农业"双循环"发展根基,破解制约"双循环"要素流通障碍的利器。我国农业发展的基本国情,决定了农业唯一的出路是依靠科技创新提高农产品生产能力,只有提高农业生产的全要素生产率,才能解决我国农产品供给难题。一是要不断加大农业科研投入,加强基础理论、关键核心技术、重大前沿技术、颠覆性技术等研究。当前世界正在掀起一场以生物技术、智能化技术、新材料技术等为标志的科技革命。我国应在种业研究、生物育种、智能农机装备、智慧农业、人工智能、区块链等方面加大科研投入,进行创新突破,提升我国农业科技在全球的影响力。二是要用先进技术改造农业,打造农业产业发展新模式。要运用互联网、物联网、生物技术、传感技术、遥控技术、大数据等先进科技提升农业生产,要用先进工业机械装备农业,提高水、肥、农药利用率技术,引进优质高产配套栽培技术、旱地农业和节水技术、重大病虫害监测与综合防治技术、农产品加工增值技术等,以提高农业全产业链的竞争力。三是要搭建农业精准对接平台,提高农业科技成果转化效率。充分利用"丰收计划""星火计划"和农业技术推广计划等,精准解决农业生产中的技术难点。构建公共推广机构和社会力量并行的农业技术运用集成平台,加强引智成果的消化、吸收、创新与推广,打通"科技最后一公里"。四是要加强科技人才培养,解决科技人员短缺与断层问题。根据我国农业生产发展和农业科技需求,加强对农业科技管理人员和技术人员的培养,重点培养中青年业务骨干和学科带头人。

2. 优化农业产业结构

产业兴旺是乡村振兴的基础,产业结构调整则是实现产业兴旺的主要路径。调整农业产业结构是我国新阶段农业发展的必然要求。改革开放以来,我国农业结构经历了三次较大的调整,从需求导向的农业结构调整转向农业战略性结构调整再到国际市场导向的农业结构调整,农业生产结构不断优化,促进了农民收入水平的提高。现阶段,我国农业发展的主要问题是粮食安全下主要农产品的供给平衡问题,这就需要对农业进行供给侧结构性改革,对农业产业结构进行战略性调整,不断改善农产品供给结构,提高农业发展质量和效益。一是要在确保"口粮安全、谷物基本自给"的前提下,加快调整农产品种养结构,打破"农业以种植业为主,种植业以粮食为主"的格局,促进粮食、经济作物、饲草料种植结构的协调发展。要调整玉米的生产,增加优质生态食用大豆、薯类及杂粮杂豆等的生产,加快发展水果、蔬菜、棉花、油料、糖类作物的生产,推进青贮玉米、苜蓿等优质牧草的生产。二是要加快培育现代农业新产业、新业态、新模式。在发挥市场决定性作用和政府引导推动作用下,大力发展农产品精深加工、乡村旅游、休闲康养、农耕体验、农村电商等新产业、新业态,促进农业从生产功能向生活、生态功能拓展,实现农业"接二连三",实现农村第一、第二、第三产业深度融合。三是要根据资源禀赋和比较优势，因地制宜地大力发展特色优势农产业。要积极推动"一村一品""一县一业"的乡村产业格局，积极发展果菜茶、食用菌、杂粮杂豆、薯类、中药材、特色养殖、林特花卉苗木等特色鲜明、品质优良、市场潜力大、具有核心技术或独特工艺的特色产业。四是要积极发展农业服务业尤其是现代农业服务业。要采取有效措施，为农业服务业发展创造有利环境，扩大农业服务业规模，提高农业服务业水平，为农业高质量发展提供有力支撑。

3. 推进农业绿色化、优质化和品牌化

当前，市场的竞争，不仅是价格的竞争，还包含了产品质量、服务质量、绿色安全、产品品牌、产品信任度等综合竞争。农业的绿色化、优质化和品牌化都是农业高质量发展的主攻方向。在推进农业绿色发展方面，要以"绿水青山就是金山银山"理念为引领，将绿色贯穿于农业生产的全过程、全环节。一是要加快建设资源节约型农业，着力解决农业资源趋紧问题。围绕资源错配与供给错位的难题，根据资源利用上限确定农业产业开发强度，强化农业灌溉用水总量控制与用水方式管理，提升农业生物资源保护与利用水平，促进农业资源节约集约利用。二是要加快建设环境友好型农业，大力破解农业面源污染问题。要健全农业投入品减量使用制度，控制农业用水总量，逐步减少化肥、农药使用量，根据"一控两减三基本"目标，限制性使用畜禽粪便、秸秆、农膜等基本资源。增加有机肥、生物农药等农药投入品的使用，完善农膜、农业生产资料包装废弃物等回收处理制度。在着力提升农产品质量方面，首先要在"抓基层"上下功夫。在县域层面，稳步推进质量安全县的创建，由点到线、由线到面，打造县域农产品生产的"金字招牌"。要构建责任更加明晰、监管更加有力、执法更加严格、运转更加高效的农产品质量安全体系，大力提升农产品质量安全监管能力，加快建成"标准化生产、全程监管、监管体系建设和社会共治"国家农产品质量安全县（市）。然后要在"重追溯"上做文章。要完善农产品质量安全追溯体系，强化对农产品生产、储藏、运输、销售各环节的监管，着力解决"泛标准化""分段管理""无法有效追溯"三大难题，确保农产品质量安全问题可追溯、可追责，让不法经营主体无处藏身，保障农产品源头可查。最后要在"严监管"上出重拳。农产品质量安全，不仅仅是产出来的，也是管出来的，要切实提升农产品质量监管力度和检测水平，加快形成上下联动、业内业外协同发力的新格局，彻底消除农产品安全隐患。在促进农产品品牌建设方面，要以满足消费者日益增长的多元化需求为切入点,加快实施农业绿色品牌战略,借助"互联网＋",打通从田间地头到厨房餐桌的直销通道。要重视研发与知识产权保护,打造属于自己的农产品品牌,增强农产品的市场竞争优势和可持续发展能力。

主要参考文献

[1] 鲍晓华,严晓. 我国农产品出口的二元边际测度及 SPS 措施的影响研究 [J]. 国际贸易问题,2014(6):33-41.

[2] 鲍晓华,朱达明. 技术性贸易壁垒与出口的边际效应[J]. 经济学(季刊), 2014(3):1393-1414.

[3] 鲍晓华. 技术性贸易壁垒的量度工具及其应用研究:文献述评[J]. 财贸经济,2010(6):89-97.

[4] 曹亮,何成杰,李梦珊. CAFTA 框架下中国进口三元边际及其决定因素 [J]. 国际贸易问题,2014(5):85-94.

[5] 曹亮,蒋洪斌,黄羽. 中国农产品进口的贸易创造与贸易转移效应:基于 CAFTA 框架的评估[J]. 农业经济问题,2013(11):19-26.

[6] 陈林,彭婷婷,吕亚楠,等. 中国对"一带一路"沿线国家农产品出口:基于 二元边际视角[J]. 农业技术经济,2018(6):43-50.

[7] 陈容,许和连. 肯定列表制度对中国出口农产品质量的影响:基于微观数 据视角[J]. 国际贸易问题,2018(5):68-77.

[8] 陈勇兵,陈小鸿,曹亮,等. 中国进口需求弹性的估算[J]. 世界经济,2014 (12):28-49.

[9] 陈勇兵,陈宇媚. 贸易增长的二元边际:一个文献综述[J]. 国际贸易问题, 2011(9):160-168.

[10] 陈勇兵,蒋灵多,曹亮. 中国农产品出口持续时间及其影响因素分析[J]. 农业经济问题,2012(11):7-15.

[11] 陈勇兵,康吉红,李冬阳. 垄断竞争框架下来自进口的贸易利得:一个文 献综述[J]. 国际贸易问题,2014(6):164-176.

[12] 陈勇兵,李伟,钱学锋. 中国进口种类增长的福利效应估算[J]. 世界经济,

2011(12):76-95.

[13]陈勇兵,李燕,周世民.中国企业出口持续时间及其决定因素[J].经济研究,2012(7):48-61.

[14]陈勇兵,李燕.贸易关系持续时间的研究进展[J].国际贸易问题,2012(10):28-42.

[15]陈勇兵,钱意,张相文.中国进口持续时间及其决定因素[J].统计研究,2013(2):49-57.

[16]陈勇兵,赵羊,李梦珊.纳入产品质量的中国进口贸易利得估算[J].数量经济技术经济研究,2014(12):101-115.

[17]陈勇兵,赵羊,汪婷.异质企业框架下贸易自由化的福利效应:一个文献综述[J].国际贸易问题,2016(3):28-36.

[18]程国强.中国农产品出口:增长、结构与贡献[J].管理世界,2005(1):85-96.

[19]程国强.中国农业对外开放:影响、启示与战略选择[J].中国农村经济,2012(3):4-13.

[20]程惠芳,梁越.贸易政策变动与异质性企业生产率:基于我国制造业企业数据的实证研究[J].国际贸易问题,2014(7):3-12.

[21]程名望,史清华,Jin Y H,et al.农户收入差距及其根源:模型与实证[J].管理世界,2015(7):17-28.

[22]戴觅,张轶凡,黄炜.贸易自由化如何影响中国区域劳动力市场?[J].管理世界,2019(6):56-69.

[23]丁存振,肖海峰.中美双边农产品出口三元边际测度及关税效应研究[J].农业技术经济,2019(3):118-131.

[24]董银果,黄俊闻.SPS措施对出口农产品质量升级的影响[J].国际贸易问题,2018(10):45-57.

[25]董银果,黄俊闻.中国出口农产品质量测度——基于嵌套Logit模型[J].中国农村经济,2016(11):30-43。

[26]董银果,李圳.SPS措施对农产品贸易的影响——基于Heckman两阶段方法的实证分析[J].浙江大学学报(人文社会科学版),2017(15):144-155.

[27]董银果,刘雪梅.SPS措施、产品多样化与农产品质量升级:基于多产品出

口企业理论[J].世界经济研究,2019(12):62-76.

[28]段玉婉,刘丹阳,倪红福.全球价值链视角下的关税有效保护率[J].中国工业经济,2018(7):62-79.

[29]樊海潮,郭光远.出口价格、出口质量与生产率间的关系:中国的证据[J].世界经济,2015(2):58-85.

[30]高新月,鲍晓华.反倾销如何影响出口产品质量?[J].财经研究,2020(2):21-35.

[31]高颖,田维明,张宁宁.扩大农产品市场开放对中国农业生产和粮食安全的影响[J].中国农村经济,2013(9):4-17.

[32]耿献辉,张晓恒,周应恒.中国农产品出口二元边际结构及其影响因素[J].中国农村经济,2014(5):36-50.

[33]顾振华,沈瑶.中国进口需求弹性的再计算[J].国际贸易问题,2016(4):50-61.

[34]黄季焜,Scott R,解玉平,等.从农产品价格保护程度和市场整合看入世对中国农业的影响[J].管理世界,2002(10):84-94.

[35]黄季焜,徐志刚,李宁辉,等.贸易自由化与中国的农业、贫困和公平[J].农业经济问题,2005(7):9-14.

[36]黄季焜.农业供给侧结构性改革的关键问题:政府职能和市场作用[J].中国农村经济,2018(2):2-14.

[37]黄鹏,汪建新,孟雪.经济全球化再平衡与中美贸易摩擦[J].中国工业经济,2018(10):156-174.

[38]贾伟,王丽明,毛学峰,等.中国农业企业存在"出口—生产率悖论"吗?[J].中国农村经济,2018(3):45-60.

[39]简泽,张涛,伏玉林.进口自由化、竞争与本土企业的全要素生产率——基于中国加入WTO的一个自然实验[J].经济研究,2014(8):120-132.

[40]江东坡,姚清仿.农药最大残留限量标准对农产品质量提升的影响——基于欧盟生鲜水果进口的实证分析[J].农业技术经济,2019(3):132-144.

[41]蒋灵多,陈勇兵.出口企业的产品异质性与出口持续时间[J].世界经济,2015(7):3-26.

[42]匡远凤.技术效率、技术进步、要素积累与中国农业经济增长——基于

SFA 的经验分析[J].数量经济技术经济研究,2012(1):3-18.

[43]兰宜生,徐小锋.关税对中国产业全球价值链参与度的影响机制[J].财经科学,2019(1):63-74.

[44]李春顶,陆菁,何传添.最优关税与全球贸易自由化的内生动力[J].国际贸易研究,2019(5):72-96.

[45]李宏兵,文磊,林薜栋.中国对外贸易的"优进优出"战略:基于产品质量与增加值率视角的研究[J].国际贸易问题,2019(7):33-46.

[46]李宏亮,谢建国.融资约束与企业成本加成[J].世界经济,2018(11):121-144.

[47]李建萍,辛大楞.异质性企业多元出口与生产率关系视角下的贸易利益研究[J].世界经济,2019(9):52-75.

[48]李坤望,蒋为,宋立刚.中国出口产品品质变动之谜:基于市场进入的微观解释[J].中国社会科学,2014(3):80-103.

[49]李小平,周记顺,卢现祥,胡久凯.出口的"质"影响了出口的"量"吗?[J].经济研究,2015(8):114-129.

[50]刘斌,李磊.贸易开放与性别工资差距[J].经济学(季刊),2012(1):429-460.

[51]刘海洋,林令涛,高璐.进口中间品与出口产品质量升级:来自微观企业的证据[J].国际贸易问题,2017(2):39-49.

[52]刘庆林,段晓宇,汪明珠.中国农产品市场准入政策改革的福利效应——基于贸易限制指数方法的分析[J].财贸经济,2015(11):101-113.

[53]刘舜佳,生延超.农产品贸易研发知识溢出:基于 Coe-Helpman 模型在空间维度扩展后的实证研究[J].国际贸易问题,2015(3):3-13.

[54]刘雪梅,董银果.数量、质量抑或性价比:中国农产品出口增长动力来源与转换研究[J].国际贸易问题,2019(11):100-115.

[55]刘妍,赵帮宏.农产品出口质量对农业产业升级的影响[J].农业技术经济,2019(8):115-132.

[56]罗兴武,谭晶荣,杨兴武.中国大宗农产品进口非关税措施的效应分析[J].农业经济问题,2014(3):62-67.

[57]马涛,刘仕国.产品内分工下中国进口结构与增长的二元边际——基于引力模型的动态面板数据分析[J].南开经济研究,2010(8):92-109

[58]马轶群.农产品贸易、农业技术进步与中国区域间农民收入差距[J].国际贸易问题,2018(6):41-53.

[59]毛海涛,钱学锋,张洁.中国离贸易强国有多远:基于标准化贸易利益视角[J].世界经济,2019(12):3-26.

[60]毛其淋,许家云.中间品贸易自由化与制造业就业变动——来自中国加入WTO的微观证据[J].经济研究,2016(1):69-83.

[61]毛学峰,杜锐,杨军.中国主要农产品进口政策偏好分析及政策启示[J].农业技术经济,2019(10):129-142.

[62]倪红福,龚六堂,陈湘杰.全球价值链中的关税成本效应分析[J].数量经济技术经济研究,2018(8):74-90.

[63]倪红福.中国出口技术含量动态变迁及国际比较[J].经济研究,2017(2):44-57.

[64]潘晔,张振,苗海民.农业国际贸易对国内产业结构影响机制研究[J].经济问题,2019(5):115-121

[65]裴长洪.进口贸易结构与经济增长:规律与启示[J].经济研究,2013(7):4-19.

[66]钱学锋,范冬梅,黄汉民.进口竞争与中国制造业企业的成本加成期[J].世界经济,2016(3):71-94.

[67]钱学锋,范冬梅.国际贸易与企业成本加成:一个文献综述[J].经济研究,2015(2):172-185.

[68]钱学锋,李莹.消费者异质性与贸易利益的个体分配:一个文献综述[J].北京工商大学学报(社会科学版),2017(5):25-35.

[69]钱学锋,陆丽娟,黄云湖,等.中国的贸易条件真的持续恶化了吗?基于种类变化的再估计[J].管理世界,2010(7):18-29.

[70]钱学锋,潘莹,毛海涛.出口退税、企业成本加成与资源误置[J].世界经济,2015(8):80-106.

[71]钱学锋,王备.异质性企业与贸易政策:一个文献综述[J].世界经济,2018(7):169-192.

[72]钱学锋,王备.中国投入品进口、产品转换与企业要素禀赋结构升级[J].经济研究,2017(1):58-71.

[73]钱学锋,王胜,陈六傅.论种类偏向型进口刺激政策[J].中南财经政法大

学学报,2012(1):22-30.

[74]钱学锋,王胜,黄云湖,王菊蓉.进口种类与中国制造业全要素生产率:1995—2005[J].世界经济,2011(5):3-25.

[75]钱学锋,熊平.中国出口增长的二元边际及其因素决定[J].经济研究,2010(1):65-79.

[76]钱学锋,余弋.出口市场多元化与企业生产率:中国经验[J].世界经济,2014(2):3-27.

[77]钱学锋.企业异质性、贸易成本与中国出口增长的二元边际[J].管理世界,2008(9):48-56.

[78]邵军.中国出口贸易联系持续期及影响因素分析——出口贸易稳定发展的新视角[J].管理世界,2011(6):24-33.

[79]盛斌,毛其淋.贸易自由化、企业成长和规模分布[J].世界经济,2015(2):3-30.

[80]盛斌.迟到的"千年回合"多边贸易谈判——从西雅图会议到多哈会议[J].世界经济,2002(3):33-37.

[81]施炳展,曾祥菲.中国企业进口产品质量测算与事实[J].世界经济,2015(3):57-77.

[82]施炳展,邵文波.中国企业出口产品质量测算及其决定因素——培育出口竞争新优势的微观视角[J].管理世界,2014(9):90-106.

[83]施炳展,王有鑫,李坤望.中国出口产品品质测度及其决定因素[J].世界经济,2013(9):69-93.

[84]施炳展,张夏.中国贸易自由化的消费者福利分布效应[J].经济学(季刊),2017(4):1421-1448.

[85]施炳展.中国出口增长的三元边际[J].经济学(季刊),2010(3):1311-1330.

[86]石大千,丁海,卫平,等.智慧城市建设能否降低环境污染[J].中国工业经济,2018(6):117-135.

[87]孙楚仁.贸易自由化、生产再配置与国民福利:个体异质性的视角[J].世界经济,2019(1):26-50.

[88]孙林,胡玲菲,方巧云.中国自由贸易区战略提升中国进口食品质量了吗——基于双重差分模型[J].国际贸易问题,2019(5):54-68.

[89]谭晶荣,刘莉,王瑞,等.中越农产品出口增长的二元边际分析[J].农业经济问题,2013(10):56-62.

[90]谭晶荣,童晓乐,屠行程.中国31个省市区农产品出口扩展边际及影响因素分析[J].国际贸易问题,2016(1):38-49.

[91]田维明,高颖,张宁宁.入世以来我国农业和农产品贸易发展情况及存在的突出问题分析[J].农业经济问题,2013(11):13-18.

[92]王军英,朱晶.加入WTO对农户收入的影响研究——基于价格传导视角[J].国际贸易问题,2012(9):42-51.

[93]王明荣,王明喜,王飞.产品多样化视角下中国进口贸易利益估算[J].统计研究,2015(12):46-53.

[94]王小梅,秦学志,尚勤.国外非关税措施研究综述[J].国际贸易问题,2013(4):158-166.

[95]王晓星,倪红福.基于双边进口需求弹性的中美经贸摩擦福利损失测算[J].世界经济,2019(11):27-50.

[96]王永进,施炳展.上游垄断与中国企业产品质量升级[J].经济研究,2014(4):116-129.

[97]魏浩,付天.中国货物进口贸易的消费者福利效应测算研究——基于产品层面大型微观数据的实证分析[J].经济学(季刊),2016(7):1683-1714.

[98]魏浩,郭也.中国进口增长的三元边际及其影响因素研究[J].国际贸易问题,2016(2):37-49.

[99]魏浩,刘吟.对外贸易与国内收入差距:基于全球125个国家的实证分析[J].统计研究,2011(8):34-42.

[100]吴国松,朱晶,林大燕.中国不同类别农业保护支持政策的贸易保护效应[J].中国农村经济,2013(12):39-50.

[101]向洪金,徐振宇,李陈华.全球视角下中国葡萄酒税收政策改革的经济与福利效应——基于可计算局部均衡模型的研究[J].中国农村经济,2019(5):124-144.

[102]谢玲红,魏国学,刘宇.非关税措施的量化研究进展[J].经济评论,2016(7):151-160.

[103]徐小聪,符大海.可变需求与进口种类增长的福利效应估算[J].世界经

济,2018(12):25-48.

[104]许和连,王海成.最低工资标准对企业出口产品质量的影响研究[J].世界经济,2016(7):73-96.

[105]叶敬忠,豆书龙,张明皓.小农户和现代农业发展:如何有机衔接?[J].中国农村经济,2018(11):64-79.

[106]殷德生,唐海燕,黄腾飞.国际贸易、企业异质性与产品质量升级[J].经济研究,2011(S2):136-146.

[107]尹恒,张子尧.需求异质与企业加成率估计[J].中国工业经济,2019(12):60-77.

[108]于娇,逯宇铎,刘海洋.出口行为与企业生存概率:一个经验研究[J].世界经济,2015(4):25-49.

[109]余淼杰,李晋.进口类型、行业差异化程度与企业生产率提升[J].经济研究,2015(8):85-97.

[110]余淼杰,李乐融.贸易自由化与进口中间品质量升级——来自中国海关产品层面的证据[J].经济学(季刊),2016(2):1011-1028.

[111]余淼杰,袁东.贸易自由化、加工贸易与成本加成——来自我国制造业企业的证据[J].管理世界,2016(9):33-43.

[112]余淼杰,张睿.人民币升值对出口质量的提升效应:来自中国的微观证据[J].管理世界,2017a(5):28-40.

[113]余淼杰,张睿.中国制造业出口质量的准确衡量:挑战与解决方法[J].经济学(季刊),2017b(1):463-484.

[114]余淼杰,智琨.进口自由化与企业利润率[J].经济研究,2016(8):57-71.

[115]俞会新,薛敬孝.中国贸易自由化对工业就业的影响[J].世界经济,2002(10):10-13.

[116]张杰,翟福昕,周晓艳.政府补贴、市场竞争与出口产品质量[J].数量经济技术经济研究,2015(4):71-87.

[117]张永亮,邹宗森.进口种类、产品质量与贸易福利:基于价格指数的研究[J].世界经济,2018(1):123-147.

[118]赵瑞丽,孙楚仁,陈勇兵.最低工资与企业出口持续时间[J].世界经济,2016(7):97-120.

[119]甄小鹏,凌晨.农村劳动力流动对农村收入及收入差距的影响——基于

劳动异质性的视角[J].经济学(季刊),2017(2):1073-1096.

[120]周茂,陆毅,符大海.贸易自由化与中国产业升级:事实与机制[J].世界经济,2016(10):78-102.

[121]周申.贸易自由化、汇率政策与中国宏观经济内部平衡[J].世界经济,2003(6):27-32.

[122]周申.贸易自由化对中国工业劳动需求弹性影响的经验研究[J].世界经济,2006(2):31-40.

[123]朱晶,吴国松.中国农产品非关税贸易措施的保护效果研究[J].农业技术经济,2012(2):9-19.

[124]朱晶,张腾飞,李天祥.关税减让、汇率升值与农户福利——基于价格传导视角[J].农业技术经济,2016(7):4-18.

[125]朱秋博,白军飞,彭超,等.信息化提升了农业生产率吗?[J].中国农村经济,2019(4):22-40.

[126]诸竹君,黄先海,宋学印,胡馨月,王煌.劳动力成本上升、倒逼式创新与中国企业加成率动态[J].世界经济,2017(8):53-77.

[127]祝树金,钟腾龙,李仁宇.进口竞争、产品差异化与企业产品出口加成率[J].管理世界,2019(11):52-71.

[128]Aldan A,Ulha O Y. The role of the extensive margin in export of Turkey: A comparative analysis[J]. Central Bank Review,2016,16(2):59-64.

[129]Altom A,Lugovskyy V. Domestic productivity and variety gains from trades[J]. Journal of International Economics,2010,80(2):280-291.

[130]Amiti M,Redding S,Weinstein D E. The Impact of the 2018 Trade War on US Prices and Welfares[R]. NBER Working Papers,No.25672,2019.

[131]Amiti M,Konings J. Trade Liberalization,Intermediate Inputs and Productivity[J]. The American Economic Review,2007,97(5):1611-1638.

[132]Anderson J E,Neary J P. The mercantilist index of trade polices[J]. Economic Review,2003,44(2):627-649.

[133]Anderson J E. Tariff index theories[J]. Review of International

Economics, 1995, 3(2):156-173.

[134]Anderson J E, Neary J R. Measuring the restrictiveness of trade policy [J]. The World Bank Economic Review,1994,8:151-169.

[135]Anderson J E. Effective protection redux[J]. Journal of International Economics, 1998, 44(1):21-44.

[136]Anderson J E, Neary J P. A new approach to evaluating trade policy? [J]. Review of Economic Studies, 1996, 63:107-125.

[137]Anderson J E, Neary J R. Trade reform with quotas, partial rent retention, and tariffs? [J]. Econometrica, 1992, 60(1):57-76.

[138]Arkolakis C, Costinot A, Rodríguez-Clare A. New trade models, same old gains? [J]. The American Economic Review, 2012, 102:94-130.

[139]Arkolakis C, Demidova S, Klenow P J, et al. Endogenous variety and the gains from trade[J]. The American Economic Review, 2008, 98 (2):444-450.

[140]Benkovskis K, Woerz J. How does taste and quality impact on import prices? [J]. Review of World Economics, 2014, 6:665-691.

[141]Bernard A B, Eaton J, Jensen J B, et al. Plants and productivity international trade [J]. American Economic Review, 2003, 93: 1268-1291.

[142]Bernard A, Jensen B, Redding S, et al. The margins of U. S. trade [J]. American Economic Review, 2009, 99(2): 487-493.

[143]Blonigen B A, Soderbery A. Measuring the benefits of foreign product variety with an accurate variety set [J]. Journal of International Economics, 2010, 82(2):168-180.

[144]Broda C, Weinstein D E. Globalization and the gains from variety[J]. The Quarterly Journal of Economics,2006,121(2):541-585.

[145]Cabral S, Manteu C. Gains from import variety: The case of portugal [J]. Economic Bulletin, 2010,18:85-102.

[146]Caliendo L, Parro F. Estimates of the trade and welfare effects of NAFTA[J]. Review of Economic Studies, 2015, 82(1):1-44.

[147]Carvalho M，Azevedo A，Massuquetti A. Emerging countries and the effects of the trade war between US and China[J]. Economies,2019,7 (2):1-21.

[148]Chaney T. Distorted gravity：The intensive and extensive margins of international trade[J]. The American Economic Review，2008，98 (4):1707-1721.

[149]Chen B，Ma H. Import variety and welfare gain in China[J]. Review of International Economics，2012，20(4):807-820.

[150]Chen N，Imbs J，Scott A. The dynamics of trade and competition[J]. Journal of International Economics，2009，77:50-62.

[151]Chen B，Ma H. Import variety and welfare gain in China[J]. Review of International Economics，2012，20:807－820.

[152]Choi Y C，Hummels D，Xiang C，Explaining import quality：The role of the income distribution[J]. Journal of International Economics，2009，77：265-276.

[153]Debaere P，Mostashari S. Do tariffs matter for the extensive margin of international trade? An empirical analysis[J]. Journal of International Economics，2010，81:163-169.

[154]Demidova S，Rodriguez-Clare A. Trade policy under firm-level heterogeneity in a small economy［J］. Journal of International Economics，2009，78(1)：100-112.

[155]Dovis M，Milgram-Baleix J. Trade，tariffs and total factor productivity：The case of Spanish firms[J]. The World Economy，2009，32(4):575-605.

[156]Chris E，Midrigan V，Xu D Y. Competition，markups，and the gains from international trade[J]. American Economic Review，2015，105 (10):3183-3221.

[157]Epifani P，Gancia G. Trade，markup heterogeneity and misallocations [J]. Journal of International Economics，2011，83(1):1-13.

[158]Feenstra R C. New product varieties and the measurement of international prices［J］. American Economic Review，1994，84：

157-177.

[159]Feenstra R C. Gains from trade under monopolistic competition[J]. Pacific Economic Review, 2016, 21(1):35-44.

[160]Feenstra R C. Measuring the gains from trade under monopolistic competition[J]. Canadian Journal of Economics Revenue, 2010, 43: 1-28.

[161]Feenstra R C. Restoring the product variety and pro-competitive gains from trade with heterogeneous firms and bounded productivity[J]. Journal of International Economics,2018,110:16-27.

[162]Feenstra R C, Weinstein D E. Globalization,markups,and US welfare [J]. Journal of Political Economy, 2017, 125:1040-1074.

[163]Felbermayr G J, Kohler W. Exploring the intensive and extensive margins of world trade[J]. Review of World Economics,2006,142(4): 642-674.

[164]Goldberg P, Khandelwal A, Pavcnik N, et al. Trade liberalization and new imported inputs[J]. American Economic Review, 2009, 99(2): 494-500.

[165]Guo M, Lu L, Sheng L. The day after tomorrow: Evaluating the burden of Trump's trade war[J]. Asian Economic Papers, 2018, 17 (1):101-120.

[166]Hallak J C. Product quality and the direction of trade[J]. Journal of International Economics, 2006, 68(1):238-265.

[167]Hallak J C, Schott P K. Estimating cross-country differences in product quality[J]. Quarterly Journal of Economics, 2011, 126(1): 417-474.

[168]Helpman E, Melitz M, Rubinstein Y. Estimating trade flows: Trading partners and trading volumes [J]. Quarterly Journal of Economics, 2008,123(2): 441-487.

[169]Hu A G,Liu Z. Trade liberalization and firm productivity: Evidence from chinese manufacturing industries[J]. Review of International Economics, 2014,22(3): 488-512.

[170]Hummels D L, Klenow P J. The variety and quality of a nation's trade [J]. American Economic Review, 2005, 95(3):704-723.

[171]Kee H L, Nicita A, Olarreaga M. Import demand elasticities and trade distortions[J]. The Review of Economics and Statisics, 2008, 90(4): 666-682.

[172] Kee H L, Nicita A, Olarreaga M. Estimating trade restrictiveness indices[J]. The Economic Journal, 2009, 119(534):172-199.

[173] Krugman P R. Increasing returns, monopolistic competition, and international trade[J]. Journal of International Economics, 1997, 9(4):469-479.

[174] Krugman P R. Scale economies, product differentiation, and the pattern of trade[J]. The American Economic Review, 1980, 70(5): 950-959.

[175]Lu Y, Yu L H. Trade liberalization and markup dispersion: Evidence from China's WTO accession [J]. American Economic Journal: Applied Economics, 2015, 7(4):221-253.

[176]Melitz M J. The impact of trade on intra industry reallocations and aggregate industry productivity [J]. Econometrica, 2003, 71: 1695-1725.

[177]Melitz M J, Ottaviano G I P. Market size, trade and productivity[J]. The Review of Economic Studies,2008,75: 295-316.

[178]Melitz M J, Redding S J. New trade models,new welfare implications [J]. The American Economic Review,2015,105:1105-1146.

[179]Mrazova P N. Together at last: Trade costs, demand structure and welfare[J]. The American Economic Review, 2014, 104(5):298-303.

[180]Raimondi V, Olper A. Trade elasticity, gravity and trade liberalization: Evidence from the food industry [J]. Agricultural Economic, 2011, 62(3):525-550.

[181]Rosyadi S A, Widodo T. Impacts of Donald Trump's tariff increase against China on global economy: Global trade analysis project model [J]. Journal of Chinese Economic and Business Studies, 2018, 16(2):

125-145.

[182] Ruan J, Gopinath M. Global productivity distribution and trade liberalization: Evidence from processed food industries[J]. European Review of Agricultural Economics, 2008, 35(4): 439-460.

[183] Topalova P, Khandelwal A. Trade liberalization and firm productivity: The case of India [J]. Review of Economics and Statistics, 2011, 93(3):995-1009.

[184] Verhoogen E. Trade, quality upgrading and wage inequality in the Mexican manufacturing sector[J]. Quarterly Journal of Economics, 2008, 123(4):489-530.